이영재의 구약 산책 2: 창세기

토라 서론 II

일러두기

1. 외국 인명 · 지명 등은 현행 외래어 표기법에 따랐다. 외래어의 경우 국립국어원의『표준국어대사전』에 따랐다. 따라서 한국 교회와 신학계에서 통용하는 마르둑, 티아맛 등은 마르두크, 티아마트로 표기하였다.
2. 성서 인용은 성경전서 개역개정판을 따랐으며, 성서 책명은 새번역(이사야서, 마태복음서 등)을 따랐다.
3. 성서구절 표시에서 [ ] 안에 절 표시는 히브리어 성서의 절 수를 나타낸다.(시 36:6-7[7-8])

이영재의 구약 산책 2:창세기

토라 서론 II

이영재 지음

삶과 사상

머리말

이 주석은 성서에 관심 있는 모든 사람을 위해서 썼다. 성서에 관심을 가지는 사람은 대개 인생길에 지치고 피곤하여 삶의 의미를 근본으로부터 다시 묻는 사람들이기 십상이다. 삶의 길에 방황하는 사람은 성서에서 길을 찾으려고 한다. 성서의 답은 간단하다. 길은 예수라는 것이다. 누구나 예수를 믿으면 구원을 받을 수 있다고 권한다.

예수는 하나님과 인간의 소통을 가능하게 하는 소통의 통로다. 그는 하나님과 인간 사이의 접점에 서있다. 그러므로 예수를 믿는다는 것은 하나님을 만나 하나님과 소통하게 된다는 뜻이다. 하나님과의 만남은 죄 많은 인간의 현존을 밝혀 준다. 예수 그리스도의 십자가 현장에 인간의 죄가 공중에 적나라하게 노출되었다. 인생의 고난은 인간의 죄로 말미암아 발생한다.

예수를 구주로 믿고 하나님을 마음에 영접한 후에 성서의 진리를 깨달아 살아 내기까지는 남다른 노력이 필요하다. 이것을 거룩한 길이라 부르며 또한 '성화sanctification' 라고도 표현한다. 심리의 변화나 신비한 종교체험을 통하여 예수를 만난 사람들이 거기에서 멈추면 시련을 당하여 넘어지기 쉽다. 세상 유혹에 넘어가기 마련이다. 예수 믿고 복 받아 성공한 후에 교만해지는 법이다. 세상에서 살면서 정치·경제·사회·문화·가정, 모든 면에서 하나님의 뜻을 실천하기란 정말 어렵다. 성서의 진리로 훈련하지 않는 사람은 사회생활과 교회생활에서 따로 놀게 된다. 따로 노는 사람들이 많아지면 기독교는 세속주의로 전락하고 타락하게 된다. 그러므로 그리스도인이라면 누구든 간에 어떤 경로로서라도 성서의 말씀을 읽고 깨우쳐야 올바른 그리스도인의 기초를 다질 수 있다. 이 책은 공부하는 그리스도인을 돕기 위해 썼다.

독자가 누구든지 간에 히브리어를 모르는 사람도 읽을 수 있도록 원어를 모두 한글로 음역하여 실었다. 모든 경전이 그렇듯이 원어를 모르면 진리를 다 깨우칠 수 없다. 보통 독자들을 중심으로 쉽고 간명簡明하게 쓰려고 했지만 역시 한계가 있음을 느꼈다. 독자들이 스스로 경전을 깨우치려고 애쓸 때 이 책은 멋진 안내자로 더욱 제 역할을 할 수 있을 것이다. 독자는 가만히 앉아 있고 경전이 자기에게 다가오기를 바라서는 안 된다. 경전이 스스로 다가와서 고객에게 깨달음의 서비스를 제공해 주기를 바라는 일은 없으면 좋겠다. 현대인은 돈만 내면 서비스를 제공받을 수 있는 시대에 살기 때문에 생활 구석구석에서 서비스를 제공받는 것이 습관이 되었다. 교회에 가서도 서비스를 받으려 하고, 경전 공부에도 서비스를 받으려 한다. 그러나 성서는 기도하면서 애타게 진리의 문을 두드리지 않는 사람에게는 절대로 문이 열리지 않는다.

이 책을 읽는 독자는 성서 한 구절 한 구절을 놓고 며칠씩 명상하고 기도하는 자세를 가다듬기 바란다. 노력하는 사람은 이 책을 통하여 원어를 접할 수 있는 기회를 누릴 것이다. 이 기회에 성서를 사랑하는 이라면 누구나 히브리어와 그리스어의 철자 정도는 배우려는 노력을 기울이기 바란다. 히브리어 철자와 단어를 소리 내어 읽는 정도로 익히기는 매우 간단하다. 이삼 일이면 충분하다.

책을 읽다 보면 '카바쉬' 와 같이 '' 부분을 만날 것이다. ''는 히브리어나 그리스어를 음역하였음을 표시하는 기호다. 독자들이 원어를 이해하려고 해도 쉽지는 않겠지만, 그래도 애를 쓰다 보면 성서를 사랑하는 마음이 더 깊어질 터다. 심지어는 신학생들조차 성서의 원어를 공부하지 않고 은근슬쩍 넘어가려는 학도들이 많아지고 있다고 한다. 큰일 날 일이다.

번역본들이 다양하게 출간되어 있다. 한글개역, 개역개정, 공동번역, 새번역을 위시하여 각종 사역들이 출판되어 있다. 영어성서도 KJV/NKJV, RSV/NRSV, ASV, NIV, ESV, JB, JPS 등 수없이 많다. 독일어 역본도 루터역과 루터개정역을 비롯하여 여러 가지다. 프랑스어, 중국어, 일본어 등 각 나라의 말로 번역되어 있다. 가장 고대 역본으로는 칠십인역LXX과 불가타(라틴어)가 있다. 이 모든 역본들에서 성서의 번역은 조금씩 다르게 나와 있다. 우리말 역본들 사이에도 조금씩 차이가 벌어져 있다. 이 때문에 성서를 진지하게 대하는 사람은 번역문들과 히브리어를 비교할 필요성을 당장 느낀다. 그래서 히브리어를 조금이나마 공부해 두면 좋다는 말이다. 이 책은 히브리어 철자 정도만 읽을 수 있다면 원전의 맛을 볼 수 있도록 히브리어 본문을 중심으로 쉽게 해설하였다.

가능한 한 히브리어 본문을 또박또박 주석하려고 애썼다. 앵커 바이블 주석을 보면 본문을 깊이 읽지 않고 휙휙 지나간다는 느낌을 떨칠 수가 없다. 이 책은 그런 주석이 아니다. 히브리어 한 단어 단어마다 온 마음과 정성을 다해서 묵상하고 깨달음을 얻으려고 노력하였다. 한 단어도 빼놓지 않고 정독하는 것도 중요하지만 자기가 읽는 본문이 성서 전체에서 어떠한 위치에 놓여 있는지를 파악하고 있어야 한다.

그래서 수시로 문단 나누기를 시도하고 그 문단이 성서 전체의 흐름에서 어떤 위상을 차지하고 있는지에 대해서도 논하였다. 다시 말하자면, 성서 전체의 짜임새를 보면서 개별 문단들을 주석하였다.

함석헌 선생도 간파했듯이, 성서는 무엇보다도 문명비평서다. 사람이 짓는 모든 행태와 사람이 만들어 내는 모든 작품들에 대하여 성서는 깊은 관심을 가지고 무언가를 말해 주고 있다. 사람은 누구이며, 자연은 무엇이며, 도시는 무엇이며, 역사는 무엇인가? 이러한 문제를 성서는 하나님의 말씀을 통해서 답변해 주고 있다. 성서의 과제를 요약하라면, '인문과 자연, 그리고 신학' 이라고 말하고 싶다.

인생의 깊이를 아는 사람에게 성서는 더 많은 것을 보여 준다. 성서는 그 바닥을 알 수 없을 정도로 깊고 깊다. 사람의 성숙도에 따라 주시는 말씀이 각기 다르다. 그저 가볍게 읽고 지나가는 사람에게도 작은 감동을 주지만, 온 마음과 정성을 다해 공부하는 학도들에게는 공부하면 할수록 더 깊은 뜻을 전해 준다. 이 때문에 성서를 공부하는 사람은 인생 공부에도 열중해야 하는 것이다. 몸으로 사는 실존이 성경 공부의 전제다.

성서를 더 깊이 공부하려는 독자가 있다면 인문학과 자연과학도 부지런히 공부하기 바란다. 철학 · 인류학 · 심리학 · 역사학 · 사회학 · 정치학 · 경제학 등의 인문학을 공부하고, 물리학 · 화학 · 생물학 · 생명학 · 환경학 등의 자연과학도 공부하기 바란다. 이로써 사람과 자연에 대하여 풍부한 교양을 갖추면 성서는 더 깊고 넓은 세계로 독자를 인도해 줄 것이다. 인문학과 자연학을 모두 아울러서 판단하고 제어 주는 것이 바로 신학의 세계다.

이 책은 창세기 1-11장에 나오는 소위 '원역사原歷史' 를 주석한 책이다. 나는 이 부분을 '토라 서론'이라고 고쳐 명명하였다. 토라 서론을 주석하면서 인문학과 자연과학의 이야기들도 같이 병행하였다. 그 때문에 분량이 꽤나 불어났다. 이 책은 제II권으로 창세기 5-11장을 풀이하였다. 제I권은 지난 봄에 출간했고 이제 가을이 되어 제II권을 내놓는다. 제II권은 노아 홍수 이야기로부터 바벨탑 이야기까지 펼쳐지는 창조 이야기를 다룬다. 성서는 참으로 심오한 책이다.

하나의 절을 전반절과 후반절 등으로 구분할 때 한국구약학회가 발간하는 「구약논단」은 영어 철자로 표시하도록 규정하고 있다. 예컨대 3절 전반절일 경우 3a절로 표기하고 후반절일 경우 3b절로 표기하도록 규정한다. 이 바람에 한국인 학자들이 대개 영어 철자 a와 b를 사용하여 절을 나눈다. 나는 민족주의자는 아니지만 우수한 한글의 이점利點을 잘 활용하여 발전시켜야 한다고 믿는다. 영어 철자를 사용하지 말고 한글 철자를 사용하자고 제안한다. 내가 쓴 논문들에는 ㅈ과 ㅅ과 ㅎ을 사용한다. 예컨대 3절 전반절은 3ㅈ절, 후반절은 3ㅎ절로 표기하고, 3절 전상반절은 3ㅈㅅ절, 3절 전하반절은 3ㅈㅎ절 따위로 표기하였다. 우리말 철자 중 ㅈ은 전반절을 나타내고 ㅅ은 상반절을, ㅎ은 후반절 내지는 하반절을 가리킨다. 처음에는 어색해도 자꾸 사용하면 익숙해진다. 우리말을 사용하면 논문을 쓸 때 기분이 더 좋아진다.

차 례

토라 서론 Ⅱ : 도성 문명의 전개

토라 서론 창세기 1-11장에 '톨레도트' 란 단어가 일곱 차례 언급된다. 마지막 '데라의 톨레도트' 는 아브람의 일대기를 가리키므로 그것을 제외하면 여섯 차례 언급된다. 여섯 차례의 언급을 구분하면 일곱 가지의 문단이 나온다. 토라 서론을 톨레도트 구도에 따라 일곱 가지의 문단으로 나누어 그 짜임새를 살펴보면 다음과 같다.

토라 서론의 톨레도트 문단

가	나	다	중앙	다′	나′	가′
1:1-2:4ㅅ	2:4ㅎ-4:26	5:1-6:8	6:9-9:29	10:1-31	10:32-11:9	11:10-26
천지	사람	셋	노아	셈, 함, 야벳	백성들	셈

중앙에 배치한 문단은 노아의 톨레도트다. 노아의 톨레도트는 창세기 6장 9절에 언급되는데, 그것은 노아가 사망하는 시점 곧 창세기 9장 29절까지 이어진다. 이 속에 노아 홍수기가 포함되어 있다. '다' 문단은 셋의 톨레도트이며 '다′' 문단은 노아의 세 아들 셈과 함과 야벳의 톨레도트다. '나' 문단은 사람의 창조와 사람의 타락에 대해서 이야기하며 '나′' 문단은 세상 백성들의 타락상을 묘사한다. 이와 같이 중앙 문단을 중심으로 각각의 소문단들이 서로 교차법으로 상응하고 있다.

그런데 '가' 문단은 '가´' 문단과 상응하는 점이 전혀 없어 보인다. 천지창조 이야기는 창 1:1-2:4ㅅ의 하나의 통일된 문단으로 나온다. 이 문단은 '이것이 하늘과 땅의 톨레도트다' 란 문장으로 끝난다. 문장에 끝에 '버히바르암' 이란 어구가 붙어 있다. 이 어구에 동사 '바라' 의 수동태(니팔)가 쓰여서 직역하면 '천지가 창조되던 때에' 가 된다. 직역하자면, '이것이 천지가 창조되던 때에 있었던 천지의 톨레도트다' 가 된다.

이 톨레도트는 바로 앞에 펼쳤던 창조 이야기를 가리킨다. 하늘과 땅이 생겨난 때부터 소멸되는 때까지 이야기를 펼친다는 뜻이다. 천지의 톨레도트를 펼쳐 보이는 '가' 문단은 토라 전체의 주제를 소개하는 토라 서론인 창 1:1-11:26 문단의 맨 앞에 붙어서 문단을 열어 주는 서문으로서 도입부의 역할을 한다. 그러나 '가´' 문단은 토라 서론의 맨 끝에 있어서 전체 문단을 닫아 주는 결론부인 동시에 다음 문단과 자연스럽게 이야기를 이어 주는 연결 고리 역할을 한다. 셈의 족보는 하나님의 백성으로 이어지는 택함 받은 계보로서 아브람까지 열 세대이며 데라의 아버지 나홀까지는 여덟 세대로 구성된다. 이 계보는 아담-아벨-셋-노아-셈으로 이어지는 하나님의 은총을 받은 계보를 마무리하고 아브람으로 화제를 넘긴다. 이 두 문단은 문단의 위치와 기능의 측면에서 서로 상응한다.

창 5:32에서 아담의 톨레도트는 마무리된다. 이어서 창 6:1-4은 거인 네피림의 기원과 행태에 대해 상술한다. 이들은 가인의 후예로서 세상에 죄를 넘치게 만드는 주범이 된다. 그러므로 이 소문단 창세기 4장에 나오는 가인의 후예에 관한 진술과 상응한다. 이 부분은 또한 대홍수 심판 후에 발생한 노아의 실수와 저주받은 함족의 출현을 다룬

소문단 창 9:20-29과 상응한다. 이들 소문단들은 심판과 새 계약에도 불구하고 죄의 씨앗이 없어지지 않고 잡초같이 끈질기게 자라 무성해지는 양상을 보여 준다.

제1권에서 창세기 5장까지 주석하였다. 제2권에서는 창세기 6장부터 주석한다. 물론 창 6:1-4의 소문단을 읽는 일부터 착수해야 한다.

V. 교만의 죄

(창 6:1-4)

인구가 불어나면서 사람에게서 딸들이 태어났다. 하나님의 아들들이 사람의 딸들을 보니 자기들이 보기에 좋아서 억지로 잡아다가 아내로 삼았다. 이들에게서 거인족의 용사로서 유명한 네피림이 태어났다. 이 소문단의 언어들은 너무나 신화풍의 어조를 띠고 있어서 이해하기 매우 어렵다. 가인의 이야기와 노아까지 이르는 셋의 계보를 소개한 연후에 곧바로 거인족 이야기가 나오니 약간 어리둥절할 뿐이다. 다만 분명한 것은 창 6:1-4은 앞뒤 문맥에서 가인의 후예들이 점점 더 많은 죄를 지어서 노아 홍수의 심판을 초래했다는 이야기에서 가인이란 인물과 노아란 인물을 연결하는 고리의 구실을 하고 있다는 점이다. 따라서 이 문단은 노아 홍수 이야기의 서문과 같은 역할을 하고 있다고 판단할 수 있다. 본문을 올바로 이해하기 위해서 본문을 좀더 자세히 들여다보자.

1. '하나님의 아들들' 과 '사람의 딸들'

> 사람이 땅 위에 번성하기 시작할 때에 그들에게서 딸들이 나니.(창 6:1)

'아담'에 정관사 '하' 가 붙은 꼴인 '하아담'은 사람을 통칭하는 명사로서 '사람' 이라고 번역해야 맞다. '아담' 이라는 한 개인의 이름으로 사용되려면 정관사가 빠져야 마땅하다. '아담'은 창세기 1장 26절에 처음으로 언급되기 때문에 정관사를 붙이지 않았다. 그리고 창세기 2장 5절에도 1장의 창조기를 다시 상론하면서 사람을 처음 언급하기 때문에 정관사를 붙이지 않았다. 이 두 구절에서 '아담'은 한 개인의 이름이 아니므로 '사람' 이라고 올바르게 번역했다. '하아담'은 창세기 1장 27절에 처음으로 언급되고 그 다음으로 창세기 2장 7절에 언급되는데, 그 후로는 2장에서 14회, 3장에서 6회, 도합 20회 반복되었다. 이 모든 구절에서 '하아담'을 '사람' 이라고 번역하여 인류를 가리키는 통칭명사임을 표현해야 옳을 것이다. 이것은 분명 고유명사나 한 개인의 이름으로서의 '아담' 은 아니다. 예컨대 창세기 2장 25절의 '하아담'을 개역 성서는 '아담과 그의 아내 두 사람이 ~' 라고 번역하였지만, 이것을 '그들 둘, 곧 사람과 그의 여자가 벌거벗었으나 부끄러워하지 않았다' 라고 이해해야 한다. 칠십인역은 창세기 2장 16절부터 '아담' 이라고 번역하여 25절에 이르기까지 열 차례 '아담' 이라 번역했다. 정관사가 있는 경우와 없는 경우가 역본들에서 어떻게 번역되었는지를 아래의 도표를 통해서 살펴볼 수 있다.

아담/하아담 분류표

번호	장절	HB		칠십인역		불가타		개역		NRSV		NKJV	
		아담	하아담	사람	아담	homo	Adam	사람	아담	man	Adam	man	Adam
1	1:26	⊙		⊙		⊙		⊙		HK		⊙	
2	1:27		⊙		⊙	⊙		⊙		HK		⊙	
3	2:5	⊙		⊙		⊙		⊙		one		⊙	
4	2:7ㅈ		⊙		⊙	⊙		⊙		⊙*		⊙	
5	2:7ㅎ		⊙		⊙	⊙		⊙		⊙		⊙	
6	2:8		⊙		⊙	⊙			⊙	⊙		T	
7	2:15		⊙		⊙	⊙			⊙	⊙		T	
8	2:16		⊙		⊙	⊙			⊙	⊙		T	
9	2:18		⊙	⊙		⊙		⊙		⊙		⊙	
10	2:19ㅈ		⊙		⊙	⊙			⊙	⊙			⊙
11	2:19ㅎ		⊙		⊙		⊙		⊙	⊙			⊙
12	2:20ㅈ		⊙		⊙		⊙		⊙	⊙			⊙
13	2:20ㅎ		⊙		⊙		⊙		⊙	⊙			⊙
14	2:21		⊙		⊙		⊙		⊙	⊙			⊙
15	2:20ㅈ		⊙		⊙		⊙		⊙	⊙		⊙	
16	2:22ㅎ		⊙		⊙		⊙		⊙	⊙		T	
17	2:23		⊙		⊙		⊙		⊙	⊙			⊙
18	2:25		⊙		⊙		⊙		⊙	⊙		T	
19	3:8		⊙		⊙		⊙		⊙	⊙			⊙
20	3:9		⊙		⊙		⊙		⊙	⊙			⊙
21	3:12		⊙		⊙		⊙		⊙	⊙		T	
22	3:17		⊙		⊙		⊙		⊙	⊙			⊙
23	3:20		⊙		⊙		⊙		⊙	⊙			⊙

번호	장절	HB		칠십인역		불가타		개역		NRSV		NKJV	
		아담	하아담	사람	아담	homo	Adam	사람	아담	man	Adam	man	Adam
24	3:21	⊙			⊙		⊙		⊙	⊙			⊙
25	3:22		⊙		⊙		⊙	⊙		⊙		T	
26	3:24		⊙		⊙		⊙	⊙		⊙		T	
27	4:1		⊙		⊙		⊙		⊙	⊙			⊙
28	4:25	⊙			⊙		⊙		⊙		⊙		⊙
29	5:1ㅈ	⊙		⊙			⊙		⊙		⊙		⊙
30	5:1ㅎ	⊙			⊙		illum	⊙		HK		⊙	
31	5:2	⊙			⊙		⊙	⊙		HK		MK	
32	5:3	⊙			⊙		⊙		⊙		⊙		⊙
33	5:4	⊙			⊙		⊙		⊙		⊙		⊙
34	5:5	⊙			⊙		⊙	그는			⊙		⊙

HK는 humankind, MK는 mankind, 창 2:7ㅈ NRSV의 *는 정관사 없는 man을 표시함. 나머지는 the man이다. KJV의 T도 the man이다. 라틴어 illum은 영어의 him이다.

히브리어 성서에서 '아담'과 '하아담'은 도합 34회 언급된다. 34란 숫자는 17×2 = 34이다. 17이란 숫자는 야훼의 이름이 지닌 철자의 디지털 값을 합산한 것이다. 이러한 숫자의 교묘한 배치는 우연의 일치라고 보기 어렵다.

이 중에 17번째 언급된 구절은 창 2:23인데 이 구절은 남자와 여자가 하나 되었음을 노래한다. 창 3:24에 '둘이 한 몸을 이룰지로다' 라는 말이 나오는데, 창 2:23 이전에는 인류를 통칭하는 의미로 쓰였고, 창 3:24 이후부터는 남성을 지칭하는 의미로 쓰였다고 볼 수 있다. 그리고 창 4:25; 5:1에서는 아담이라는 이름으로 불리었다.

정관사 없는 '아담'은 딱 열 차례 나온다.(창 1:26; 2:5; 3:21; 4:25; 5:1ㅈ, 1ㅎ, 2, 3, 4, 5) 이 중에 창 4:25부터 창 5:5까지 일곱 차례에 걸쳐서 '하아담' 없이 '아담'만 나온다. 창 4:25의 경우에 '아담'은 인류를 가리키는 통칭이 아니라 한 개인을 가리키는 인명으로 쓰였는데 창 5:1ㅈ도 마찬가지다. 창 5:1ㅎ은 창 1:26과 평행되는데 이 두 곳에서 모두 정관사가 없다. 하지만 하나님이 남자와 여자를 창조하시고 그들을 '아담' 이라고 불렀다는 창 5:2의 언급은 앞에 나오지 않았다. 창 1:26에는 하나님이 '사람(아담)' 을 만들자고 말씀하시고 바로 그 다음절이 27절에서 하나님이 '그 아담(하아담)' 을 남자와 여자로 만들었다고 이야기한다. 굳이 찾는다면 창 5:2은 창 1:27을 가리킨다고 보아야 할 것이다.

정관사가 있는 '하아담' 은 도합 24회 나오는데 이 숫자는 12× 2 = 24이다. 12번째 언급한 구절은 창 2:21인데 야훼 하나님께서 아담에게서 갈빗대를 취하는 장면을 묘사한다. 아담의 창조를 보도하는 창 2:7에서부터 창 3:20에 이르기까지 딱 20차례 쓰여서 줄곧 '하아담'이라고만 언급된다. 이 빈도수가 보여 주는 숫자들을 우연의 일치라고 보기는 어렵다. 그러나 이 숫자가 의미하는 바를 대라면 딱히 뭐라고 말할 수도 없다.

번역본들은 들쭉날쭉하다. 칠십인역은 '안트로포스' 를 단수나 복수로 사용하여 창 1:26; 2:5, 18; 5:1ㅎ에 네 차례 사용하였고 나머지 30회는 모두 '아담' 이라고 음역하였다. 창 5:1ㅈ의 '이것은 아담의 계보를 적은 책이니라' 는 구절을 칠십인역은 '이것은 사람의 계보를 적은 책이다' 라고 번역한 것이다. '아담의 계보' 라 하지 않고 굳이 '사람의 계보' 라고 번역한 이유는 창 2:4에 '이것은 하늘과 땅의 톨레도트다' 라는 언급이 창 5:1ㄱ의 '이것은 사람의 톨레도트다' 라는 언급으로 연결된다고 보았기 때문이다. 천지의 '톨레도트' 에 이어서 사람의 '톨레도트' 가 나오는 것은 자연스러워 보인다. 천지인天地人 삼요소를 하나님께서 창조하셨다. 창 5:1부터는 사람이 하늘 아래 땅 위에서 어떻게 살아가는지를 이야기하겠다는 뜻이다.

라틴어역은 창 2:19ㄱ절까지 도합 열 차례에 걸쳐서 연속으로 *homo* 라고 번역하고 창 2:19ㅎ부터는 나머지 24회에 걸쳐서 줄곧 Adam이라고 인명으로 번역해 주었다.(단 창 5:1ㅎ에서만 *illum*) 그 경계가 되는 창세기 2장 19절은 아담이 각종 동물들의 이름을 지어 부르는 장면을 묘사한다. 아마도 이름을 지어 불렀기 때문에 이 후로는 '아담 '이나 '하아담 '을 일관되게 인명 '아담' 으로 통일시킨 듯하다.

영어 번역본 중 NKJV는 정관사의 유무에 상관없이 man, the man, Adam, mankind로 들쭉날쭉하다. 번역자가 이해하는 대로 문맥에 어울리도록 번역한 듯하다. NRSV는 창 4:25 이후부터 창 5:1ㄱ, 3, 4, 5에서 인명 '아담' 으로 번역하고 창 1:26, 27; 5:1ㅎ, 2의 네 군데에서 humankind라고 번역했으며, 창 2:5에서는 비인칭 one으로 옮겼다. 그리고 나머지는 모두 man으로 번역하였는데 사람을 처음 만드는 장면을 보도하는 창 2:7ㄱ에서만 관사 없이 man으로 번역했고 나머지는 the man이라고 정관사를 붙였다. 이것이 '하아담 '과 일치하는 것은 아니다.

한글개역(또는 개정개역)은 '사람' 과 '아담' 으로 번역했는데 히브리어 '아담 '과 '하아담 '을 구별하여 각각의 번역어로 일치시킨 것은 아니다. 더구나 창세기 5장 2절에서는 '아담' 을 '그는' 이라고 인칭대명사로 번역했다. 내가 사역한다면, 히브리어 '아담'을 그대로 음역하겠다. 관사 없는 아담은 그대로 '아담'이라 옮기고 정관사 있는 아담은 '사람'이라고 옮기면 된다. 그런데 가장 처음 언급한 곳에서만 '아담'을 '사람'이라고 옮겨야 한다. 이렇게 번역하면 다음의 도표와 같이 될 것이다.

수	장절	아담을 음역하여 사역한 경우
1	1:26	우리의 형상을 따라 우리의 모양대로 우리가 사람을 만들고
2	1:27	하나님의 형상대로 사람을 창조하시되 남자와 여자로 창조
3	2:5	땅에 비를 내리지 아니하셨고 흙을 섬길 사람도 없었으므로
4	2:7ㅈ	하나님이 땅의 흙으로 사람을 지으시고
5	2:7ㅎ	숨을 그 코에 불어넣으시니 사람이 생명이 되었다.
6	2:8	동방의 에덴에 동산을 창설하시고 그 지으신 아담을 거기 두
7	2:15	하나님이 사람을 이끌어 에덴동산에 두어 흙을 섬기고 보
8	2:16	여호와 하나님이 사람에게 명하여 이르시되
9	2:18	하나님이 이르시되 사람이 혼자 사는 것이 좋지 아니하니
10	2:19ㅈ	들짐승과 공중의 새를 지으시고 사람이 무엇이라고 부르나
11	2:19ㅎ	그에게로 이끌어 가시니 사람이 각 생물을 부르는 것이 곧
12	2:20ㅈ	사람이 모든 가축과 공중의 새와 들의 모든 짐승에게
13	2:20ㅎ	주니라 사람이 돕는 배필이 없으므로
14	2:21	여호와 하나님이 사람을 깊이 잠들게 하시니 잠들매
15	2:22ㅈ	하나님이 사람에게서 취하신 그 갈빗대로 여자를 만드시고
16	2:22ㅎ	그녀를 사람에게로 이끌어 오시니
17	2:23	사람이 이르되 이는 내 뼈 중의 뼈요 내 살 중의 살이라
18	2:25	사람과 그의 여자 두 사람이 벌거벗었으나 부끄러워하지
19	3:8	거니시는 하나님의 소리를 듣고 사람과 그의 여자가 숨었

수	장절	아담을 음역하여 사역한 경우
20	3:9	여호와 하나님이 사람을 부르시며 그에게 이르시되 네가
21	3:12	사람이 이르되 하나님이 주셔서 나와 함께 있게 하신 여자
22	3:17	사람에게 이르시되 네가 네 여자의 말을 듣고 내가 네게
23	3:20	사람이 그의 여자의 이름을 하와라 불렀으니 그는 모든 산
24	3:21	여호와 하나님이 아담과 그의 여자를 위하여 가죽옷을 지어
25	3:22	보라 사람이 선악을 아는 일에 우리 중 하나 같이 되었으
26	3:24	이같이 하나님이 사람을 쫓아내시고
27	4:1	사람이 그의 여자 하와를 알았고 하와가 임신하여 가인을
28	4:25	아담이 다시 그의 여자와 동침하매 그가 아들을 낳아 그의 이
29	5:1ㅈ	이것은 아담의 계보를 적은 책이니라
30	5:1ㅎ	하나님이 아담을 창조하실 때에 하나님의 모양대로 지으셨다
31	5:2	그들에게 복을 주시고 그들의 이름을 아담이라 일컬었다
32	5:3	아담은 백삼십 세에 자기의 모양 곧 자기의 형상과 같은 아들
33	5:4	아담은 셋을 낳은 후 팔백 년을 지내며 자녀들을 낳았으며
34	5:5	아담은 구백삼십 세를 살고 죽었다

창 1:26과 창 2:7ㅈ에서 사람을 처음 지을 때 '아담'을 '사람'이라 하고, 그 다음에는 정관사가 붙은 것들을 모두 '사람'이란 통칭으로 번역하여 매우 자연스럽다. 히브리어를 모르는 독자들도 사람과 아담 사이에서 헷갈리지 않고 히브리어를 살짝이나마 인식할 수 있게 된다. '사람'이 번성하기 시작하였다는 말은 사람의 수효가 많아지게 되었다는 것인데, 이 경우 '하아담'은 인류를 가리키는 통칭이다. 특정한 경우에는 남성을 한정하여 지칭하기도 한다.

2. 여성 수난사

남성의 수효가 많아지는 동시에 딸들도 많이 태어났다. '딸들' 은 '바노트' 다. '바노트' 는 단수 '바트' 의 여성복수형으로 여성을 가리키는 통칭이다. '번성하다' 란 동사는 '라바브' 다. 이 동사는 히브리어 성서에 24회 언급되는데 한 번은 수동강세형(푸알)으로 쓰였고(시 144:13) 나머지는 기본형(칼)으로 쓰였다. 창 6:1의 이 구절은 창 1:22, 28의 생육하고 '번성하라' 는 구절을 연상시킨다. 그러나 창 1:22, 28의 경우에는 기본형 '라바브' 가 아니라 '라바' 가 사용되었다. 이 둘은 뜻이 같다. '라바브' 는 수효가 많이 있는 상태로 발전해 가는 움직임을 가리킨다. 형용동사는 '라브' 인데 히브리어 성서에 420회 나온다. 그 뜻은 많이 있는 상태를 가리킨다.(창 21:34; 출 12:38; 23:1; 신 9:14 등) 또 '크다/위대하다' 란 뜻도 있다. 선함이나 악함도 커질 수 있다.(시 31:20; 창 6:5)

창 1:22, 28의 '라부' (번성하라)의 기본형 '라바' 는 히브리어 성서에 200회 넘게 나오는데 칼형으로 60회, 히필형으로 155회 나온다.(창 7:17-18; 대상 23:17; 43:34) 동사 '라바' 는 장수하는 것을 가리키기도 한다.(욥 29:18) 명사형 '아르베' 는 메뚜기 떼로 인한 재앙을 가리키기도 한다. 많다는 심상이 메뚜기 떼와 자연스럽게 연결된다.

전반절의 '하아담 '은 남성을 가리키는 통칭으로서 후반절에서 3인칭복수 인칭대명사로 표현된다. '그들에게' ' 라헴' 은 남성들이다. 지금까지 가인의 후예들과 셋의 후예들이 남성 위주로 4장과 5장에 기명되었다. 6장에서는 이제 딸들에 대한 이야기를 소개한다.

1절에 번성하기 '시작할 때에' 란 어구에 히브리어 동사 '할랄' 이 사용되었다. 이 동사는 '오염시키다/더럽히다/상처 입다' 란 뜻으로 신성

모독의 행위를 묘사하기도 한다. 이 동사의 명사형 중에 '터힐라'는 '시작/시초/기원'을 가리키는데 이 동사의 히필형에서 파생한 것이다. 이 동사는 아랍어에서 '어떠한 법적 구속에서 벗어나는 것'을 가리킨다. 그러나 '할랄'은 대개 신체로나 제의로나 윤리로 볼 때 부정한 상태에 빠져 하나님의 법을 어기는 행위(습 3:4), 하나님의 계약을 깨는 행위(시 55:21; 89:31)를 가리킨다. 하나님의 이름을 오용하는 행위(레 18:21), 안식일이나 성소를 범하는 짓(출 31:14)을 가리킨다. 시체를 만지면 부정을 탄다.(레 21:4) 동사 '할랄'은 본디 성행위에서 부정을 타는 것을 가리켰을 것이다. 르우벤이 아버지의 침상을 더럽혔다.(창 49:4) 근친상간은 부정을 탄다. 이 동사의 히필형은 하나님의 거룩한 이름을 가리켜 두 차례 쓰인다.(민 30:3; 겔 39:7)

그러나 창세기 6장 1절과 같이 '시작하다'란 뜻으로 106회나 나오는데, 부정을 탄다는 심상과 시작한다는 심상이 전혀 연결성이 없어 보인다. 이 동사가 '시작하다'란 뜻을 지니게 된 이유는 아마도 어떤 부정 탄 사람이 법적인 의무사항을 이행하여 그 부정에서 벗어나 새 삶을 살게 된 것에서 '시작하다'라는 뜻이 나온 듯하다. 여성명사 '터힐라'(시작)는 21회 나오는데 세 가지 부류로 구분할 수 있다.

첫째, 여행의 출발(창 13:3; 41:21)이나 공격 대열의 선봉(삿 1:1)을 가리킨다. 둘째, 특정한 시기의 시작점으로서 보리 추수의 개시(룻 1:22), 채소 농사의 시작(암 7:1), 포로로 잡혀 온 바빌로니아 사람들이 아시리아의 식민지가 된 사마리아에 정착하기 시작한 시점(왕하 17:25)을 가리킨다. 이 용례가 가장 많다. 기도의 첫 머리말이나(단 9:23), 불신앙인의 첫마디(전 10:13)도 이에 해당한다. 셋째, 야훼를 경외함이 지혜의 으뜸가는 원리라는 뜻으로 추상화된 경우도 있다(잠 9:10) 칠십인역에 번역된 그리스어 '에륵산토' 의 기본형 '아르코' 도 '시작하다/처음이 되다/머리가 되다/으뜸이 되다/지배하다' 를 의미한다. 그리스어에는 부정탄다는 뜻은 없다.

이런 의미를 참조할 때 창세기 6장 1절에서 '시작할 때에' 란 의미는 인류가 번성하던 워낙에 딸들도 태어났다는 뜻으로 해석해야 할 것이다. 사람이 생육하고 번성하는 처음부터 그 과정에서 여성도 남성과 마찬가지로 함께 수효가 불어나고 있었다. 이 여성들에게 무슨 일이 벌어졌는가?

3. 인간 불평등 기원론

하나님의 아들들이 사람의 딸들의 아름다움을 보고 자기들이 좋아 하는 모든 여자를 아내로 삼는지라.(창 6:2)

사람의 딸들은 '바노트 하아담' 이다. 사람의 딸들에 반대되는 용어는 '하나님의 아들들' 이다. 히브리어로는 '버네이 엘로힘' 인데 이때 엘로힘은 야훼 하나님을 가리키는 신명神名이 아니라 '힘센/막강한' 이란 뜻의 복수형이다.(*magistri pluralis*) 칠십인역은 이것을 '앙겔로이' (angels)라고 번역하여 천상의 신적 존재들을 가리키는 것으로 이해했다. 하지만 현재의 본문이 처한 문맥을 보면 이 표현은 앞으로는 창세기 4장의 가인의 후예들과 연결되고 문단 안에서는 4절의 네피림과 연결된다. '하나님의 아들들' 은 거인족으로 알려진 네피림의 아버지들이며, 네피림은 '깁보림' (용사들/전사들) 내지는 '아너쉐이 하솀' (명성있는 자들)이라고 부른다.

『길가메시 서사시』를 읽어 보면 고대 우루크 도성에 길가메시란 영웅이 나타나서 왕으로 등극하였다고 한다. 그는 키가 5미터나 되며 힘이 천하장사여서 당할 자가 없었다. 그가 거리를 걸으면 문지방이 울릴 정도로 거구였다. 길가메시는 눈에 띄는 처녀들을 닥치는 대로 잡아가서 자기 궁궐에서 유린하고 하녀로 삼았다. 백성은 길가메시가 거리를 걸어오는 소리를 들으면 황급히 문을 걸어 잠그고 집 안으로 숨어들었다. 창세기 6장 2절의 '하나님의 아들들' 은 수메르 신화를 익히 알고 있는 사람들에게는 저절로 이해되는 일반에 통용되는 표현이었을 것이다. 그것은 길가메시 같은 영웅이나 엘리트를 가리킨다.

이와는 반대로 '사람의 딸들' 이란 표현은 힘없고 연약한 사람들을 대표한다. 사람의 자손 가운데서 특출한 힘센 엘리트들이 생겨났지만 또 한편으로는 연약한 사람들도 생겨났다. 가부장제 사회에서 여성은 약자의 대명사였다. 힘센 엘리트 강자들은 가인과 라멕의 살인 전통을 계대하여 폭행하는 악한 삶을 살았다.(창 6:5ㅎ) 이들은 자기중심주의의 이기심으로 살면서 주변의 이웃들을 노예로 부리고 자기의 욕심을 마음껏 채웠다. 자기보다 약한 사람들을 이용하고 착취하였다.

창세기 4장에 나오는 가인의 후예의 명단은 창세기 5장에 나오는 셋의 후예의 명단과 대조를 보이는데, 가인의 계보는 창세기 6장의 네피림으로 이어진다. 이들로 인해서 창세기 6장 5절의 보도처럼 '사람의 죄악이 세상에 가득하였다.' 이들의 죄성은 끈질기게 이어져서 노아 홍수로 심판을 받은 이후에도 창세기 11장에서 바벨탑 사건으로 이어져 독버섯처럼 역사의 지평 위로 터져 나온다.

민수기에 보면, 모세 시대에 네피림은 가나안의 도성들을 장악하고 있다.(민 13:28-29, 33) 특히 가나안 원주민들 중에 거인들이 살고 있었다는 전승이 널리 퍼져 있었다.(신 1:28; 2:10, 11, 21; 수 15:14; 암 2:9 등) 페니키아인의 전설에도 난잡한 성행위를 그리는 『산추니아톤 전설』이 창세기 6장 2절과 비슷한 내용으로 전해지고 있다. 이들은 높은 성벽을 쌓고 도성을 만들어 엄청나게 풍요로운 삶을 누리고 있었다. 주변의 경작지를 장악하여 농민들을 부렸고 이 토지에서 한 송이를 두 사람이 어깨로 매어야 운반할 수 있을 정도로 큰 포도송이를 소출하였다.(민 13:23) 이들은 경제 번영을 토대로 막강한 군사력을 갖추고 있었다. 정복 전쟁을 수시로 감행하여 노예들과 재화와 토지를 획득하는 일에 혈안이 되어 있었다.

이와 같이 창세기 6장 2절은 강자들의 무법천지無法天地가 된 세상을 묘사한다. 이들의 눈에 사람의 딸들이 아름다워 보였다.('사람의 딸들의 아름다움을 보고') 히브리어로 '키 토브'란 표현을 사용했다.('키 토보트 헨나') 이 어구는 창세기 1장에서 일곱 차례나 반복되었던 상투어였다. 하나님께서 천지를 지으시니 지으신 것마다 보시기에 좋았다. 야훼 하나님은 선악을 알게 하는 나무를 먹기에 좋도록 만들었다.(창 2:9) 사람이 죄의 유혹에 넘어갈 때 선악과를 보니 먹기에 좋았고 보는 눈에는 탐심이 일어났다.(창 3:6) 탐욕의 눈으로 보니 이웃을 망가뜨리고 죄성이 더욱 심하게 타오른다.(창 6:2) 영웅들이 약한 자들을 보니 보기에 좋았다. 그 결과 마음에 탐욕이 일어나서 약한 자들을 잡아다가 제멋대로 자기의 소유로 삼았다. 노예로 부리고 도성 문명의 바닥을 이루도록 강요하였다. 이것이 자기들이 좋아하는 모든 여자를 아내로 삼았다는 표현이 전달하는 속내다.[1]

2ㅎ절에서 '자기들이 좋아하는'이라고 번역되었지만 이 표현에 '토브'는 사용되지 않았다. 여기에는 동사 '바하르'를 사용했는데, '선택하다choose'란 뜻이다. 자기가 골라서 취한 모든 여자들 가운데 몇몇 여자들은 아내로 삼았다는 뜻이다. 나머지 여자들은 하녀로 전락하였을 것이다. 자기의 야망을 이루고 욕심을 채우기 위해서 이웃을 착취하고 억압하는 자들이 세상을 다스리기 시작했음을 상징적으로 표현한 기법이다. 이것이 가인의 후예들이 걸어간 길이었다. 하나님의 형상을 따라 하나님처럼 창조된 사람이 만물을 먹이고 살림으로써 다스

1 문맥으로 창 6:1-4을 읽은 학자들로는 엘리거Elliger(1974)와 포크너Forkner(2008)가 있는데 방법론은 나의 방법론과 동일하지만 결론은 매우 다르다.

려야 했으나(창 1:28, '라다'), 가인의 후예들은 타락하여 자기중심주의에 빠져서 폭력으로 세상을 지배하기 시작했다.

4. 인간 불평등에 대한 하나님의 대응

> 여호와께서 이르시되 나의 영이 영원히 사람과 함께 하지 아니하리니 이는 그들이 육신이 됨이라 그러나 그들의 날은 백이십 년이 되리라 하시니라.(창 6:3)

타락한 인간은 자기중심주의의 시각으로 세계를 바라본다. 자기에게 유리한 것은 선한 것이라고 좋아하지만, 자기에게 불리한 것은 악한 것이라고 싫어하여 파괴하고 버린다. 세계를 파괴하며 폭력으로 피조물을 다스리는 육신의 인간에 대한 하나님의 대응책은 그 사람의 수명을 120세로 제한하는 것이었다. 지금까지 셋의 후예들은 수백 년을 살았다. 특별히 므두셀라는 969세까지 살았다. 그러나 세상의 영웅들은 셋의 후예들처럼 오래 살지 못하도록 하나님은 그들의 수명을 120세로 줄이셨다.

수명을 줄인 까닭은 사람이 육('바사르')이 되었기 때문이다. 하나님의 영('루아흐')이 사람 속에 오래 머물지 않을 것이기 때문이다. 사람과 함께 '하지 아니하리니'라는 동사는 '야돈'이다. 이 동사의 기본형은 '둔'일 것으로 추정되나 이 동사는 오로지 창세기 6장 3절에 '야돈'이란 형태로만 언급되어 있을 뿐이어서 다른 언급과 비교가 불가능하다. 그 뜻은 '싸우다/경쟁하다/다투다'다. 그렇게 되면 '나의 영이 그 아담과 영원히 다투지 않을 것이다'가 되어 전혀 다른 뜻이 된다. 다른 역본들은 히브리어 '야돈'을 어떻게 번역했는지 비교해 보자.

> 나의 영이 영원히 사람과 함께 하지 아니하리니(개역개정)

생명을 주는 나의 영이 사람 속에 영원히 머물지는 않을 것이다.
(새번역)

My Spirit shall not strive with man forever,(NKJV)

My spirit shall not abide in mortals forever,(NRSV)

Die Menschen wollen sich von meinem Geist nicht mehr strafen lassen,(L45)

Mein Geist soll nicht immerdar im Menschen walten(LUT)

ouv mh. katamei,nh| to. pneu/ma, mou evn toi/j avnqrw, poij tou,toij eivj to.n aivw/na(칠십인역)

non *permanebit spiritus meus in homine*(불가타)

KJV와 루터역 성서 1545년판 L45은 '다투다' 라고 번역했으나 더욱 고대본인 칠십인역과 불가타는 '남는다/거주하다/~에 있다' 라고 번역했으며 더욱 후대의 개정본들은 하나같이 이들 고대 역본들과 일치되게 번역했다.

하나님의 영이 그 아담 속에 영원히 머물지 않겠다는 하나님의 선언은 무엇을 의미하는가? 후반절에 '그들의 날은 백이십 년이 되리라' 는 말씀에 그 실마리가 있다. 므두셀라나 노아와 같이 장수하지 못하게 되리라는 뜻으로 이해할 수 있다. 므두셀라가 969년 살았던 것에 비하면 120년은 형편없이 짧은 수명이다. 팔분의 일에 불과하다. 그러므로 '영원히' 란 부사는 '오랫동안' 이라고 번역해야 할 것이다. 히브리어 '러올람' 은 전치사 '러' 가 명사 '올람' 에 접두어로 붙어 있다. 이 어구는 4절 '메올람' 에 다시 나온다. 4절에서 개역개정은 '고대에' 라고 번역했다. 이 시기는 노아 홍수 직전의 시대를 가리킨다. 그러므로 매우 오랜 과거의 기간을 가리키는 말이다. 이러한 개념은 3절의 '올람'에도 마찬가지로 적용해야 할 것이다. 하나님의 영이 과거처럼 그리 오랫동안은 사람 속에 머물지 않겠다는 뜻으로 보아야 할 것이다. 이것은 수명의 단축을 의미한다.

'영靈'이라 번역한 히브리어는 '루아흐'인데 창세기 1장 2절에 처음 나왔다. '루아흐'는 하나님의 말씀을 이행하는 하나님의 기운을 가리킨다. 영靈이란 개념보다는 기氣의 개념에 가깝다. 성리학의 이기론에 있어서 말씀은 이理에 가깝고 루아흐는 기에 가깝다. 성서의 이기론은 이기일원론도 아니고 이기이원론도 아니다. 이와 기는 모두 한 하나님에게 속해 있다. 하나님에게서 이와 기가 나온다. 창세기 2장 7절에 사람의 코에 하나님께서 자신의 숨('너샤마')을 불어넣었다. '너샤마'는 루아흐와 감응하는 인간의 요소다. '루아흐'가 사람 속에 있지 않으면 숨은 끊어지고 죽는다.

폭력을 휘두르며 살아가는 거인이나 영웅은 단명하게 죽을 운명이다. 하나님은 창조세계를 보전하고 가꾸기 원하신다. 이에 창조세계에 폭행을 가하여 창조세계를 파괴하는 자들과 다투시고 그들을 일찍 창조세계에서 제거하여 버린다. 이 수명 단축의 선언이 있고 난 후에도 노아는 오래 살아 950세에 사망하였다.(창 9:29) 아브라함은 175세까지 살았다.(창 25:7) 이삭은 180세에 죽었다.(창 35:28) 야곱은 147세에 죽었다.(창 47:28) 족장들은 모두 120세를 훌쩍 넘겼다. 그러나 요셉만은 110세에 사망했다.(창 50:22) 요셉은 이집트에서 총리대신이 되는 바람에 파라오를 도와 국가의 폭력을 휘두르는 직책을 수행할 수밖에 없었다. 요셉은 세상에서 엘리트요 영웅이었고 높은 사람이 되었다. 마치 네피림과 같은 존재로서 도성 안에서 살다가 단명하였다. 요셉의 죽음은 창세기 6장 4절의 저주가 실행된 경우로 볼 수 있다. 모세는 딱 120세에 죽었다.(신 34:7) 모세가 하필 120세에 죽은 까닭이 무엇인가?

모세는 가데스 므리바에서 바위에서 물을 낼 때 하나님께 죄를 범했다. 하나님의 거룩하심을 드러내지 않았다. 자기가 바위에서 물을 낸 것처럼 백성 앞에서 연출하였다. 하나님의 지시대로 순종하지 않고 자기 지팡이를 들어 바위를 두 번이나 내리쳤던 것이다. 하나님께서는 아론의 지팡이를 성소에서 꺼내 오라고 명하시고 아론의 지팡이를 쳐들고 말로 명하여 바위에서 물을 내라고 명하셨다. 모세는 이에 순종하지 않았다. 아론의 지팡이 대신에 자신의 지팡이를 휘둘렀다. 게다가 백성을 향하여 화를 내어 '이 패역한 자식들아!' 라고 소리를 질렀다. 모세는 이 대목에서 세상의 군왕과 같이 군림하는 자세를 취하였고 하나님 앞에서 자기의 존재를 추구하는 자기중심의 태도를 보였다. 모세가 막강한 권력을 쥔 채 가나안 땅에 들어가면 그도 역시 가나안의 왕들과 같이 백성 위에 군림하게 될 것은 불 보듯 뻔하였다. 하나님은 모세를 이즈음에서 중단시키시고 더 욕을 보기 전에 은퇴시키셨다. 모세는 가나안 땅에 들어가지 못하는 제재를 받고 비스가 산정에서 죽어 승천하였다.(민 20:1-13) 민수기 20장의 본문에 대한 나의 주석은 『광야에서 II』를 보면 된다.

단명하게 된 원인은 사람이 육이기 때문이라고 한다.('버샤감 후 바사르') '버샤감' 은 세 가지 요소로 이루어진 전치사구로서 '~때문에' 라는 의미의 접속사 역할을 한다.

'버' (~안에) + '샤' (관계사) + '감' (또한) = '버샤감' (그도 또한 ~한 점에 있어서 = ~때문에)

'후'는 '그이he'이고 '바사르'는 '육/육신'이다. '버샤감 후 바사르'를 사역하자면, '그가 또한 육이라는 점에 있어서'가 된다. 교만해진 사람은 하나님의 루아흐와 소통하는 영성을 상실하고 말았기 때문에, 사람은 완전히 육肉이 되고 말았다. 사람이 교만해지고 강해져서 영성을 상실함으로써 물질만 바라는 물질주의에 빠지고 말았다. 그래서 하나님의 기운이 사람 안에 오래 머물지 않게 되었다. 이런 연유로 영웅들의 수명은 단축되고 말았다.

> 당시에 땅에는 네피림이 있었고 그 후에도 하나님의 아들들이 사람의 딸들에게로 들어와 자식을 낳았으니 그들은 용사라 고대에 명성이 있는 사람들이었더라.(창 6:4)

히브리어 문장에서 주어 '네피림'이 동사보다 앞에 나와서 문장을 열고 있다. 네피림을 매우 강조하고 있다. 이 문장의 끝에는 '명성이 있는 사람들'로 마무리된다. 문장의 처음과 문장의 끝에서 동일한 심상이 서로 상응하여 포괄법inclusio으로 문장 전체를 감싸고 있다. 처음에는 하나님의 아들들이 사람의 딸들에게서 네피림을 낳았다. 그 후에도 계속해서 그들은 '깁보림'(용사들)을 낳았다. 네피림과 깁보림은 문장의 앞과 뒤에서 동일한 심상으로 서로 상응한다.

개역에 '사람의 딸들을 취하여'라고 번역한 것을 개역개정에서는 '사람의 딸들에게로 들어와'라고 고쳤다. 히브리어 본문에는 '취하여'란 뜻의 동사 '라카흐'는 없고 '들어오다'란 의미의 동사 '보오'가 있다. 이처럼 개역의 번역에 문제가 있어서 개역개정은 히브리어 본문대로 '들어와'라고 고쳐 번역했다. 새번역은 '사람의 딸들에게 와서'라고 더욱 단순하게 번역했다.

개역개정의 '고대에 명성 있는 사람' 은 개역에서는 '고대에 유명한 사람' 이라고 번역했었다. 히브리어 '아너쉐이 하쉠' 을 직역하면 '이름의 사람들' 이 된다. '유명한' 이나 '명성 있는' 이나 별반 차이가 없다. 이처럼 의미상 별반 차이가 없는 경우에는 옛 번역을 고치지 말고 그대로 두는 편이 더 낫다. 독자들이 요절을 외우고 있기 때문에 심하게 고치면 신자들에게 불편을 끼치게 될 것이다. 새번역은 '옛날에 있던 용사들로서 유명한 사람들' 이라고 심하게 고쳤다.

히브리어로 '네피림' 은 누구인가? 칠십인역과 불가타에는 '거인(기간테스=gigantes=giant)' 이라고 번역했다. 칠십인역은 후반절에 나오는 히브리어 '하깁보림' 도 '기간테스' 라고 번역했다. 그러나 불가타는 potentes라고 번역하여 '용사' 란 의미를 살려주었다. 네피림은 민수기 13장 33절에 두 차례 나온다. 동사 '나팔' 의 첫째 의미로 보아 그것이 '네펠' 에서 네피림이 나왔다고 보는 설이 있다. 네펠은 유산되어 나온 기형아를 가킨다. 이와는 달리, 동사 '나팔' 의 둘째 의미로 '놀랍도록 강한/뛰어난/걸출한' 을 의미한다고 보는 설도 있다. 칠십인역의 '거인' 이란 번역어는 오역인 것 같다. 사실 네피림의 어원은 알 수는 없기에 영웅들이나 용사들을 가리킨다고 보면 될 듯하다. 이것을 그냥 '네피림' 이라고 외래어로 표기하는 편이 더 안전할 것이다.

창 6:1-4의 소문단에서 '하나님의 아들들' 이나 '네피림' 이나 '깁보림' (용사들)은 모두 동일한 의미를 지니고 있다. 이들은 창세기 4장 17절에서 에녹 성을 쌓은 가인과 그의 후예들, 특히 살인자 라멕의 계통을 잇는 자들이다. 강자와 승자와 유능한 자와 엘리트와 지배자와 권력자 등이 모두 이 네피림이란 개념의 범주에 속한다. 폭력을 행사하여 타자를 억압하거나 약탈할 수 있는 능력을 소지한 사람들을 의미한다. 이들의 폭행으로 인해서 땅에 죄와 포악함이 가득하게 되었다.(창 6:5, 11)

VI. 폭력:
노아 홍수의 원인

(창 6:5-8)

문서가설의 주창자들은 창 6:5-9:17을 하나의 통일된 문단으로 보고 그것을 J와 P의 두 자료들이 결합된 문헌으로 간주해 왔다. 쿠에넨Kuenen과 벨하우젠Wellhausen과 궁켈Gunkel과 딜만Dillmann 등의 비평가들이 문서들을 구분하는 데 있어서 큰 차이를 보이지 않았다. 그들이 제시한 구분은 아래와 같다.

J 6:5-8 7:1-5 7 (8, 9), 10 12 16b 17b 22, 23 2b, 3a 6-12 13b 20-22

P 9-22 6 13-16a 17a 18-21 24, 8:1, 2a 3b-5 13a 14-19 9:1-17

이들이 구분해낸 J문서와 P문서를 서로 연결하여 적어보면 각각 독립된 이야기가 윤곽을 아래와 같이 드러낸다.

'J이야기'

창 6:5 여호와께서 사람의 죄악이 세상에 가득함과 그의 마음으로
생각하는 모든 계획이 항상 악할 뿐임을 보시고 6 땅위에 사람 지으셨
음을 한탄하사 마음에 근심하시고 7 이르시되 내가 창조한 사람을 내
가 지면에서 쓸어버리되 사람으로부터 가축과 기는 것과 공중의 새까
지 그리하리니 이는 내가 그것들을 지었음을 한탄함이니라 하시니라
8 그러나 노아는 여호와께 은혜를 입었더라 7:1 여호와께서 노아에게
이르시되 너와 네 온 집은 방주로 들어가라 이 세대에서 네가 내 앞에

의로움을 내가 보았음이니라 2 너는 모든 정결한 짐승은 암수 일곱씩, 부정한 것은 암수 둘씩을 네게로 데려오며 3 공중의 새도 암수 일곱씩을 데려와 그 씨를 온 지면에 유전하게 하라 4 지금부터 칠 일이면 내가 사십 주야를 땅에 비를 내려 내가 지은 모든 생물을 지면에서 쓸어버리리라 5 노아가 여호와께서 자기에게 명하신 대로 다 준행하였더라 7 노아는 아들들과 아내와 며느리들과 함께 홍수를 피하여 방주에 들어갔고 [8, 정결한 짐승과 부정한 짐승과 새와 땅에 기는 모든 것은 9 하나님이 노아에게 명하신 대로 암수 둘씩 노아에게 나아와 방주로 들어갔으며] 10 칠일 후에 홍수가 땅에 덮이니 12 사십 주야를 비가 땅에 쏟아졌더라 16b 여호와께서 그를 들여보내고 문을 닫으시니라 17b 물이 많아져 방주가 땅에서 떠올랐고 22 육지에 있어 그 코에 생명의 기운의 숨이 있는 것은 다 죽었더라 23 지면의 모든 생물을 쓸어버리시니 곧 사람과 가축과 기는 것과 공중의 새까지라 이들은 땅에서 쓸어버림을 당하였으되 오직 노아와 그와 함께 방주에 있던 자들만 남았더라 8:2b 하늘에서 비가 그치매 3a 물이 땅에서 물러가고 6 사십 일을 지나서 노아가 그 방주에 낸 창문을 열고 7 까마귀를 내놓으매 까마귀가 물이 땅에서 마르기까지 날아 왕래하였더라 8 그가 또 비둘기를 내놓아 지면에서 물이 줄어들었는지를 알고자 하매 9 온 지면에 물이 있으므로 비둘기가 발붙일 곳을 찾지 못하고 방주로 돌아와 그에게로 오는지라 그가 손을 내밀어 방주 안 자기에게로 받아들이고 10 또 칠일을 기다려 다시 비둘기를 방주에서 내놓으매 11 저녁때에 비둘기가 그에게로 돌아왔는데 그 입에 감람나무 새 잎사귀가 있는지라 이에 노아가 땅에 물이 줄어든 줄을 알았으며 12 또 칠 일을 기다려 비둘기를 내놓으매 다시는 그에게로 돌아오지 아니하였더라 13b 노아가 방주뚜껑을 제치고 본즉 지면에서 물이 걷혔더니 20 노아가 여호와께 제단을 쌓고 모든 정결한 짐승과 모든 정결한 새 중에서 제물을 취하여 번제로 제단에 드렸더니 21 여호와께서 그 향기를 받으시고 그 중심에 이르시되 내가 다시는 사람으로 말미암아 땅을 저주하지 아니하리니 이는 사람의 마음이 계획하는 바가 어려서부터 악함이라 내가 전에 행한 것 같이 모든 생물을 다시 멸하지 아니하리니 22 땅이 있을 동안에는 심음과 거둠과 추위와 더위와 여름과 겨울과 낮과 밤이 쉬지 아니하리라

신명을 일관되게 '야훼'로 사용하고 있는 문장만 모아보니 하나의 훌륭한 이야기가 모습을 드러낸 것이다. 이것을 학자들은 야훼문서(J)라고 불렀다. 여기에 창 7:8-9은 괄호 안에 두어 불확실함을 표시하였는데 동물을 암수 둘씩 넣도록 명령하며 또한 신명을 '엘로힘'이라 사용하기 때문이다. 이 부분을 제외한 나머지 부분은 엘로힘이란 신명을 사용하는 P문서로 간주해 왔다. P는 아래와 같다.

'P이야기'

창 6:9 이것이 노아의 족보니라 노아는 의인이요 당대에 완전한 자
라 그는 하나님과 동행하였으며 10 세 아들을 낳았으니 셈과 함과 야
벳이라 11 그 때에 온 땅이 하나님 앞에 부패하여 포악함이 땅에 가득
한지라 12 하나님이 보신즉 땅이 부패하였으니 이는 땅에서 모든 혈육
있는 자의 행위가 부패함이었더라 13 하나님이 노아에게 이르시되 모
든 혈육 있는 자의 포악함이 땅에 가득하므로 그 끝 날이 내 앞에 이르
렀으니 내가 그들을 땅과 함께 멸하리라 14 너는 고페르 나무로 너를

위하여 방주를 만들되 그 안에 칸들을 막고 역청을 그 안팎에 칠하라
15 네가 만들 방주는 이러하니 그 길이는 삼백 규빗, 너비는 오십 규
빗, 높이는 삼십 규빗이라 16 거기에 창을 내되 위에서부터 한 규빗에
내고 그 문은 옆으로 내고 상 중 하 삼층으로 할지니라 17 내가 홍수를
땅에 일으켜 무릇 생명의 기운이 있는 모든 육체를 천하에서 멸절하리
니 땅에 있는 것들이 다 죽으리라 18 그러나 너와는 내가 내 언약을 세
우리니 너는 네 아들들과 네 아내와 네 며느리들과 함께 그 방주로 들
어가고 19 혈육 있는 모든 생물을 너는 각기 암수 한 쌍씩 방주로 이끌
어 들여 너와 함께 생명을 보존하게 하되 20 새가 그 종류대로, 가축이
그 종류대로, 땅에 기는 모든 것이 그 종류대로 각기 둘씩 네게로 나아
오리니 그 생명을 보존하게 하라 21 너는 먹을 모든 양식을 네게로 가
져다가 저축하라 이것이 너와 그들의 먹을 것이 되리라 22 노아가 그
와 같이 하여 하나님이 자기에게 명하신 대로 다 준행하였더라 7:6 홍
수가 땅에 있을 때에 노아가 육백 세라 11 노아가 육백 세 되던 해 둘째
달 곧 그 달 열이렛날이라 그날에 큰 깊음의 샘들이 터지며 하늘의 창
문들이 열려 13 곧 그 날에 노아와 그의 아들 셈, 함, 야벳과 노아의 아
내와 세 며느리가 다 방주로 들어갔고 14 그들과 모든 들짐승이 그 종
류대로, 모든 가축이 그 종류대로, 땅에 기는 모든 것이 그 종류대로,
모든 새가 그 종류대로 15 무릇 생명의 기운이 있는 육체가 둘씩 노아
에게 나아와 방주로 들어갔으니 16a 들어간 것들은 모든 것의 암수라
하나님이 그에게 명하신 대로 들어가매 17a 홍수가 땅에 사십 일 동안
계속된지라 18 물이 더 많아져 땅에 넘치매 방주가 물 위에 떠 다녔으
며 19 물이 땅에 더욱 넘치매 천하의 높은 산이 다 잠겼더니 20 물이
불어서 십오 규빗이나 오르니 산들이 잠긴지라 21 땅 위에 움직이는

생물이 다 죽었으니 곧 새와 가축과 들짐승과 땅에 기는 모든 것과 모든 사람이라 24 물이 백오십 일을 땅에 넘쳤더라 8:1 하나님이 노아와 그와 함께 방주에 있는 모든 들짐승과 가축을 기억하사 하나님이 바람을 땅 위에 불게 하시매 물이 줄어들었고 2a 깊음의 샘과 하늘의 창문이 닫히고 3b, 물이 점점 물러가서 백오십 일 후에 줄어들고 4 일곱째 달 곧 그 달 열이렛날에 방주가 아라랏 산에 머물렀으며 5 물이 점점 줄어들어 열째 달 곧 그 달 초하룻날에 산들의 봉우리가 보였더라 13a 육백일 년 첫째 달 곧 그 달 초하룻날에 땅 위에서 물이 걷힌지라 14 둘째 달 스무이렛날에 땅이 말랐더라 15 하나님이 노아에게 말씀하여 이르시되 16 너는 네 아내와 네 아들들과 네 며느리들과 함께 방주에서 나오고 17 너와 함께 한 모든 혈육 있는 생물 곧 새와 가축과 땅에 기는 모든 것을 다 이끌어 내라 이것들이 땅에서 생육하고 땅에서 번성하리라 하시매 18 노아가 그 아들들과 그의 아내와 그 며느리들과 함께 나왔고 19 땅 위의 동물 곧 모든 짐승과 모든 기는 것과 모든 새도 그 종류대로 방주에서 나왔더라 9:1 하나님이 노아와 그 아들들에게 복을 주시며 그들에게 이르시되 생육하고 번성하여 땅에 충만하라 – (17절까지)

이상의 P문서도 일관성을 갖춘 매우 훌륭한 하나의 이야기로 모습을 드러낸다. 니콜슨Nicholson은 오경 연구사를 서술한 단행본(2000년)에서 솔로몬 시대의 J문서를 부정하는 현대의 연구 동향에 맞서서 이렇게 뚜렷하게 드러나는 J와 P의 존재만은 부정할 수 없을 것이라고 항변하며 문서가설을 옹호하였다. 아래에서 우리는 과연 노아 홍수 이야기에서 두 문서가 뚜렷하게 구별될 수 있는지를 시종 염두에 두면서 본문을 읽어 내려가 보기로 한다. 그 과정에서 문서를 구분하려는 모든 시도들보다 더 최종 본문에 드러난 최종 저자의 의도를 먼저 감식해 보려고 노력한다.

창세기 6장 8절의 끝에 파투카가 있다. 창 6:5-8이 하나의 소문단임을 가리킨다. 바로 앞의 문단에서 사람의 교만과 죄악을 표현하였다. 이제는 이에 대한 하나님의 반응을 진술한다. 인간의 교만으로 지배층이 형성되고 도시국가의 문명이 창궐할 때 하나님의 심경은 어땠을까?

1. 생각하는 사람

여호와께서 사람의 죄악이 세상에 가득함과 그의 마음으로 생각하는 모든 계획이 항상 악할 뿐임을 보시고.(창 6:5)

야훼께서 두 가지 사항을 보셨다. 키-종속절에 이 두 가지 사항이 진술되어 있다. 첫째는 사람의 죄악이 땅에 가득한 상황을 보셨다. 둘째는 언제나 악한 것만을 도모하는 사람의 마음을 들여다보셨다. 5ㅈ절은 첫째 관찰을 보도하고, 5ㅎ절은 둘째 관찰을 보도한다.

개역개정에서 키-종속절의 전반절에 주어는 '사람의 죄악'('라아트')이고 술부는 '가득하다'('라바')다. 새번역은 '가득 차고'라고 번역했다. '가득하다'나 '가득 차고'는 같은 말이다. '라바'는 형용사이므로 상태동사 '하야' be가 생략되었다. 많다는 뜻이다. 개역에서는 '관영하다'라고 번역했다. 관영貫盈이란 '넘치다'를 뜻하는 한자말이다.

히브리어 '라바'는 1절의 동사 '라바브'와 동종어다. 1절에는 '사람이 땅 위에 번성하기 시작하였다'라고 진술하는데, 동사 '라바브'는 '번성하다'라고 번역했다. 그런데 5절에서는 동종어를 '관영하다'라든가 '가득하다'라고 번역하면 1절의 동종어와 연결되지 않는다. 히브리어가 같으면 한글 번역도 같은 단어로 번역해 주면 독자들에게 좋다. 죄가 번성하였다고 말할 수 없으므로 1절에서도 '많다'라고 번역해 주고 5절에서도 '많다'라고 똑같이 번역해 주면 더 좋겠다.

또 주어 '라아트'는 '죄악'이라고 번역했으나 이것은 '나쁘다'는 형용사 '라아'의 명사형이다. 후반절에 '라아'가 나온다. 전반절에서는 '죄악'이라고 번역하고 후반절에는 '악하다'라고 번역했다. 하지만 이렇게 하기보다는 두 군데에서 모두 '악하다' 라고 번역해 주면 더 좋겠다. 그래야 선악을 알게 하는 나무의 열매를 따먹은 죄의 결과를 표현할 수 있다. 죄를 가리키는 히브리어는 '핫타트' 나 '아본' 이나 '페샤' 등이 있다. '라아' 의 반대말은 '토브' 인데 창세기 1장에서 '토브' 는 일곱 차례 반복되어 창조의 원상태가 선하고 좋았음을 강조한다. 사람의 불순종으로 인하여 땅에 나쁜 것이 들어왔다.

사람이 많아지면서 사람의 악함도 많아졌다. 한글로 '세상에' 라고 번역한 것은 '바아레츠' 다. '바' 는 전치사 '~안에' 이고 여기에 '에레츠' 가 결합되었다. '에레츠' 는 땅을 가리킨다. 창세기 1장을 보면, 하나님께서 하늘과 땅을 지으셨다. 하늘에 대치되는 개념으로서의 땅이 늘 문제가 된다. '에레츠' 를 '세상' 이라고 번역하면 창세기 1장과 심상이 연결이 되지 않는다. 선과 악을 알게 하는 나무에서 열매를 따먹은 결과, 선하기만 하던 땅에 악이 많아졌다. 키-종속절의 전반절을 사역하자면, '사람의 악이 땅에서 많아졌다' 가 될 것이다. 이때 악은 하나님의 보시기에 나쁜 것이다. 사람에게 좋은 것이 하나님 보시기에는 나쁜 악이 되었다. 보편자이시고 만유를 품고 계시는 하나님은 모든 개체가 서로 상생하는 좋은 상태를 유지하고 있는데, 이와는 달리 사람은 만유를 품지 않고 자기를 중심을 내세우면서 자기에게 유익한 방식으로 살아 결국 보편성을 벗어나 개인주의에 빠지고 말았다. 개인주의와 자기중심주의는 자기를 행복하게 하는 순간에 타자를 괴롭히고 만다. 이것이 하나님 보시기에 악하였다. 타락한 사람의 악함이 땅에 많아졌다.

악을 짓는 사람은 어떠한 실존인가? 후반절의 '리보' 란 어구가 이 점을 논한다. '마음' 은 '레브' 를 번역한 것인데 사람의 심장을 가리킨다.

동사 '하샤브'의 의미

'막하샤바'는 생각thought이란 뜻으로서 동사 '하샤브'에서 파생된 명사다. '하샤브'는 마음을 써서 생각하는 행동을 가리킨다. 골똘히 궁리하여 새로운 방책을 떠올리는 것이다. 이 동사는 히브리어 성시에 121회 나온다. 형제를 해치려고 음모를 꾸민다(슥 7:10) 요셉의 형들이 요셉을 해치려고 악행을 도모하였으나 하나님께서 그 악한 음모를 선한 결과로 전환시켰다.(창 50:20)

또 '하샤브'는 '판단하다'란 뜻으로도 쓴다. 이사야서 53장 4절에 '생각하기를'이라고 번역된 것이 이 단어다. '우리는 생각하기를 그는 징벌을 받아 하나님께 맞으며 고난을 당한다 하였노라.' 욥기에 이 동사가 그런 뜻으로 나온다. '참으로 하나님이 – 나를 자기의 원수로 여기사'.(욥 33:10)

명상하는 가운데 떠오르는 생각을 가리킬 때도 있다. '여호와를 경외하는 자와 그 이름을 존중히 여기는 자를 위하여.'(말 3:16) 이때 '존중히 여기다'란 번역은 명상하는 가운데 줄곧 야훼의 이름이 떠오르는 것을 가리킨다. 시편에도 이런 뜻으로 쓰인다. '인생이 무엇이기에 그를 생각하시나이까'(시 144:3)

이 동사가 '~를 탓하다' 내지는 '~의 탓으로 돌리다'란 뜻으로 쓰이기도 한다. 다윗을 몹시 저주했던 시므이가 돌아오는 다윗을 마중하면서 자기의 잘못을 뉘우치고 탓하지 말아달라고 애원한다.(삼하 19:20) 하나님께서 아브라함의 믿음을 보시고 그것을 그의 의로 여겼다.(창 15:6; 롬 4:3) '여호와께 정죄를 당하지 않는 자는 복이 있다.'(시 32:2; 롬 4:8)

'발명하다'란 뜻도 있다. 성막을 짓는 자로 선발된 브살렐은 '정교한 일을 연구하였다.’(출 31:4, 라흐쇼브 마하샤보트; 35:32, 35) 유다 왕 웃시야는 ‘예루살렘에서 재주있는 사람들에게 무기를 고안하게’ 하였다.(대하 26:15)

또 장부를 기재하거나 회계를 하는 행위를 가리키기도 한다. 여호야다가 성전을 수리하면서 노임을 지불하는 자들에게 회계하지도 않고 은을 그냥 넘겨주었다. 지불하는 자들이 정직했기 때문이었다.(왕하 12:15[16]) 희년이 다가올 때 여러 가지 부동산의 상황을 점검하고 따져 놓아야 한다.(레 25:27, 50, 52; 27:18, 23) 칼형이나 피엘형이나 히트파엘형이나 모두 뜻은 동일하고 니팔형인 경우 단순히 수동태로 쓰인다. 민수기 23장 9절에 히트파엘형이 나오지만 뜻은 같다.

이 동사에서 파생된 명사가 ‘마하샤브’ 다. 그러므로 이 명사에도 여러 가지 뜻이 깃들어 있다. 생각, 고안, 음모, 계획, 발명 등의 뜻이 있다. 노아 홍수에 이르기까지 사람의 생각하는 바가 모조리 악하기만 하였다.(창 6:5; 참조. 렘 18:2; 대하 2:14) 사람이 악한 생각으로 무언가를 발명하고 고안한 결과, 하나님께서 선하게 창조하신 자연계는 심하게 훼손되고 파괴되었다.

여기에 또 다른 동사가 눈에 띈다. ‘예체르’ 는 분사형 명사로서 그 기본형은 ‘야차르’ 다. ‘야차르’ 는 무엇을 조형하는 동작을 가리킨다. 이와 비슷한 동사로서 ‘창조하다’ 란 뜻의 ‘바라’ 와 무엇을 만들고 일하는 행위를 가리키는 ‘아사’ 가 있다. 창세기 1장의 창조 이야기에서 ‘바라’ 와 ‘아사’ 동사가 번갈아 사용되었고 창세기 2장 7절에서 사람을 지으실 때 동사 ‘야차르’ 가 사용되었다. 하나님께서 흙을 이개어 사람의 모양을 조형하였다. 이 동사는 특별히 도공이 도자기를 빚는 동작을 묘사하여 자주 사용된다.(사 29:16) 우상의 외양을 가리키기도 한다.(합 2:18) 이런 동작이 마음에 적용될 때에는 사람의 꾸미는 계획이나 의도 내지는 마음의 상태를 가리키기도 한다.(창 6:5; 8:21; 신 31:21; 사 26:3) 하나님의 조형 솜씨와 그 의도는 인간의 조형 솜씨와 그 의도와는 백팔십도 다른 것이다. 인간은 마음으로 악만 지을 뿐이다. 칠십인역은 히브리어 '예체르 마흐쉬보트'를 '디아노에이타이'로, 불가타는 *cogitatio*로 뭉뚱그려 번역했다.('생각의 모든 계획' -개역개정)

2. 애수哀愁의 하나님

땅 위에 사람 지으셨음을 한탄하사 마음에 근심하시고.(창 6:6)

동사 '낙함'의 의미: '한탄하사'

이 문장에 동사 두 개가 쓰였다. '낙함' 동사와 '아차브' 동사가 그것이다. 동사 '낙함'은 주로 니팔형이나 피엘형으로 쓰인다. 여기서도 니팔형으로 쓰였다. 이 동사의 어근은 본디 '심호흡하다'란 뜻이었고, 따라서 안도의 한숨을 내쉬고 안심하는 동작이나 또는 숨을 거칠게 몰아쉬면서 비탄에 잠기는 동작을 가리키기도 한다. 우가리트어로는 '~를 위로하다'란 뜻으로 쓰인다.(UT 19:1230) 느헤미야와 나훔과 므나헴과 같은 유대인의 이름에도 쓰인다. 칠십인역은 이것을 '메타노에오'(회개하다) 내지는 '메타멜로마이'로 번역한다. KJV는 repent로 38회 번역했다. 대부분 하나님의 후회를 가리킨다. 사람의 뉘우침을 가리키는 동사는 대개 '돌이키다'란 의미의 '슈브' 동사를 쓴다.

동사 '낙함'의 주된 뜻은 '후회하다'다. 죄를 뉘우치며 후회하는 인간의 모습과는 달리 죄가 없으신 하나님은 사람을 만드신 행위를 후회하신다.(창 6:6-7; 출 32:14; 삿 2:18; 삼상 15:11 등) 하나님의 후회는 변하지 않는 하나님의 성품과 모순을 일으킨다. '이스라엘의 지존자는 거짓이나 변개함이 없으시니'(삼상 15:29)란 말씀과 '여호와는 맹세하고 변하지 아니하시리라'(시 110:4)란 말씀은 '사울을 왕으로 세운 것을 후회하시는' 하나님과 모순되는 듯 보인다. 그러나 이러한 표현은 인간의 감정에 견주어 표현한 것으로 실제로 모순된 표현은 아니다. 사람의 좁은 눈으로 볼 때 하나님이 목적을 바꾸신 것처럼 비쳐졌을 뿐이다. 따라서 하나님은 시행하려던 계획을 취소하신다.(대상 21:15, '재앙 내림을 뉘우치사' ; 렘 18:8; 26:3, 19; 암 7:3, 6; 욘 3:10) 이처럼 하나님의 심판은 인간의 반응에 따라 융통성이 있다. 심판의 진의는 재창조에 있다.

두 번째 뜻은 '위로하다' 다. 이 의미는 포로기의 유대인에게 잘 알려져 있었다. 이사야서는 '위로의 책' 이라 불리었다. '너희는 위로하라. 내 백성을 위로하라.' (사 40:1) '주의 지팡이와 막대기가 나를 안위하시나이다.' (시 23:4) 죽은 자를 조문할 때 이 동사를 쓸 때도 많다.(창 24:67; 37:35; 38:12; 삼하 10:2; 12:24; 대상 19:2; 사 61:2; 렘 16:7; 31:15) 어미가 자식을 위로할 수도 있으나 자기 백성을 위로하시는 이는 하나님이시다.(사 66:13; 시 71:21; 86:17; 119:82; 사 12:1; 49:13; 52:9) 이 동사에서 파생한 명사는 '긍휼' 이란 뜻이 되기도 한다. '내 마음이 내 속에서 돌이키어 나의 긍휼이 온전히 불붙듯 하도다.' (호 11:8)

창세기 6장 6절에서 '낙함' 동사는 사람을 만드신 행위를 후회하시는 하나님을 그린다. 개역개정은 '한탄하사' , 새번역은 '후회하시고' , NKJV/NRSV는 The Lord was sorry라고 번역했다. 하나님의 마음이 몹시 섭섭하고 슬퍼서 후회하는 모습을 묘사하고 있다. 야훼는 애수의 하나님이시다.

동사 '아차브' 의 의미: '근심하시고'

또 다른 동사 '아차브' 는 육체의 고통 내지는 마음의 괴로움이나 섭섭함을 말한다. 이 동사는 다양한 문맥에서 쓰인다. 칼형으로는 세 차례 쓰이는데 다음과 같다. 다윗은 압살롬의 동생 아도니야를 한 번도 꾸중하기 않고 키워서 '그를 섭섭하게 한 일이 없었다' 고 한다.(왕상 1:6) 이스라엘은 '마치 버림을 받아 마음에 근심하는 아내' 와 같다.(사

54:6, '아추바트 루아흐') 이사야서 54장 6절에서는 동사 '아차브'가 버리다/포기하다란 뜻의 동사 '아짜브'와 말놀이를 벌이고 있다. 야베스는 '내게 근심이 없게 하옵소서'라고 기도하였다.(대상 4:10, '러빌티 아츠비')

니팔형은 일곱 차례 나온다. 전도서는 '돌을 떠내는 자는 그로 말미암아 상할 것이요'라고 신체의 상해를 묘사한다.(전 10:9, '이아체브 바헴') 요셉의 형들이 요셉을 알아보고 마음이 심히 불편하였다.(창 45:5, '알-테아츠부') 요나단은 아버지 사울이 다윗을 내쳐서 죽이려고 했기 때문에 다윗을 위하여 슬퍼하였다.(삼상 20:34, '키 네으차브 엘-다위드'; 참조. 삼상 20:3) 주의 성일에는 근심하지 말아야 한다.(느 8:10-11, '알-테아체부')

피엘형으로는 두 번 나온다. 원수들이 시인을 반대하여 해치려고 한다.(시 56:5[6], '더바레이 여아체부'; 개역개정-그들이 종일 내 말을 곡해하며; 새번역-그들은 온종일 나의 말을 책잡습니다; NRSV, they seek to injure my cause; NKJV, they twist my words) 백성이 반역하여 주의 성령을 근심하게 하였다.(사 63:10, '워이츠부 에트-루아흐 카드슈')

히필형은 시편 78편 40절에 단 한 차례 나온다. 히트파엘형은 두 차례 나온다. 여동생 디나가 이방인에게 성폭행을 당했다는 소식을 듣고 오빠들이 근심하고 분노하였다.(창 34:7) 홍수로 심판하시기 전에 야훼께서 사람들의 악함을 보고 후회하시며 마음이 몹시 불편하셨다.(창 6:6ㅎ) 창세기 6장 6절에서 동사 '아차브'를 개역개정은 '마음에 근심하시고', 새번역은 '마음 아파 하셨다'로, 그리고 NKJV는 He was grieved in His heart로, NRSV는 it grieved him to his heart로 번역했다.

3. 하나님의 지우개

> 이르시되 내가 창조한 사람을 내가 지면에서 쓸어버리되 사람으로부터 가축과 기는 것과 공중의 새까지 그리하리니 이는 내가 그것들을 지었음을 한탄함이니라 하시니라.(창 6:7)

동사 '막하'의 의미: '쓸어버리되'

하나님께서 1인칭으로 말씀하신다. '내가 창조한 사람을 지면에서 쓸어버리되 ~.' 여기에 동사 '쓸어버리다'의 원어로는 '막하'가 쓰였다. '막하'는 개역개정에서 '쓸어버리되'라고 번역했다.(새번역-사람을 이 땅 위에서 쓸어버리겠다; NRSV-I will blot out; NKJV-I will destroy man) 이 단어는 성서에 33회 쓰이는 중 여기에 처음으로 등장하였다. 하나님께서 홍수를 일으켜 숨 쉬는 모든 생물을 지면에서 쓸어버리셨다.(창 7:22-23) 노아의 식구 아홉 명과 방주에 든 생물들만 살려 두었다.

이 이야기는 출애굽기 32장의 금송아지 숭배 사건과 비슷하다. 금송아지를 만들어 숭배한 이스라엘을 보시고 하나님께서 진노하셔서 심판하시려고 했다. 모세는 이스라엘을 용서해 달라고 중재기도를 드렸다. '그러나 이제 그들의 죄를 사하시옵소서. 그렇지 아니하시오면 원하건대 주께서 기록하신 책에서 내 이름 지워 버려 주옵소서.'(출 32:32-33) 여기서 동사 '막하'는 지워 버리라는 뜻으로 쓰였다. 하나님은 그들의 이름을 천하에서 없애버리려고 하셨다.(신 9:14) 이 동사는 신명기 29장 20절[19]에도 반복된다.

이처럼 동사 '막하'는 잘못 쓴 글자를 지우개로 지워 버리는 동작을 가리킨다. 하나님께서 잘못 만든 사람을 지우개로 지우듯 말끔히 지워 버리려고 하신다. 우리말 번역에 '쓸어버리다'는 빗자루로 쓰레기를 청소한다는 느낌을 준다. '지워 버리다'라고 번역하면 더 좋을 것이다.

사람 때문에 길짐승과 날짐승까지도 날벼락을 맞게 되었다. 사람은 창세기 2장 7절에 의하면 흙으로 창조되었다. 창세기 2장 19절을 보면, 길짐승과 날짐승도 사람과 마찬가지로 흙으로 빚었다. 물속의 생물들은 열외가 된다. 물고기는 창세기 1장에 보면 말씀으로 창조되었다. 노아 홍수에서 물고기는 심판을 받지 않는다. 흙으로 지으신 모든 생물은 이제 지면에서 지워져서 흙으로 돌아가야 할 처지에 놓였다. 하나님께서 이것들을 흙으로 만드신 것을 후회하신다. 마치 도예공이 잘못 만든 작품을 사정없이 박살내고 무엇이 잘못되었는지를 곰곰이 살펴본 후에 다시 작품을 만드는 이치와도 같다. 하나님은 종종 도공에 비유되기도 한다.

4. 은혜로우신 하나님

그러나 노아는 여호와께 은혜를 입었더라.(창 6:8)

'마차 헨'의 의미: '은혜를 입었더라'

동사 '마차'는 '발견하다'란 뜻이다. '헨'은 좋아서 기뻐하여 긍정하는 모양을 나타내며 '총寵/은총/은혜'라고 번역된다. '버에이네이 야훼'란 '야훼의 눈에'란 뜻이다. 노아는 야훼의 눈 안에서 총寵을 발견했다. 야훼께서 노아를 보실 때 기분이 좋으셔서 즐거운 눈빛이 되셨다는 말이다. 노아는 야훼의 눈에서 자기를 총애하시는 눈빛을 읽었다.

히브리어 어구 '마차 헨 버에이네이 야훼'는 상투어로서 성서에 여러 차례 반복된다. 창세기에서 12회 나온다.(창 6:8; 18:3; 19:19; 32:5[6]; 33:8, 10, 15; 34:11; 39:4; 47:25, 29; 50:3) 성서 전체에 약 40회 가량 나온다. 개역개정에 '노아는 여호와께 은혜를 입었더라', 새번역에 '노아만은 주님께 은혜를 입었다', NRSV에 Noah found favor in the sight of the Lord, NKJV에 Noah found grace in the eyes of the Lord라고 번역했다.

동사 '마차'는 성서에 450회 정도 나온다. 대부분 칼형으로 쓰인다. 칠십인역은 '휴리스케인'으로 번역한다. 니팔형으로는 141회 정도 나오며 '발견되다'란 뜻이다. 종종 '압도되다,' '사로잡히다,' '감지되다'란 뜻으로도 쓰인다. 칠십인역에서 이런 경우에 '할리스코마이'란 번역어를 쓴다. 아람어나 우가리트 동종어로 미루어 '발견하다'란 뜻 외에도 '만나다/도달하다'란 뜻도 있음을 알 수 있다. 주님을 찾으면

('바카쉬') 만나리라.('마차') (신 4:29; 참조. 렘 29:13; 아 5:6) 주님을 만날('마차') 만한 때에 찾아라.('바카쉬', 사 55:6; 참조. 대상 28:9; 대하 15:2) '부지런히 나를 찾으라.('샥하르') 그래도 나를 만나지 못하리니'('마차', 잠 1:28)와 같은 표현들에서 이 동사를 볼 수 있다.

동사 '마차'의 주어가 하나님인 경우는 12회 나온다.(창 18:26, 28, 30; 44:16; 신 32:10; 렘 23:11; 겔 22:30; 호 9:10; 시 17:3; 89:20[21]; 욥 33:10; 느 9:8) 하나님께서 소돔 성에서 의인들을 열 명이라도 발견했다면 그 온 지역을 용서했을 것이다. 창세기 18장 29-31절에는 이 동사가 니팔형으로 쓰이고 주어는 의인들이 된다.

창 6:1-4은 영웅의 출현과 권력자들의 통치행위를 악하다고 보며, 창 6:5-8에서 하나님은 이들을 진멸하시기로 작정하신다. 거인족 영웅들이 세상을 지배하게 된 것은 창세기 4장에 나오는 가인이 후예를 계대한 것이다. 가인의 후예는 도성을 짓고 죄악을 짓고 살았다. 그 결과는 네피림과 같은 거만한 인간이 도성을 장악하고 지배하며 살게 되었다. 하나님은 이들 거만한 자들과는 전혀 다른 인간 노아가 있음을 보시고 마음으로 기뻐하셨다. 하나님의 그 다음 조치는 무엇일까?

VII. 노아의 일대기

(창 6:9-9:29)

홍수 심판의 이야기는 노아의 일생('톨레도트')에서 발생한 사건이다. 하나님은 큰 홍수를 일으켜서 당대의 의인 노아와 그 가족만을 제외하고 모든 사람을 땅에서 쓸어버림으로써 폭력을 행하는 사람들을 심판하신다. 노아만 살아서 방주에서 나온다. 하지만 모든 이웃이 죽어 없어져서 노아는 외롭고 쓸쓸하다. 노아는 고독을 이기지 못하여 술을 마신다. 노아는 술에 취해 나체로 자는 알코올중독 증세를 보인다.(창 9:20) 함이 아버지 노아의 나체를 보고 밖에 나가서 떠벌렸다. 노아는 둘째 아들 함을 저주하게 되고 이어서 홍수로 깨끗해진 땅에서 죄의 역사가 다시 꼬리를 물고 잡초처럼 돋아나게 되었다. 함의 후예들은 도성을 지은 가인의 후예를 계대하여 폭력의 역사를 짓게 되었다. 반대로 셈의 후예들은 도성 바깥에 살면서 하나님의 나라를 짓는 백성으로 살았다. 셈의 후예에서 아브람이 태어난다.

1. 정의와 불의(창 6:9-12)

창세기 6장 12절의 끝에 서투마 기호가 있다. 이 기호는 창 6:9-12을 하나의 소문단으로 끊어서 읽으라는 마소라 학파의 지시다. 이 소문단에는 노아의 의로운 삶과 온 땅의 부패상이 극명하게 대조되고 있다. 땅에는 혈육 있는 자의 포악함이 가득하였다. 원문을 꼼꼼하게 뜯어보자.

> 이것이 노아의 족보니라 노아는 의인이요 당대에 완전한 자라 그는 하나님과 동행하였으며.(창 6:9)

창세기가 '엘레 톨레도트' 의 구도로 짜여 있음은 이미 창세기 2장 4절을 주석할 때 자세히 설명하였다.(『토라 서론 Ⅰ』을 보라) 창세기 5장 1절에는 '쩨 세페르 톨레도트' (이것은 톨레도트 책이다)라는 변형문이 나와 있다. 다른 구절에서는 '엘레 톨레도트' 라고만 되어 있지만 이곳에서만 '세페르' (책)란 단어가 첨가되어 있는 변형문이 나타난다. 그러므로 창세기 5장은 특별히 주목할 필요가 있는 소문단이다.

창세기 1-11장의 서론에서 '톨레도트' 란 단어가 나오는 구절들을 나열해 보면 아래와 같이 일곱 차례 나온다. 창 2:4 '엘레 톨레도트' ; 5:1 '제 세페르 톨레도트' ; 6:9 '엘레 톨레도트' ; 10:1 '엘레 톨레도트' ; 10:32 '러톨레도탐' ; 11:10 '엘레 톨레도트' , 27 '엘레 톨레도트' .(참조. 창 25:12 '엘레 톨레도트' , 19 '엘레 톨레도트' ; 36:1 '엘레 톨레도트' , 9 '엘레 톨레도트' ; 37:2 '엘레 톨레도트') 이 구절들 중에 '엘레 톨레도트' 라고만 표현한 상투어는 창세기에 열 차례 나온다. 이 중에 창세기 서론부인 1-11장에는 다섯 차례 나온다. 창세기 5장 1절에만 유독 '제 세페르 톨레도트' 라고 되어 있어서 이 구절은 제외해야 한다. '엘레 톨레도트' 라고만 되어 있는 상투어를 기준으로 토라 서론 창 1:1-11:26의 문단을 나누어보면, (1) 창 1:1-2:3, (2) 창 2:4-6:8, (3) 창 6:9-9:29, (4) 창 10:1-11:9, (5) 창 11:10-26의 다섯 문단으로 구분할 수 있다. 창세기 5장 1절의 '제 세페르 톨레도트' 는 두 번째 문단에 속해서 가인의 후예와 셋의 후예를 대비되도록 연결하는 역할을 하고 있다. 그림으로 나타내 보자.

톨레도트로 보는 짜임새: 창 1-11장

가	나	중앙	나'	가'
창 1:1-2:3	창 2:4-6:8	창 6:9-9:29	창 10:1-11:9	창 11:10-26
창조	타락	심판/재창조	재타락	재심판

위의 그림에서 창 5:1은 둘째 문단인 나문단 속에 들어 있다. 이 표에 의하면, 창 6:9은 중앙 문단을 여는 역할을 한다. 노아의 일대기는 토라 서론(원역사)의 중앙부를 차지하고 있다. 이제 창 6:9에 '엘레 톨레도트 노아흐' 란 상투어가 나온다. '이것은 노아의 톨레도트다' 란 뜻이다. 지금부터 노아의 일대기에 대해서 이야기해 보겠다는 뜻이다. 12절 끝에 서투마가 있어 9-12절을 한 문단으로 본다. 9-10절은 노아의 이야기지만, 11-12절은 땅의 부패를 말한다. 그래서 13절부터 보도되는 하나님의 말씀이 어떤 배경으로 선포되는지를 미리 설명해 주고 있다.

그런데 바로 앞의 소문단 5-8절도 두 부분으로 나누어진다. 5-7절에는 사람의 죄로 인해서 흙으로 지음 받은 모든 것이 심판을 받게 되었다고 말하고, 이어서 8절에 노아에 대해서 진술한다. 8절은 노아의 '톨레도트'로 자연스레 이어진다. 반면에 5-7절은 바로 앞의 1-4절의 이야기를 자연스레 받아 잇는다. 그러므로 5-8절의 문단은 1-4절의 앞문단과 9절 이하의 뒷문단을 자연스럽게 이어 주는 역할을 한다.

노아는 세 가지 수식어로 묘사된다. 노아는 첫째 '의인'('이쉬 차디크')이었으며, 둘째 '당대에 있어서'('버도로타이브') '완전하였으며'('타밈'), 셋째 '하나님과 동행하였다'('에트-하엘로힘 히트할레크'). 창세기 6장 9절의 문장은 '엘레 톨레도트 노아흐'로 시작되는데 이에 이어서 두 개의 절로 구성된 문장이 나온다. 이 두 절은 노아로 시작해서 노아로 끝맺는다. 전반절에는 동사 '하야'가 쓰였고, 후반절에는 동사 '할라크'의 재귀형이 쓰였다. 전반절의 주어는 '의인 노아'고 후반절의 주어는 그냥 '노아'다. 이상의 수식어들을 하나씩 음미해 보자.

'차디크'의 의미: '노아는 의인이라'

'의인'('이쉬 차디크', 義人)이란 어떤 사람인가? '차디크'란 단어는 이곳에 처음으로 나왔다. TWOT(*Theological Wordbook of the Old Testament*) 사전을 보면 이 단어는 윤리와 도덕의 표준에 부합하는 상태를 가리킨다고 규정되어 있다. 그러나 성서에서 '의'('차디크')란 단어는 좀더 깊은 신학적 의미를 지니고 있다. 본디 '차디크'는 막대기를 가리키는 말이었다. 막대기로 거리를 재다 보니 막대기가 잣대가 되었다. 그래서 이 단어의 일차적인 의미는 '곧다straight'다. 곧은 막대기가 잣대로 사용되다 보니 특별히 '규범norm'을 가리키게 되었다. 그래서 '처다카'는

'잣대/척도' 란 의미를 기본으로 하여 '규범' 이란 특수한 의미를 띠게 되었다. 매사를 판단하는 척도는 하나님의 성품과 뜻이다. 하나님의 뜻에 부합하면 의롭다. '여호와께서는 그 모든 행위에 의로우시며 그 모든 일에 은혜로우시도다.' (시 145:17)

'차디크' 란 형용사를 창세기 6장 9절에서 처음 사용한 저자의 의도는 분명하다. 노아만이 하나님의 척도에 맞는 삶을 살려고 애썼다고 말하려는 것이다. 노아를 제외한 다른 사람들은 하나님의 뜻을 저버리고 살았다. 지금까지는 창조의 이야기를 선과 악이란 주제에 집중하여 펼쳐 왔다. 하나님께서는 세계를 선하게만 창조하였으나 사람이 하나님의 말씀을 거역하고 자기에게 불리한 피조물을 악하다고 단정하기 시작했다. 선과 악을 알게 하는 나무의 열매를 따먹은 후부터 사람은 자기의 이해관계를 기준으로 선과 악을 판단하였다. 자기를 중심으로 선악을 분별하는 수렁에 빠지고 말았다. 그 결과 사람은 하나님의 뜻과 동떨어진 삶을 살게 되었다. 하나님과의 소통이 끊어져 자기중심으로 사는 가인의 후예들이 온 땅에 편만하게 되었다.

하나님의 뜻을 무시하고 자기 마음대로 사는 인간이 세계를 폭력으로 지배하게 되었다. 한편 하나님의 뜻대로 살려는 의로운 인간이 있었다. 이로써 인간은 두 가지 부류로 나뉘어 갈등하게 되었다. 분쟁과 억압과 착취로 인하여 사람 사이에 고난이 줄을 이었고 땅에는 죄악이 넘치게 되었다. 이런 정황에서 의로운 노아가 살아가고 있다. 노아는 '의롭다' ('차디크')고 진술할 때, 노아는 하나님의 뜻대로 살려고 노력하였음을 의미한다. 선악을 판단할 때 매사에 하나님을 기준으로 판단하는 사람이 노아였음을 의미한다. 이러한 의미에서 노아는 특별히 선택 받은 사람이었고 하나님과 소통하는 사람이었다.

노아의 이름 또한 '안위하리라' 란 뜻이다.(창 5:29) 아담의 범죄 이후로 죄가 창조세계 안에 스며 들어왔다. 죄로 인하여 땅이 저주를 받아 소출을 내지 않으므로 사람이 고생스러운 인생을 살게 되었다. 힘겹게 노동하여도 겨우 먹고 살 정도로 피곤한 인생살이가 되고 말았다. 노아는 이런 사람들을 위로하며 평화로운 삶을 살았다. 자기중심으로 살지 않고 타인을 배려하고 보살피는 삶을 살았다는 말이다. 자기중심에서 벗어나 만물을 품으시는 보편자 하나님을 중심으로 사고하고 행동하려고 애썼다. 이런 의미에서 노아는 의로운 사람이었다. '차디크' 는 이런 뜻이다.

형용사 '차디크' 의 명사형은 남성형 '체데크' 와 여성형 '처다카' 의 두 가지가 있다. 성서에서 남성형으로는 118회 나오고, 여성형으로는 156회 나온다. 이 둘은 의미상 다르지 않다. 고대에는 이 단어가 사사들의 직분을 가리켰다. 사사는 재판관으로서 소송사건에서 어느 편에도 들지 않고 공정하게 판결을 내려야 한다.(레 19:15) 상인은 저울을 속이면 안 된다.(레 19:36) 하나님의 법에 맞추어 객관적 기준에서 벗어나서는 안 된다는 말이다.

사람들 사이에 맺는 관계 가운데 의로운 관계가 있다. 이 경우에 의는 현재 통용되는 도덕적 규범이 된다. 그러나 일반적인 의미에서 도덕적 규범이 아니다. 성서에서는 의로운 사람은 타인을 위하여 하나님의 명령을 수행함으로써 공동체의 평화와 번영을 이루는 사람이다. 의인은 하나님을 위해 일하는 사람이다.(말 3:18) 특히 욥처럼 가난한 자와 고아를 돌보며 맹인을 도와주고 약한 자를 지원해 주며 가난한 자를 보살피는 사람이 의인이다.(욥 29:12-15) 가난한 자의 겉옷을 전당 잡았을 때 그것을 해지기 전에 돌려주는 사람이 의인이다.(신 24:13) 의인은 하나님의 법에 순종하며 하나님의 뜻에 따라 산다. 궁핍하고 힘없는 자를 불쌍히 여긴다. 의인 욥은 나그네를 대접하기에 소홀하지 않았다.(욥 31:31-32) 재물을 탐하지 않고 재물 때문에 남을 희생시키지 않는다. 노예를 괴롭히지 않는다.(욥 31:13) 욥은 의인이었다.(욥 32:1)

의인은 이득을 바라지 않고 그냥 베푼다.(시 37:21) 이런 사람이 국가에서 많아지면 그 나라의 국격이 높아진다.(잠 14:34) 하나님을 잘 섬기는 도성에는 의가 거주한다.(사 1:21) 죄에 지배를 받는 여자는 창녀가 된다. 지배자가 뇌물을 받고 악인의 편을 들면 의인이 고통을 받는다.(사 5:23) 다윗은 무방비 상태에 있던 사울을 죽이지 않았기에 다윗은 사울보다 더 의로웠다.(삼상 24:7) 하나님께서 백성에게 율법과 의를 부여해 주셔야만 비로소 그 백성은 의로운 행동을 할 수가 있게 된다.(시 72:1-2)

이상과 같은 의의 개념에 비추어 볼 때 정의를 외쳤던 예언자들의 메시지가 선명하게 이해된다. 아모스는 성문에서 사회정의를 외쳤다.(암 5:15, 24) 공직자들은 모름지기 정의를 실천해야 한다. 아무리 아름다운 찬송을 부르고 장엄한 예배를 한다 해도 정의를 버린 종교는 부패한 종교로서 하나님의 심판을 면할 수 없다.(암 5:23-24) 예레미야도 약자를 위한 정의를 외쳤다. 약자를 억압하거나 착취해서는 안 된다. 무죄한 자의 피를 흘려서도 안 된다. 정의를 세우는 도시는 결코 망하지 않는다.(렘 22:1-4)

개인이든 국가든 정의로 씨 뿌리고 밭 갈며 사랑의 열매를 거둘 때 안전이 보장된다.(호 10:12) 하나님의 법을 준행하는 새 사람이 되어야 한다. 마음이 새로워져야 정의를 실천할 수 있다.(겔 36:25-27) 의인은 믿음으로 말미암아 산다.(합 2:4) 성령의 사역으로 정의를 실천할 때 평화가 이룩된다.(사 32:15-17) 정의와 평화가 서로 입을 맞추었다.(시 85:10[11]) 사람이 하나님과 화해할 때 그 사람이 평화의 복을 누릴 수 있다. 지금까지 사람과 사람 사이의 관계를 규정하는 윤리의 측면에서 의의 개념을 살펴보았다.

'체데크'는 법적인 의미도 있다. 이 용어는 법정에서 사용되었다. 그것은 부자나 빈자나 다 법 앞에서 평등한 상태를 가리킨다. 의인은 법에 따라 살기 때문에 결코 정죄를 받지 않는다.(출 23:7) 의인은 결코 배신하지 않는다.(사 5:23) 이스라엘의 법철학에 의하면 사람의 법을 어기지 않았다고 해서 반드시 그가 의로운 것은 아니다. 사람의 법뿐만 아니라 하나님의 법을 준행해야만 의롭다. 그렇기 때문에 구약의 율법에서 의롭다는 것은 곧 무죄하다는 뜻이다.

다말에 비해서 유다는 의롭지 못했다.(창 38:26) 거짓말을 하지 않아야 의롭다.(시 17:1; 18:20[21]; 37:6) 개인이 소송사건에 말렸을 때 법을 위반하지 않은 사람이 의롭다고 판정받는다.(창 30:33) 옳다고 선고를 받은 자가 의롭다.(출 23:7; 신 25:1) 욥이 의롭다고 인정을 받았다.(욥 19:7) 욥처럼 노아와 다니엘도 의로웠다.(겔 14:14, 20) 개인의 선행은 무서운 심판을 면하게 한다.

모든 법은 하나님께서 제정하셨기에 하나님을 믿는 사람이 의로운 사람이다. 아브라함이 이삭을 상속자로 받을 것이라는 하나님의 약속을 믿었을 때 그의 믿음이 의롭다고 여겨졌다.(창 15:6) 믿는 자가 의롭다고 인정받는 원리는 바로 하나님을 창조주로 시인하고 믿는 데 있다.

그래서 의는 하나님의 성품을 표현하다. 야훼는 의로운 심판주이시다.(대하 12:6; 시 11:7; 렘 12:1; 애 1:18) 온 세상을 하나님이 심판하신다.(신

32:4; 시 119:137; 사 5:16) 주의 말씀에 따라 내리는 판결은 의롭다.(시 119:144, 160, 172) 주의 판단을 신뢰하는 백성은 결코 잘못되지 않는다. 하나님은 죄를 미워하고 의를 사랑하시는데 이것이 바로 그분의 성품이다.(시 45:7[8]) 그러므로 하늘 보좌에는 의와 심판이 함께 좌정하고 있어서 주의 행동을 표현하고 있다.(시 97:2)

의는 또한 구원관을 보여 주기도 한다. 무죄를 선언할 때 이 용어를 쓴다.(참조. 사 1:27; 46:13) 이사야서 46장 13절을 보면 '구원'('터슈아')이 '의'('처타카')와 평행으로 언급되어 있다. 하나님의 구원은 이처럼 '의'로 표현된다.(사 51:1이하) 자신의 백성을 구출한다는 점에서 야훼 하나님은 의롭다.(시 85:9-11[10-12]; 97:2) 고레스는 하나님의 백성을 구출하라는 소명을 받았기에 의롭다는 평가를 받는다.(사 42:6; 45:13) 하나님은 의로우신 오른손을 들어 구원하신다.(사 41:10) 하나님은 심판하시고 신실하시며 사랑과 자비가 많으시고 전능하시다.(시 36:6-7[7-8]; 71:19) 구원을 체험한 사람들은 목소리를 드높여 찬송하며 축하한다.(시 10; 40; 71:15-16)

또한 의는 계약을 지키는 것을 가리킨다. 하나님은 이스라엘을 다스리신다. 계약은 하나님에게 순종할 것을 요구한다. 순종은 의로운 길이기에 백성이 마땅히 그 길로 가야 한다.(시 1:1-6; 신 6:25) 계약의 하나님은 의로우시어 자기 백성을 고난 중에서 구원하신다.(시 31:1[2]) 악한 원수에게서 건지신다.(시 5:8[9]) 이스라엘을 원수 앞에서 옳다고 선포하시고 원수를 갚아 주시는 분이 곧 하나님이시다.(렘 11:20) 그래서 이스라엘은 마땅히 원수에게 승리할 것을 확신해야 한다.(사 54:14-17) 야훼께서는 마지막 날에 의로우실 뿐 아니라 구원하시는 주님으로 나타나실 것이다.(사 45:21)

하지만 하나님은 이스라엘이 죄를 지었을 때 성소를 원수의 손아귀에 넘기기도 하신다. 하나님의 심판은 의로우시기에 이스라엘이라 하더라도 그들의 악행을 결코 정당화하지 않으신다. 그러나 이스라엘의 범죄를 따르지 않는 의인은 하나님의 언약을 기억하며 이스라엘을 회복하신다는 약속을 잊지 않는다.(사 51:1-8) 자기를 지으신 하나님을 믿는 이스라엘은 늘 회개하고 자신을 개혁한다. 새로운 의를 근거로 구원이 이루어진다. 포로가 된 상태에서 이스라엘은 의로움과는 거리가 멀지만(사 46:12), 하나님이 의로우시기 때문에 마침내 이스라엘은 본토로 돌아오게 될 것이다.(사 46:13)

'처다카'의 의미를 구출, 구원, 승리로 보는 것보다는 이사야서 53장이 가르침에 있는 것처럼, 죄인을 의롭다고 인정하여 주심으로써 죄의 문제를 해결하시는 하나님의 의로운 해결책으로 보는 경우도 있다. 이사야서 53장에서 고난 받는 종이 죄인의 죄를 대신 짊어짐으로써 죄인들을 의롭게 하는 것처럼 말이다. 불의한 자를 의롭게 만드시는 하나님을 로마서 3장 26절이 증언한다. 이스라엘이 약속의 땅으로 돌아오는 일은 하나님이 의로우시기 때문이다.(사 46:12-13) 야훼께서 의로우시기에 고레스를 일으켜서 이스라엘을 고토로 돌아오게 하신다.(사 45:13) 이와 같이 야훼께서는 언약을 끝까지 지키시기 때문에 의로우신 하나님으로 선포된다.(사 54:14) 이에 이스라엘도 덩달아 의롭게 된다.

이처럼 다양한 의의 개념을 정리해 보면 다음과 같다.

1. 아브람이 하나님을 믿었기에 의롭다고 여김을 받은 것처럼 하나님을 창조주로 신뢰하고 믿을 때에 하나님은 그 사람을 의롭다고 한다.(창 15:6)

2. 지존하신 하나님의 뜻과 성품을 언제나 올바르고 의롭다고 인정할 때 그는 의롭게 된다.(신 32:4) 토기를 굽는 옹기장이처럼 하나님의 결정은 언제나 적절하여 의롭다.(사 45:9-12)
3. 한 사회에서 하나님의 뜻이 행동의 궁극적인 기준이 될 때 하나님은 그 사회에서 의로우신 분으로 자신을 드러낸다.
4. 부도덕한 일을 벌하는 하나님은 의로우시다. 이스라엘을 보내주기를 거절하는 파라오는 하나님의 의로우신 심판을 받는다.(출 9:27) 죄를 심판하는 것이 의로우신 하나님의 속성이다.
5. 하나님은 백성 가운데에서 하나님의 뜻을 마땅히 따르는 자를 의롭다고 하신다.(창 18:25) 벌을 받아도 의로운 자는 회개함으로써 다시 사랑을 받는다.
6. 다윗이 용서를 구할 때 하나님은 그를 의롭게 만들어 주신다.(시 51:14[16]) 인간의 공로에 관계없이 구원을 베푸시는 하나님의 은총은 의롭다. 죄에 대한 대속적 희생이 의인론 속에 깔려 있는 것이다.(시 51:16-19[18-21]) 시편의 이러한 사상이 로마서 3장 26절에 그대로 나타난다.
7. 로마서 7장에서 의는 하나님의 상속자들이 구원 받는 것을 의미한다. 구원을 막을 세력은 없다.(사 54:17) 의로우신 메시아는 우리의 구원을 예표로 보여 준다.(렘 23:6) 하나님의 구원을 받는 상속자들은 의로우며 메시아의 구원 사역을 믿는 믿음을 고백한다. 믿음을 통하여 하나님께서 상속자들을 메시아처럼 의롭다고 인정하신다.
8. 마지막으로 포로기 이후에 '처다카'의 기본형은 경건한 사람이 행하는 자선 행위를 가리키는 것으로 더욱 확대되고 발전한

다.(시 112:9)

이외에도 어떤 학자들은 또 다른 개념을 제시한다. 하나님의 일관되고 규범적인 행위를 의라고 정의하는 학자들도 있다.(쉬렝크G. Schrenk, 디스텔Diestel, 카우취Kautzsch; "하나님 자신은 어떤 규범 아래 종속되는 분이 아니라 만물의 규범 그 자체이시다." -TDNT, 11권, 195) 또 어떤 학자들은 하나님의 의는 규범이긴 하지만 그 외에도 관계를 의미하기도 한다고 본다. 타인이 자기에게 요구하는 것을 충족시킬 때 그 사람은 의롭다. 이것은 관계를 가리킨다. 선악과를 따먹고 자기중심의 이기적 존재로 타락한 인간은 '처다카'를 통해서 창조의 원래 존재로 회복하여 하나님과 사람의 관계를 회복한다.

제2이사야서는 법적 분쟁의 개념을 들어서 하나님께서 계약 하에 있는 자기 백성을 항상 변호하신다고 설파한다. 이 개념은 고대 도시국가들의 종주권 조약이 지닌 관계에 유비된다. 그래서 이 학자들은 정의와 구원이 불가분적不可分的으로 연결되어 있는 것이 계약 사상에서 나온 것이라고 본다. '처다카'는 계약을 충실히 이행하는 것이며, 심판주이신 하나님의 의는 계약관계 속에 있는 자기 백성에게 충실하심을 의미한다는 것이다. 하나님은 자기 백성을 무죄하다고 선포하고 구원하신다. 만약 사람이 계약에 성실하다면 하나님의 의로우신 약속에 따라 하나님과 신실한 관계를 맺고 산다.

그러나 그렇게 된다면 하나님의 정의에는 대속물로 죄를 속하시고 기뻐하시는 신학이 들어올 여지가 없어진다. 사실상, 계약을 어기고 죄로 인해서 고통 받는 계약의 백성을 고난에서 건져 주시는 것이 하나님의 진정한 의로움이며, 구원이며, 승리일 것이기 때문이다. 죄인을 무죄하다고 판결해 주시는 것이 바로 하나님의 정의인 것이다. 이런 의미에서 예수 그리스도께서 십자가에 달려 죽으신 대속의 사건이 없이는 우리 죄인들이 의인으로 인정받을 수 있는 길은 없음을 알 수 있다.

지금까지 성서 전체에 걸쳐 나타나는 의의 개념을 살펴보았다. 이제 본문으로 돌아오자. 노아가 의인('이쉬 차디크')이라고 할 때, 가인과 그의 후예들과는 전혀 다른 사람이었음을 뜻한다. 하나님을 부정하고 자기중심으로 살면서 자기보다 약한 자들을 억압하고 착취하는 폭행자로 살지 않았음을 뜻한다. 노아는 자신의 이름이 뜻하는 것처럼 죄로 인해 고난을 당하는 이웃 사람들을 위로하며 살았다. 노아란 이름은 '위로하다'란 뜻이다.(창 5:20) 동사 '낙함'에서 그 이름이 나왔다. 노아는 창세기 5장의 족보책이 보여 주는 대로 하나님의 백성 혈통을 이어받았다. 노아는 하나님과 동행하며 살다가 승천한 에녹과 최장수의 복을 받은 므두셀라와 아들을 의로운 존재로 잘 교육시킨 라멕의 혈통을 이어받았다. 노아의 의로움은 하나님과 소통하여 살면서 하나님의 뜻에 합당하게 살았다는 데 있었다.

여기에도 하나님과 맺은 계약 사상이 들어 있다. 하나님의 계약은 쌍방 계약이 아니라 일방 계약이다. 하나님은 인간의 동의를 이끌어 내시지만 인간이 하나님에게 어떤 조건을 내세우는 것은 아니다. 이런 의미에서 하나님의 계약은 일방적인 계약이다. 에덴동산에서 선악과를 먹지 말라고 명한 것은 하나님의 일방 계약이다. 그래서 하나님의 계약은 바로 하나님의 약속이 된다. 피조물인 사람은 그 약속을 굳게 믿어야 하며 하나님은 그 계약에 변함없이 충실하시다. 이렇게 믿을 때 그 믿는 자는 곧 의롭다고 인정받는다. 노아는 하나님을 믿는 믿음을 지니고 하나님 중심으로 살았다. 이것이 노아에게 의로 인정되었다.

'탐밈' 의 의미: 노아는 '완전한 사람'

의인 노아는 자기 세대에서 완전하였다. 여기서 '완전한' 이란 단어는 '탐밈' 이다. '탐밈' 은 칠십인역에서 '텔레이오스' 라고 번역되었고, 불가타는 *perfectus*라고 옮겼다. 개역개정은 '완전한 사람,' 새번역과 공동번역은 '흠이 없는 사람' 이라고 번역했다. NKJV는 perfect라고, NRSV는 blameless라고 번역했다. 성서에서 '탐밈' 이란 단어가 쓰인 용례들을 더욱 꼼꼼하고 자세히 살펴보자.

이 용어의 동사는 '탐맘' 이다. 이것은 조동사처럼 작용한다. 예컨대 여호수아기 3장 16절에 '탐무 니커라투' 란 동사구가 나오는데, 직역하면 '그들은 완전하였고 그들은 잘렸다' 가 된다. 하지만 그 의미는 '그들은 완전히 잘렸다' 다. 앞에 나온 동사 '탐맘' 이 조동사처럼 작용하여 마치 부사처럼 이해되어 '완전히' 라는 뜻을 준다. 이 경우에 그것을 '완전히' 라고 번역해야 알맞다. 사무엘이 이새를 보고 '하탐무 한나아림' 이라고 물었는데(삼상 16:11), 여기서도 '탐맘' 이 조동사가 되어 '여기에 있는 아이들이 다냐?' 라는 뜻이 된다. 이 경우 수효가 다 찬 것을 가리킨다.

동사 '탐맘' 에서 파생된 것 중에 가장 자주 쓰이는 단어가 '탐밈' 이다. 여호수아기 10장 13절에서는 이 단어는 '하루 종일' 을 의미한다. 통째로, 온전히, 전체로 등의 뜻을 지닌다. 그래서 에스겔서 15장 5절 같은 경우에서는 튼실한 포도나무를 가리킨다. 시편 38편 3절의 '머탐' 은 육신의 건강을 가리킨다. '탐밈' 은 이스라엘의 희생제물을 규정하여 흠 없이 완전한 상태를 요구한다.(레 22:21-22) 흠 없고 온전한 제물은 어린양 그리스도이시다.(벧전 1:19) 어떤 사람의 연설이 '탐밈' 하다고 말하면, 그것은 진리와 사실에 완전하게 부합하는 연설을 하였음을 가리킨다.(암 5:10; BDB[Brown, Driver & Broggs 히브리어 사전], 1071) 엘리후는 욥을 규탄하였다. "내 말은 거짓이 없으며, 완전하신('탐밈') 그분이 당신과 함께 있습니다."(욥 36:4) 지식에서 완전하신 하나님께서 엘리후에게 영감을 주셨기에 엘리후가 이렇게 말할 수 있었다.(욥 37:16: 욥 32:8, 18; 33:4) 완전한 것은 야훼의 행위와 율법밖에 없는 것이다.(신 32:4; 삼하 22:31 = 시 18:30; 19:7)

그래서 자연스럽게 '탐밈' 은 건전한 윤리로 나아간다.(시 19:13) 제비뽑은 결정은 완전하고 올바르다.(삼상 14:41) 아비멜렉을 왕으로 세운 것이 '과연 진실하고 의로우냐?' ('임-베에메트 우버탐밈', 삿 9:16, 19) 여기에서 '의로우냐' 라고 번역한 단어가 '탐밈' 다. 다윗은 심령이 온전하였다.('톰', 시 78:72) 하나님의 계명을 준행할 때 '탐맘' 하게 수행해야 한다.(수 4:10) 야훼께서 아브라함에게 '완전하라' 고 명하셨다.(창 17:1) 모든 이스라엘도 아브라함과 같이 완전하게 행해야 한다.(신 18:13; 삼하 22:33: 시 101:2, 6) 이스라엘은 통째로 하나님의 것이어야 한다. 돈이 다 떨어져 완전히 바닥이 났을 때에도 이 단어를 쓰고(창 47:15, 18), 연말이 되어 한 해가 끝났을 때에도 이 단어를 쓴다.(창 47:18) 여러 가지 동작이나 행위나 사역을 완성하고 마쳤을 때 이 동사를 쓰며(신 31:24, 30; 왕상 6:22), 한 민족이 멸망했을 때도 이 단어를 쓴다.(민 14:33)

흠 없이 완전한 사람으로서 욥이 살고 있었다.(욥 1:1; 9:21-22; 12:4; 27:5; 31:6) 욥의 완전함은 그의 아내만 인정한 것이 아니라 하늘에 계신 야훼께서도 인정하였다.(욥 1:8; 2:3, 9) 다시 말해서 욥은 하나님의 완성품이었다. 야곱은 '탐' 하였다고 히브리어 성서는 표현하는데 '탐' 은 역본들에서 대개 '조용한' 이란 뜻으로 이해되어 야곱을 조용한 사람이라고 번역한다.(창 25:27) 이 단어가 노아에게 처음으로 적용되었다. 노아는 인류 가운데 최초로 '탐밈' 곧 '완전한' 하나님의 피조물이라고 인정을 받았다.

'도르' 의 의미: '당대에'

'당대에' 란 말은 '버도로타이브' 를 번역한 말인데 '버' 는 전치사 '~안에in' 이고, '도르' 는 '세대generation' 다. 이 단어의 어미에 '~이브' 라는 3인칭 단수가 붙었다. 즉 '그의 세대에' 란 뜻이다. 노아는 자기 세대에 하나님의 피조물 중에서 가장 완전하여 흠 잡을 데 없는 작품이었다. 완전한 노아는 하나님과 유무상통한 관계를 누렸다.

'도르' 는 사람이 태어나서 죽을 때까지의 기간을 가리켜서 '세대世代' 라고 번역된다. 이 단어는 '두르' 란 명사에서 파생되었다. '두르' 는 둥근 원이나 공을 가리키며 동사로서는 둥글게 돌아가며 움직이는 동작을 가리킨다. 곡물이 공처럼 둥글게 쌓여 곡식더미를 이루고 있으면 그것을 '두르' 라고 불렀다.(사 22:18; 29:3; 겔 24:5) 또 방들이 많이 있어서 중앙 정원을 중심으로 둥글게 배치되어 있는 모양을 가리켜 '두르' 를 사용함으로써 '거주하다' 라는 뜻을 내기도 한다. 아니면 고대의 가옥이 둥글게 생겼기 때문에도 이런 뜻이 나왔을 것이다.

사람의 인생은 삶과 죽음의 과정을 원처럼 둥글게 되풀이하기 때문에 '도르' 라고 모음이 바뀌어 세대를 뜻하게 된 것이다. 인생은 돌고 도는 것이라는 뜻이다. 한 세대가 가면 또 한 세대가 온다. 마치 해가 떠서 지는 것과 같은 이치다. 이것이 '도르' 다. 이 단어는 창세기에 일곱 차례 나오고(창 6:9; 7:1; 9:12; 15:16; 17:7, 9, 12), 신명기에는 열 차례 나온다.(신 1:35; 2:14; 7:9; 23:3, 4, 9; 29:21; 32:5, 7, 20)

첫째, 탄생에서 죽음에 이르기까지의 인생을 가리켜 창세기 15장 16절에서 사용되는데, 400년의 시대를 네 세대에 해당한다고 말한다.(참조. 창 15:13) 그렇다면 한 세대를 100년으로 간주한다는 말이 된다. 라틴어로 *seculum*은 본디 한 사람의 생애를 지칭하는 단어였는데, 나중에 한 세기를 가리키는 단어가 되었다. 자녀가 세손을 계승한다는 의미보다는 임종을 맞이하는 문맥에 이 단어가 사용된다.(신 1:35; 2:14)

이러한 의미를 토대로 이 단어는 한 사람이 어머니에게 잉태되어서 출생하는 때부터 그 사람이 자녀를 잉태하고 출산하는 때까지의 기간을 가리키게 되었다. '십 대에 이르기까지도' (신 23:2[3]), '십 대뿐 아니라' (신 23:3[4])라든가 '그들의 삼 대 후 자손은' (신 23:8[9])이란 표현이 그러한 경우들이다.

더 나아가 일정한 기간이나 시대를 가리키기도 한다. '옛날 옛 시대에' (사 51:9, '도로트 올람'), '옛날을 기억하라' (신 32:7, '도르 와도르'), '대대로' (출 3:15, '러도르 도르'), '만세에' (시 45:17, '버콜 도르 와도르'), '대대에' (시 100:5, '아드 도르 와도르'), '옛적에' (시 102:25, '버도르 도림') 같은 구절에 나온다. '도르'가 과거나 미래의 때를 가리키기도 한다(출 3:15; 사 51:9; 시 102:24) '올람'이란 형용사와 더불어 쓰이면 '영원'을 의미한다.(시 89:1[2])

한 무리의 후손('그 세대의 사람')에 이어서 또 한 무리의 후손('다른 세대')이 뒤따른다.(삿 2:10) 욥은 백사십 년을 살면서 아들과 손자의 사 대를 보았다.(욥 42:16) '네 세대 후손 사이에' (창 17:7), '네 후손도 대대로 지키라' (창 17:9), '너희의 대대로' (창 17:12)란 표현도 있다.(참조. 출 12:14,

17, 42) 이런 의미에서 더 발전하여 '동시대/당대/그의 세대'를 가리킬 수도 있다.(사 53:8)

이상의 용례로 미루어 볼 때, 오늘의 본문 창세기 6장 9절에서 '도로타이브'는 자기 세대와 바로 다음 세대를 가리킨다. 그런데 이 단어가 비유법에 사용되어 특정한 영적 특징을 지닌 일단의 무리를 가리킬 때도 있다. 하나님께서는 '의인의 세대에' 현존하여 계신다.(시 14:5) '야곱의 하나님의 얼굴을 구하는 자'란 후속절과 평행되게 그 선행절에서 '여호와를 찾는 족속'이란 표현이 나오는데, 여기서 '족속'이란 단어의 원어가 '도르'다.(시 24:6) 이스라엘의 조상은 마음이 완고하고 패역하며 정직하지 못하여 하나님께 충성하지 않은 세대였다.(시 78:8) 이처럼 비유법이나 특정의 무리를 가리키는 용법이 심심찮게 나온다.(잠 30:11, 12, 13 14; 렘 2:31; 7:29)

칠십인역은 '게네아'란 그리스어로 번역하는데 예수의 말씀에도 자주 나온다.(예, '이 악한 세대여!' – 마 11:16; 12:29, 45; 16:4; '믿음이 없고 패역한 세대여!' – 마 17:17 등) 세례자 요한과 예수는 '게네아'란 용어와 '게네마'란 용어를 비슷하게 사용했다.(마 3:7; 12:34; 23:33; 눅 3:7) 칠십인역에는 '게네시스'란 번역은 이따금 나오지만 '겐네마'나 '게네마'는 한 번도 나오지 않는다. 칠십인역은 창세기 6장 9절에서 노아의 '족보'('톨레도트')를 '게네시스'라고 번역했고 '당대에'('도로타이브')를 '엔 테 게네아 아우투'로 번역했다.

후반절을 음역하면 '에트-하엘로힘 히트할레크-노아흐'가 된다. 이는 어순을 완전히 뒤바꾸어 주어를 맨 나중에 배치함으로써 전반절의 문장과 교차법chiasmus을 이루도록 교묘하게 작성된 것이다. 여기서 동사가 맨 중앙에 놓였는데 '히트할레크'는 기본형 '할라크'(걷다)

의 재귀형(히트파엘)이다. 하나님은 임마누엘의 하나님이시고(출 3:14), 노아는 하나님의 뜻을 따라 사는 의인으로서 하나님과 언제나 동행하며 살았다. 노아보다도 먼저 에녹이 하나님과 동행하며 살다가 승천한 바 있었다.(창 5:24) 에녹의 경우에도 재귀형 동사 '히트할레크'를 사용했다. 노아야말로 에녹을 계대한 진정한 후예라는 뜻이다.

> 세 아들을 낳았으니 셈과 함과 야벳이라.(창 6:10)

9-10절은 문단의 전반부에 놓여 의인 노아의 완전함을 묘사하고, 11-12절은 이와는 대조되게도 부패한 사람의 포악함을 그린다. '차디크'는 11절의 폭력을 뜻하는 '하마스'와 반대되는 말이며, '탐밈'은 11절의 부패를 뜻하는 '샥하트'와 반대되는 개념이다. 하나의 소문단에서 이와 같이 명암이 극명하게 엇갈린다. 노아의 세 아들들의 운명에도 명암이 엇갈린다. 노아의 세 아들은 셈과 함과 야벳인데 이 세 아들 중에서 셈은 하나님의 백성의 계보를 이어가지만 함은 가나안 족속의 조상이 된다. 이 세 이름들에는 각각의 고유한 의미가 있을 터이지만 정확하게 알려진 바는 특별히 없다.

> 그 때에 온 땅이 하나님 앞에 부패하여 포악함이 땅에 가득한지라.(창 6:11)

'부패하다'란 동사는 '샥하트'다. 이것은 노아는 의인이요 당대에 완전하였다는 표현 '탐밈'에 정반대되는 말이다. 주어는 땅('에레츠')이다. 땅이 부패하였다. 창세기 1장의 창조 이야기는 초점을 땅의 창조에 두고 있다. 창세기 2장의 창조 이야기는 하나님의 계속 창조가 땅에서 이루어짐을 보여 준다. 땅의 계속 창조를 위해서 사람을 흙('아다마')으로 지으셨다. 사람은 하나님의 계속 창조에 동역자로 일하였다. 그런데 이 사람이 죄를 짓고 타락하니 곧바로 땅도 부패하고 말았다. 성서는 '온 땅'이 부패하였다고 표현하여 폭력상이 난무하였음을 지시한다.

동사 '샤하트'의 의미: '온 땅이 부패하여'

동사 '샤하트'는 본디 '구덩이를 파다'란 뜻이다. 이 동사는 23번 나온다. 이 동사는 주검을 묻는 무덤을 연상하여 '폐허가 되다'란 뜻으로 발전하였다. 더 나아가 무덤에서 시신이 썩는 것처럼 부패하는 것을 의미하게 되었다. 전반절은 하나님이 보시기에 땅이 울퉁불퉁하게 구덩이가 파여 있다는 느낌을 전달한다. 후반절은 전반절의 의미를 다른 말로 되풀이하는데 폭력('하마스')이 땅을 가득 채웠다고 한다. 폭력을 휘두르는 영웅들의 손에 땅이 이곳저곳 마구 파헤쳐졌음을 본문이 표현하고 있다. 이 동사는 창 6:11-12에서 땅이 부패한 상태를 묘사하지만, 창 6:13, 17에서는 그 의미가 더욱 확장되어 땅을 멸한다는 뜻으로 쓰인다. 이것은 새 언약을 체결하는 장면을 보도하는 창세기 9장 11절에 다시 사용되어 땅을 멸한다는 의미로 쓰인다.

> 하나님이 보신즉 땅이 부패하였으니 이는 땅에서 모든 혈육 있는 자의 행위가 부패함이었더라.(창 6:12)

동사 '샤하트'가 이 구절에 두 차례 나온다. 하나님께서 땅을 보시니 마구 훼손되어 있었다. 여기에 '샥하트'의 니팔형이 쓰였다.('니쉭하타') 후반절은 키절로서 이유를 밝힌다. '혈육 있는 자'는 '바사르'를 번역한 말로서 곧 사람을 가리킨다. 이것은 창세기 6장 3절의 '사람이 육이 되었기 때문'이라는 진술을 잇고 있다. 인간이 자기중심주의에 빠져서 보편적인 성령과 교감하는 능력을 상실하자 인간은 폭력을 휘둘러서 자기를 관철하는 존재로 타락함으로써 하나님께서 창조하시고 계속 창조를 위탁하신 땅을 마구 훼손하였다. 키절로 되어 있는 후반절을 직역하면 '왜냐하면 모든 육이 땅 위에서 자기의 길을 훼손하였기 때문이다'가 된다.('키-히쉬히트 콜-바사르 에트-다르코 알-하아레츠') 여기서 '길'은 '데레크'인데 이것을 '도道'라고 번역해도 된다. 개역개정은 이것을 '이는 땅에서 모든 혈육 있는 자의 행위가 부패함이었더라'라고 번역했다. 사람이 취하는 도를 '행위'라고 번역했다. '바사르'를 '혈육 있는 자'라고 번역했다. '육('바사르')'은 '영('루아흐')'에 반대되는 말이다. 자연을 마구 파괴한 원흉은 물질을 탐하는 욕심 많은 인간이다. 자연 파괴는 사람이 마땅히 취할 도리가 아니었다. 하나님이 계속해서 창조하시는 땅은 이제 형편없이 망가져 버렸다. 도성에서 지배권력을 행사한 네피림과 같은 거인족들이 환경을 파괴한 주범이었다.

12절 끝에 서투마가 찍혀 있어서 창 6:9-12을 하나의 소문단으로 간주한 것과 마찬가지로 이번에는 창 6:22 끝에 서투마가 찍혀 있는 것으로 미루어 창 6:13-22을 또 하나의 소문단으로 간주할 수 있다. 이 문단은 심판하시려는 하나님의 계획을 소개한다. 인간성이 망가지고 환경이 파괴된 지금, 이제부터 노아는 하나님의 지시대로 실행해야 한다. 노아가 할 일을 지시하는 장면이 6:13부터 나오는데 여기에서 새 문단이 시작된다.

2. 심판, 새 창조의 전주곡(창 6:13-22)

> 하나님이 노아에게 이르시되 모든 혈육 있는 자의 포악함이 땅에 가득하므로 그 끝 날이 내 앞에 이르렀으니 내가 그들을 땅과 함께 멸하리라.(창 6:13)

13ㅈ절은 상반절과 하반절로 나눠진다. 13ㅈㅅ절에서도 가장 앞부분은 하나님의 말씀을 소개한다. '하나님이 노아에게 이르시되' 이에 이어지는 하나님의 말씀은 21절까지 길게 계속된다.

22절에서 다시 화자의 이야기로 되돌아온다. 13ㅈㅅ절에 보도된 하나님의 말씀은 모든 육의 끝이 하나님 앞으로 왔다고 선언한다.('케츠 콜-바사르 바 러파나이') 이 문장을 개역개정 성서는 '모든 혈육 있는 자의 ~ 그 끝 날이 내 앞에 이르렀으니' 라고 번역했다. 이것을 직역하면 '모든 육의 끝이 내 앞에 이르렀다' 가 된다. 그 다음 전하반절에서 이유의 키절이 나온다. 이 이유를 밝히는 키절은 11절의 문장 '포악함이 땅에 가득하였다' 를 반복한다.

11ㅎ절, 와티말레 하아레츠 하마스

13ㅈㅎ절, 키-말라 하아레츠 하마스 미퍼네이헴

13절의 '미퍼네이헴' 에서 '헴' 은 3인칭 복수 인칭대명사 목적격으로 '그들을' 이다. 이들이 누구를 가리키는지 불투명하다. 아마도 '엘로힘' 을 대명사로 표현한 것일 수 있다. 전상반절에 있는 '러파나이' 와 평행한다고 보아 하나님을 가리킨다고 판단된다. 하나님의 1인칭 언설에서 하나님은 자신을 3인칭 복수 대명사로 표현한 것이다. 11ㅈ절의 '리퍼네이 하엘로힘' 과 '미퍼네이헴' 은 평행한다. 따라서 13절은

11절을 반복함으로써 소문단들 사이에 연결 고리를 단단하게 조여 주고 있다.

모든 육의 끝이 왔다는 표현은 종말론이다. 육('바사르')은 창세기 3장 23절에서 흙('아다마')으로 표현되었다. 하나님과 소통이 끊어진 채로 에덴동산 바깥에서 살아왔던 사람들이 가인의 후예들이었다. 이 단어는 12절에 이미 나왔으며 앞의 소문단에서 이것은 의인 노아와 대조된다. 의인은 '처다카' 하여서 모든 가치판단을 하나님의 뜻에 따라 내리는 사람이다. 육은 이와 반대로 자신의 욕망에 따라 행동하는 사람이다. 이 두 대조되는 존재 중에서 하나님은 의인 노아를 살리되 육은 죽이기로 작정하신다. 하나님이 땅을 계속 창조하시는 사역에서 육은 폭력으로 땅을 자꾸만 파괴하기 때문이다.

13ㅎ절에 동사 '샤하트'가 분사형으로 다시 나온다. '워힌네니 마쉬히탐 에트-하아레츠'를 번역하면 '보라, 내가 그들을 땅과 함께 파괴하고 있다'라고 직역할 수 있다. 개역은 '내가 그들을 땅과 함께 멸하리라'라고 번역했다. 동사가 분사형으로 쓰였기에 심판이 장차 일어날 미래의 일이 아니라 지금 벌써 심판이 막 시작되고 있는 긴박함을 표현한다.

> 너는 고페르 나무로 너를 위하여 방주를 만들되 그 안에 칸들을 막고 역청을 그 안팎에 칠하라.(창 6:14)

고페르 나무란 무엇인가? 히브리어로 '고페르'는 항상 나무를 뜻하는 '에츠'와 함께 나온다. 그러나 의미는 알 수 없다. 이 나무의 이름은 오직 창세기 6장 14절에만 나오기 때문에 이 나무에 대한 정보를 얻을 길이 없다.

나무의 이름인 '고페르' 가 '덮다' 를 뜻하는 동사 '카파르' 와 발음이 비슷하기 때문에, 고페르의 '김멜' 철자가 카파르의 '카프' 철자를 잘못 기록한 것이 아닐까 하고 의심하는 학자들도 있다. '카파르' 의 기본 의미는 '덮다' 인데 죄를 덮는다는 의미로 발전하여 '속죄하다' 를 뜻하기도 한다. 또한 어떤 사물에 역청을 발라서 덮는다는 건축 용어로도 쓰였다. 속죄의 의미는 대속죄일인 '욤 키푸르' 란 용어에 채용되었다. 이 동사는 또한 법궤의 뚜껑인 '속죄소' 내지는 '시은좌' 를 뜻하는 '카포렛' 으로 변용되기도 한다.

고페르 나무 외에도 '카파르' 동사가 나오고 이어서 문장 끝에 명사형 '코페르' 도 나온다. 문장 앞에 나오는 '고페르' 는 문장 끝에 나오는 '코페르' 와 동일한 단어로 기록했을 가능성이 농후하다. 또한 이 문장에는 새로운 단어 '켄' 의 복수형 '키님' 도 나오는데 KJV는 nets, RSV는 rooms, 개역 성서는 '칸' 이라고 번역했다.

동사 '카파르' 의 의미: '덮다/감추다'

동사 '카파르' 는 성서에 150회 가량 사용된다. 아랍어 동종어가 '덮다/감추다' 를 의미하기 때문에 히브리어로도 '죄를 덮다' 란 뜻으로 이해되었다. 따라서 속죄를 받음으로써 하나님과 화해하는 것을 가리킨다.(BDB) 이 동사는 신약성서에서 그리스도의 속죄 신학의 근거가 되었다. 하지만 이러한 어의는 확실한 것이 아니다. 아랍어 동종어도 확실한 것은 아니고, 또 히브리어가 '덮다' 를 뜻하는 것만은 아니다. 히브리어 동사는 기본형 칼형으로 쓰인 적이 없다. 강세형(피엘)으로만 쓰였는데 그렇다고 강조의 의미를 전달하는 것도 아니다. 아마도 명사형에서 동사형이 파생된 듯 보인다. 그렇다면 명사형은 무엇인가?

명사형 '코페르'는 몸값을 뜻한다. 이스라엘인들은 몸값으로 성소의 세겔 반 세겔을 바쳤다.(출 30:13) 하나님이 보시기에 이집트는 이스라엘을 회복하기 위해 지불한 몸값ransom이었다.(사 43:3) '카파르'는 시편 49편 7절에서 '구속하다redeem'란 동사와 평행한다. 목숨을 값으로 정할 수 없기에 살인자는 몸값을 받지 않고 그냥 처형해야 마땅하다.(민 35:31) 나쁜 의미로는 뇌물을 뜻하기도 한다.(삼상 12:3) 이 명사에 비추어 볼 때, 동사 '카파르'의 의미는 '대용물로 제물을 바쳐서 속죄하다'란 뜻이 될 것이다.

이 동사는 대부분 예배자의 죄를 속죄하려고 제사장이 피를 뿌리는 행동을 가리킨다. 이것은 더러운 것을 제거하거나 죄를 씻는 개념이다. 레위기에 이런 뜻으로 49회 쓰였다. 단, 창 32:20; 잠 16:14; 사 28:19은 예외이며 '선물을 주어 달래다'란 뜻이다. 그러나 대체로 '카파르'는 구약성서의 화해신학을 표현한다. 희생 동물의 목숨은 피로 상징되는데 예배자의 목숨과 바꾸는 대용물로 드린다. 동물 희생은 소치는 사람들에게는 하나님께 표현하는 감사의 제사가 될 뿐만 아니라, 죄를 지은 자의 생명 대신에 바치는 죄 없는 생명의 희생이다. 예배자가 손을 얹어 희생 동물의 머리에 안수하고 죄를 고백하며 속죄양을 잡거나 광야로 내보내는 행위에서 대속 사상을 볼 수 있다.(레 1:4; 4:4; 16:21) 이 명사에서 동사 '카파르'의 강세형(피엘)이 파생되어 나온 듯하다.

이번에는 거꾸로 '카파르' 동사에서 두 가지 명사가 파생되었다. '키푸르'(속죄)와 '카포레트'(시은좌/속죄소)가 그것이다. '키푸르'는 7월('티쉬리') 10일에 지키는 대속죄일을 가리키는 용어로 사용되었다.('욤 키푸르') 이 날은 단식일이었다. 온 국민의 죄를 속하려고 특별한 제물을 드렸다. 이 날만 대제사장이 지성소에 들어갈 수 있었다. 또 한 마리의 염소는 죄를 완전히 제거하는 속죄양이 되어 광야의 아사셀에게로 내보냈다.

'카포레트'는 속죄소 또는 시은좌라고 번역되어 있다. 이 명사는 27회 나오는데 항상 성막(회막)의 지성소에 모신 법궤의 뚜껑을 가리킨다. 하나님은 바로 이 시은좌에서 사람들을 만나겠다고 약속하였다.(민 7:89) 하지만 '카포레트'는 자비를 베푼다든가 은혜를 베푼다는 개념을 전달하는 시은좌란 용어와는 아무 관계가 없다. 더구나 자리를 뜻하는 '좌座'의 개념과는 전혀 무관하다. 칠십인역에서 '힐라스테리온'(속죄의 장소)으로 번역되었다. 이 단어는 로마서 3장 25절에서 그리스도에게로 적용되어 '화목제물'이라 번역되어 있다. 법궤 뚜껑에 피를 뿌렸다는 사실을 표현하기에는 시은좌란 용어를 가지고는 태부족이다. 그래서 '속죄소'라고 번역되었다. 이것이 시은좌보다는 조금 더 적절한 듯하다. 그러나 내가 보기에 시은좌나 속죄소나 모두 문제가 있어 보인다. 나는 이것을 그냥 '법궤 뚜껑'이라고 번역하는 편이 더 낫다고 본다.

동사 '카파르'가 창세기 6장 14절에서는 역청으로 발라 그 무엇을 덮는다는 뜻으로 쓰였다면 그 나무는 송진松津이 잔뜩 묻어나는 전나무나 소나무를 가리킬 것이다. 바빌로니아의 홍수 설화에 이 단어의 동종어가 많이 나온다. 만약 이 단어가 아카드어 '기파루'의 동종어라면 수메르어에서 나온 단어로 간주될 수 있다. 과연 수메르어 '쿠프루'란 동종어도 『길가메시 서사시』에 한 차례 나온다.

노아의 방주에 쓰인 나무를 엮을 때 그 나무들을 갈대로 엮어서 만들었을 것이라고 보는 학자들도 있다. 복수형 '키님' 의 단수형은 '켄' 인데, 이것은 둥지nest나 방room이나 칸 따위가 아니라 갈대를 가리킨다는 것이다. 만약 '켄' 이 갈대를 가리킨다고 본다면 고페르 나무를 갈대로 얼기설기 엮어서 방주를 만들었다는 뜻일 것이다. 지금의 성서 본문으로는 이러한 주장들을 지지하는 증거를 찾을 수 없다. 모든 주장이 다 애매하다.

명사 '코페르' 에는 또 다른 의미가 있는데 역청을 가리키기도 한다. 아스팔트와 같이 찐득한 물질이다. 고대에는 입상을 세울 때 부착제로 사용하였다. 노아 홍수기나 『길가메시 서사시』의 우트나파쉬팀 홍수기에서 방주를 덮어 싸는 물질이 이것이었다.

이외에도 동종의 파생어들이 있다. '커피르' 는 어린 사자를 뜻하고, '코페르' 는 식물의 이름으로 어원이 불투명하며(아 1:14; 4:13), '카파르' 는 마을이란 뜻인데 '가버나움' 이란 지명에 사용되었다.(카파르나움) 이 단어의 변용으로서 '코페르' 가 마을을 뜻하기도 한다.(느 6:2)

그렇다면 창세기 6장 14절의 문장을 이해할 수 있다. 고페르가 문장 끝의 코페르와 동일한 의미를 지니는 것으로 보이며, 코페르가 역청과 같은 찐득한 물질을 가리키기 때문에, 고페르도 송진이 많은 전나무나 소나무 같은 나무를 가리킬 것이라 추정할 수 있다. 후반절에 나오는 동사 '카파르' 는 송진이나 역청, 곧 '코페르' 로 안팎을 덮어씌우는 동작을 가리킨다. 그리고 전하반절의 명사 '킨님' 은 갈대를 가리킨다.

'테바' : 방주

그리고 방주에 해당하는 단어는 '테바' 다. 현 본문의 '테바트' 는 '테바' 의 연계형으로 그 다음에 이어지는 '고페르 나무' 를 받는다.

'테바'는 상자나 바구니를 가키는 말이다. 이 단어는 노아 홍수기에 26회 쓰였다. 26은 아라랏산을 가리키는 비장수秘藏數로 알려져 있다.(참조. 엄원식(『히브리 성서와 고대근동문학의 비교연구』, 한들) 테바는 노아 홍수기에서 상자 모양의 거대한 배를 가리킨다. 출애굽기에는 아기 모세를 실어 강에 띄울 때 사용한 상자가 테바다.(출 2:3, 5) 이 단어는 이집트어에서 파생된 것으로 간주된다. 이 단어는 법궤, 언약궤를 가리키는 상자란 뜻으로 더 자주 쓰인다. 창세기의 홍수기는 아카드어 문헌에서는 『길가메시 서사시』의 유명한 열한 번째 토판에 기록된 이야기와 평행하며(ANET[Ancient Near East Texts] 2, 93-97), 출애굽기 이야기는 아가데의 사르곤 전설에 견줄 수 있다.(ANET, 119) 이 두 문헌과 성서 사이의 차이점이 신학적으로 더욱 중요하다. 그러나 이 둘 사이의 유사성도 너무나 뚜렷하다. 카수토U. Cassuto는 이 점을 비평하여, '물에 빠진 사람이 건짐을 받아 다른 사람들을 구출한다는 점에서 동일하다. 여기서는 구원 받아야 할 대상이 인간이지만 저기에서는 선택받은 백성이 구원을 받을 대상이다'라고 했다.(*A Commentary on the Book of Genesis*, II부, 59) 더구나 노아의 방주는 구원의 상징으로서 세례 의식에 비견된다.(벧전 3:20ㄸ) 초대교회의 카타콤 벽화에서는 노아의 방주가 자기 백성을 모든 악에서 건지시는 하나님의 보호를 상징한다.

이상의 관찰을 근거로 사역을 제시하자면 다음과 같다.

> 송진이 많은 나무로 방주를 만들어라. 나무를 갈대로 엮어 방주를 만들되 역청으로 그 안팎에 발라 싸도록 하여라.(창 6:14, 사역)

> 네가 만들 방주는 이러하니 그 길이는 삼백 규빗, 너비는 오십 규빗, 높이는 삼십 규빗이라.(창 6:15)

여기에 '규빗' 이라 번역한 히브리어 원어는 '암마' 다. 이것은 도량형의 단위인데 고대 근동에서 지역과 시대에 따라서 조금은 달랐어도 일반에 널리 통용되었을 것으로 보인다. 칠십인역은 이 용어를 '페퀴스' 란 그리스어로 번역했고, 불가타에는 '큐비트' 란 라틴어를 사용했다. 한글 역본과 영어 역본의 '규빗/cubit' 은 이 라틴어를 음역한 것이다.

'암마' : 규빗

히브리어로 '암마' 는 '곧은 자尺' 를 가리킨다. 이 용어는 노아 홍수 이야기 때부터 포로기 이후의 문헌들에 이르기까지 나타난다. 그 길이는 약 45센티미터 가량 된다.(17.5인치) 대강 팔꿈치에서 손가락 끝에 이르는 길이다.

이 척도는 히스기야 시대에 건설된 실로암 비문에서 입증된다. 문헌에 터널 길이는 1,200 규빗이라 되어 있는데, 이것을 실제로 재어보니 영국 자로 1,749피트가 된다. 이것을 센티미터로 환산하면 약 53,000센티미터가 된다. 53,000센티미터를 1200규빗으로 나누면 한 규빗은 정확히 44.1센티미터가 된다. 그러므로 히스기야 시대에 한 규빗의 길이가 약 45센티미터였던 것을 알 수 있다.

성서에서 규빗은 노아의 방주(창 6장)와 모세의 성막(출 25장)과 솔로몬의 성전(왕상 6장 이하)과 에스겔 성전(겔 40장 이하)의 치수를 규정하는데 사용되었다. 이스라엘 백성이 약속의 땅으로 행진해 들어갈 때 언약궤와 거리를 유지해야 했는데, 이때 이 도량형이 사용되었다.(수 3:4) 골리앗의 키는 여섯 규빗이나 되었다.(삼상 17:4) 골리앗의 키는 2 80센티미터쯤 되었다는 말이다. 하만이 만든 교수대는 높이가 50규빗이었다는데(에 5:14), 환산하면 22미터나 된다. 느헤미야가 보수한 예루살렘 성벽의 길이는 1,000규빗이었는데 이것을 환산하면 445미터가 된다. 이 용어가 비유법으로 사용되어 이사야서 6장 4절에서는 성전 문지방의 기초를 의미하며, 예레미야서 51장 13절에서는 악한 탐욕의 분량을 의미한다.

한 암마(규빗)를 45센티미터로 보았을 때 노아 방주의 크기를 환산해 보자. 길이가 300규빗이니까 약 133미터 정도 된다. 너비는 50규빗이니까 약 22.2미터 정도 된다. 높이는 30규빗이니까 약 13미터 정도가 된다. 상상해 보니 방주의 길이는 운동장의 100미터 트랙보다 더 길고 4층 건물의 높이만큼이나 크다. 엄청나게 큰 배다. 이 엄청난 배를 노아가 혼자 지었다니 창세기 화자의 상상력에 놀라움을 금하지 못한다.

> 거기에 창을 내되 위에서부터 한 규빗에 내고 그 문은 옆으로 내고 상 중 하 삼층으로 할지니라.(창 6:16)

13미터나 높은 배에 창을 내는데 맨 위에서 40센티미터 가량 아래쪽에 내라는 하나님의 지시다. 조그만 창문이 거의 배의 상단에 바싹 붙어 있는 모양이다. 이런 기형은 하늘의 창이 높은 곳에 있음을 상징한다. '창' 의 원어는 '초하르' 인데 그 뜻은 '지붕' 이다. NKJV는 window라고 번역했지만 NRSV는 roof라고 번역했다. 개역은 '창' 이라고 번역했지만 새번역은 '지붕' 이라고 번역하고 거기에 각주를 달아 '또는 창' 이라고 설명해 주고 있다.

창세기 7장 11절은 사십 주야를 비가 땅에 쏟아졌을 때 하늘의 창문이 열렸다고 보도한다. 이때 하늘의 창문을 가리키는 원어는 '아루바' 다. 방주의 창문을 가리키는 명사는 창세기 8장 6절에 '할루' 라고 따로 나온다. 그러므로 창세기 6장 16절의 '초하르' 는 창문이 아니라 지붕, 곧 방주를 덮는 뚜껑으로 간주해야 할 것이다. 그래서 새번역은 '한 자 치켜 올려서 덮고' 라고 번역했다. 개역은 '위에서부터 한 규빗에 내고' 라고 하였는데 새번역은 NRSV와 일치하고 개역은 NKJV와 일치한다. 여기에 전치사구 '민마알라' 는 전치사 '민' 이 전치사 '마알' 과 결합한 모양에다가 방향을 가리키는 방향지시사 '~아' 가 붙어서 위에서부터 더 위로 올라가는 방향을 가리킨다고 보인다. 즉 방주 위로 한 규빗을 더 올려서 지붕을 이어라는 뜻으로 짐작된다.

방주의 지붕을 '만들다' 에 해당하는 동사는 '칼라' 인데 '완성하다/마치다finish' 란 뜻이다. 방주에 지붕을 이고 문을 내고 나면 방주가 완성된다. 동사 '칼라' 는 방주의 완성을 의미하고, 방주의 완성은 곧 심판의 시작을 의미하며, 심판의 시작은 곧 세상의 종말로 직결된다. 동사 '칼라' 를 가지고 종말론을 표현한 것이다.

종말론은 악한 세상의 최후를 의미하는 동시에 하나님의 나라가 완성되는 것을 겨냥한다. 죄의 종말은 하나님의 계속 창조가 완정되는 것을 의미한다. 성서의 종말론에는 이중적 의미가 들어 있는 것이다. 믿는 자에게 종말은 희망이 된다. 방주는 종말에 성도를 구원하는 수단이다.

출입구는 방주의 측면에 내라고 지시하셨다. 배가 물에 거의 잠겼어도 물이 새어 들어오지 못하도록 문을 배의 상단부에 내야 했을 것이다. 그리고 이 방주의 내부는 삼층으로 설계되었다.

'문' 으로 번역된 원어는 '페탁흐' 다. 이 용어는 창세기 4장 7절에 처음으로 나왔고 여기서 두 번째로 쓰였다. '선을 행하지 아니하면 죄가 문에 엎드려 있느니라.' (창 4:7) 노아 홍수기에 이 단어는 세 차례 나온다.(창 6:16; 7:11; 8:6)

'페탁흐' 는 동사 '파탁흐' 에서 파생된 명사다. 동사는 '열다' 란 뜻이다. 성서에서 이 타동사의 목적어로 신체의 부위가 나오는 경우는 41개의 구절인데, 입을 여는 동작은 23회, 눈을 뜨는 경우는 7회, 손을 벌리는 행위는 6회, 입술을 여는 경우는 3회, 귀를 여는 경우는 2회 나온다.

이 동사가 입을 가리키는 명사 '페' 를 목적어로 지배하면 '입을 열다' 란 뜻이 된다. 욥이 입을 열어 말하기 시작했다.(욥 3:1) 예수께서 산위에 앉으시자 입을 열어 가르치기 시작하였다.(마 5:2) '베드로가 입을 열어 말하되' (행 10:34) 이러한 수사법은 '말하다' 란 뜻을 우회로 표현한 것이다. '[그녀가] 입을 열면 [그녀는] 지혜를 베푼다.' (잠 31:26) 인간의 신체를 가리켜 입을 연다는 용법은 인간이 아닌 다른 사물에게 적용되어서 동굴의 입구나(수 10:22), 땅의 입구(민 16:32; 26:10), 나귀의 입을 가리키기도 한다(민 22:28) 여기서 명사형 '페탁흐' 가 나왔다.

명사 '페탁흐' 는 164회 나온다. 장막의 입구(창 18:1, 2), 집의 대문(창 19:11), 도시의 성문(왕상 17:10), 광장과 같은 열린 공간(창 38:14), 동굴의 입구(왕상 19:13), 대문(시 24:7, 9) 등을 가리킨다. '희망의 문' 이란 표현도 있다.(호 2:15[17]) '네 입의 [문]을 지키라' 란 표현도 있다.(미 7:5)

노아는 방주의 윗부분에 창을 내거나 또는 지붕을 이는 동시에 방주에 드나들 수 있도록 출입구도 만들었다. 물론 이 출입구는 방주의 상단부에 내고 출입할 때 계단을 부대시설로 만들어야 했을 것이다. 개역에 '그 문은 옆으로 내고' 라고 번역한 것에 약간의 문제가 있어 보인다. '그 문' 이라 하면 마치 창문과 연결된 느낌을 주기 때문이다. 그냥 '문은 옆으로 내고' 라고 하면 무난하다.

> 내가 홍수를 땅에 일으켜 무릇 생명의 기운이 있는 모든 육체를 천하에서 멸절하리니 땅에 있는 것들이 다 죽으리라.(창 6:17)

하나님의 말씀은 계속된다. 생생한 느낌을 전달하기 위해 '힌네' (보라!)라는 감탄사가 나온다. 이것은 주어 '안니' (내가 ~)의 바로 뒤에 나온다. 개역에는 이 단어가 생략되었다. 칠십인역에는 '이두' 라고 번역해 주었고 불가타에도 *ecce*라고 번역했다. NKJV는 behold로, NRSV는 for my part로 번역했다. 새번역은 '이제' 라고 번역했다. 이 감탄사에 걸맞게 동사는 현재진행형으로 임박한 홍수를 나타내는 분사형으로 표현되었다. 동사 '메비이' 는 '오다/가다/들어오다' 를 뜻하는 기본형 '보오' 의 히필 분사형이다. '보라, 내가 지금 홍수를 내려고 한다' 는 말로 긴박감을 나타낸다.

홍수는 '마불 마임' 이다. '마임' 은 물을 가리킨다. 이것은 창세기 1장 2절에 처음 언급된 이래 창세기 1장에만 열 차례 언급될 정도로 창세기 저자가 중요하게 사용하는 단어다. 그 이후로 물은 창세기 6장 17절의 이 문장에서 다시 등장했다.

창세기 1장 2절에 의하면 물은 우주가 창조되기 이전에도 있었다. 우주 바깥에도 있고 우주 안에도 있다. 물은 성령('루아흐')에 따라서 긴밀하게 움직인다. '루아흐'는 하나님의 말씀을 창조로 이룩하는 하나님의 기운으로서 바람을 일으킨다. 루아흐는 물을 움직여서 창조의 과업을 수행한다. 보통 성서에서 물은 레비아탄Leviathan의 거처이며 사람을 위협하는 악한 세력의 영역으로 나온다. 하나님의 기운은 빛과 어둠을 창조하신 것과 마찬가지로 물도 다스려서 물을 통해 사람을 살리기도 하고 물을 통해 사람을 심판하기도 한다. 이처럼 '루아흐'는 하나님의 기운인 동시에 하나님의 주권 내지는 권세로서 하나님이 보시기에 선하도록 작용한다. 사람의 선과 악을 초월해서 역사하는 것이다. 노아의 홍수도 하나님의 기운이 물을 움직여서 일어났다. 죄인에게 큰 재앙이 되었지만 의인 노아에게는 구원의 사건이 되었다.

'마불': 홍수

홍수를 가리키는 '마불'은 이 구절에서 처음으로 언급되었다. 창세기 9장 11, 15절만 제외하면 이 단어에는 모두 정관사가 붙어 있는데, 이것은 세간에 노아 홍수가 너무나 잘 알려져 있었기 때문이었을 것이다. 누구나 '그 홍수'라고 말하면 다 알아 들었다는 말이다. 이 단어는 창세기 1-11장 토라 서론에 도합 12차례 나타난다. 12란 숫자는 특별히 거룩한 숫자다. '마불'이란 단어는 창세기 토라 서론 이외의 곳에서는 오직 한 차례만 더 언급될 뿐이다. 시편 29편 10절에 나오는데 홍수를 일으키는 것을 야훼의 주권에 견주어 노래한다. '야훼께서 홍수 위에('라마불') 좌정하고 계시듯, 야훼께서 영원토록 왕위에 좌정하신다.'

우가리트 신화에서 폭풍과 천둥의 신 바알이 바다의 신 얌과 싸워서 무찌른다. 이와는 반대로, 야훼께서는 바다('얌/마임')를 도구로 사용하여 창조세계를 다스리신다. 바다('얌')는 야훼 하나님에게 순종한다. 시편 29편에서 폭풍은 하나님께 순종하는 아름다운 자연현상 중 하나다.

'마불'의 어원을 밝히려는 노력은 모두 실패했다. '파괴하다'란 뜻의 아키드어 nbi, 아카드어에서 거센 바람을 의미하는 wabubu에서 파생한 abubu, 물의 범람을 가리키는 아카드어 bubbulu, biblu, bibbulu 등이 제시되었다. 그러나 이 모든 제안은 불확실하며 아카드의 홍수 설화에 나오지 않는 단어들이다. 히브리어에서 '흐르다'를 뜻하는 동사 '야발'이나 물을 담는 가죽 부대를 가리키는 '나발'도 어원으로 제시되었다. 이에 근거해서 '마불'이 천상의 바다 내지는 천상의 저수지를 가리킨다는 이론도 있다. 그러나 이것도 불확실하다.

심판의 범위는 '땅 위에'('알-하아레츠') 한정된다. 하나님의 계속 창조는 땅을 대상으로 이루어지며 땅의 흙에서 생물의 육이 창조되어 흙과 소통하면서 땅을 계속 창조해 나간다. 사람의 타락으로 말미암아 사람의 육이 부패하였고 이윽고 땅도 형편없이 망가지게 되었다. 그래서 하나님은 땅을 뭉개 버리시고 새로 지으시려고 작정하신 것이다. 마치 도자기를 굽는 도공이 잘못된 작품을 깨뜨려 버리는 것처럼 말이다.

17전중반절에 서두에 나오는 동사 '샤하트'는 바로 앞의 창세기 6장 11절에서 '부패하여'라고 번역되었다. 하나님께서 심판의 말씀을 시작하는 13절에서는 '멸하리라'라고 번역되었다. 심판의 말씀을 진행하는 중에 17절에서 다시 이 동사를 언급하여 생명의 모든 기운이 있는 모든 육체를 '멸절하리니'라고 번역했다. 11-12ㅈ절에서 니팔형으로 두 차례, 12ㅎ-13절에서 히필형으로 두 차례, 17절인 여기서는 피엘형으로 쓰였다. 이 동사에는 '부패하다' 란 뜻도 있고 '파괴하다' 란 뜻도 있고 '구덩이를 파다' 란 뜻도 있다. 여기서 '구덩이' 란 명사형도 파생한다.

하나님께서 심판하시려는 대상은 매우 장황하고 의미심장한 어구의 목적어구로 길게 묘사되고 있다.('콜-바사르 아쉘-보 루아흐 하임') 이것은 개역 성서에서 '무릇 생명의 기운이 있는 모든 육체를' 이라고 옮겼다. 이 목적어구를 분해하자면, 콜(모든)-바사르(육)-아쉘(관계대명사)-보(그 안에)-루아흐(기)-하임(생명의)이 된다. 직역해보면, '그 안에 생명의 기가 있는 모든 육을' 이 된다. 이 어구에서 육 안에 '생명의 루아흐' 가 들어 있다는 존재론이 표현되어 있다. 하나님의 '루아흐' 는 하나님께서 말씀으로 천지를 창조하실 때 그분의 말씀을 실행하는 힘이다.(창 1:2) 창세기 1장에는 땅의 모든 동물이 하나님의 '영/기/기운/힘' ('루아흐')에 의하여 창조되었다.

'루아흐' : 영靈이냐 기氣냐?

토라 서론인 창세기 1-11장에서 '루아흐' 의 용례를 살펴보면서 그 정확한 개념을 읽어내 보자. 우선 그 용처는 창 1:2; 3:8; 6:3, 17; 7:15, 22; 8:1로서 도합 일곱 차례 언급되었다. 그 문구들을 나열해서 비교해 보자.

창 1:2ㅎ 하나님의 영은 수면 위에 운행하시니라.
'워루아흐 엘로힘 머락헤페트 알-퍼네이 함마임'
창 3:8 그 날 바람이 불 때 '러루아흐 하욤'
창 6:3 나의 영이 영원히 사람과 함께 하지 아니하리니

'로-야돈 룩히 바아담 러올람'

창 6:17　무릇 생명의 기운이 있는 모든 육체를 멸하리니
'러샤헤트 콜-바사르 아쉘-보 루아흐 하임'

창 7:15ㅎ　무릇 생명의 기운이 있는 육체가 둘씩
'쉬네임 쉬네님 미콜-하바사르 아쉘-보 루아흐 하임'

창 7:22　그 코에 생명의 기운의 숨이 있는 것은 - 다 -
'콜 아쉐르 니쉬마트-루아흐 하임 버아파이브'

창 8:1　하나님이 바람을 땅 위에 불게 하시매
'와야아바르 엘로힘 루아흐 알-하아레츠'

개역개정은 '루아흐'를 두 차례 '영'이라 번역했고(창 1:2; 6:3), 두 차례 '바람'이라 번역했으며(창 3:8; 8:1), 세 차례 '기운'이라고 번역했다.(창 6:17; 7:15, 22) '루아흐'가 맨 처음 언급된 창세기 1장 2절에서 그 개념은 하나님의 말씀을 실행하는 하나님의 기운이다. 영이라고 번역한 것은 우리말의 개념에 잘 맞지 않는다. 영은 우리말 사전에 신령이나 영혼의 준말이라고 정의되어 있다. 사람이 영과 육으로 이루어졌다고 보는 경우에 육과는 구별되는 다른 요소로서 인간의 구성 요소가 된다. 우리말 개념에서 '신령'이란 '풍습으로 섬기는 모든 신'을 가리킨다. 또 국어사전을 보면, '영혼'이란 '육체와 구별되어, 육체에 머물면서 마음의 작용을 맡고 생명을 부여하고 있다고 여겨지는 비물질적 실체'로 정의한다. 만일 루아흐를 인간론에 관련된 영이라 번역한다면 창조 이전에 하나님과 더불어 활동하는 존재로서의 '루아흐'를 말하는 창세기 1장 2절의 뜻을 감당할 수 없다. '루아흐'는 하나님의 창조 사역을 실행하는 하나님의 능력이기 때문이다. 성서의 '루아흐'는 인

간을 구성하는 인간론의 한 요소가 아니다. '루아흐'는 하나님께 속한 신론의 한 요소다.

이 단어를 바람이라고 번역하는 것에도 문제가 있다. 바람이라기보다는 창조세계 안에서 하나님께서 운행하시는 기운이라고 이해해야 할 것이다. 믿음의 눈으로 볼 때 바람이 부는 것은 하나님의 기운이 작용하시기 때문에 일어나는 현상이다. 이런 의미에서 '기운'이라 번역한 것은 '루아흐'의 개념을 가장 비슷하게 나타낸 번역이다. 창세기 8장 1절에서 루아흐는 '하나님의 기운이 땅 위를 지나가는' 모양을 바람이 부는 현상으로 인식하였기에 '바람'이라고 번역한 것이다. 그러나 그 본래의 뜻은 하나님의 기가 땅 위를 지나가자 땅에서 물이 줄어들게 되었다는 뜻을 전달한다. 즉 하나님께서 물을 빠지게 작용하셨다는 것이다.

성리학에서 논하는 '이기론理氣論'에서 루아흐는 '기'에 가깝다. '이기二氣'라고 함은 음과 양을 가리킨다. '기'는 국어사전에 보면 '만물을 생성하는 근원이 되는 기운'이라고 정의되어 있다. 이러한 개념은 창세기 1장 2절에 잘 맞는다. 오경에 '루아흐' 단어는 70회 언급되고 토라 서론인 창세기 1-11장에 7회 언급되어 있는 점으로 미루어 이 단어는 일관된 의미로 저자가 공교롭게 사용했음을 뜻한다. 그러므로 '루아흐'가 쓰인 모든 구절에서 '기氣'라는 기본 되는 의미로 읽어야 할 것이다. 이것을 바람이나 영이나 기운과 같은 여러 가지 언어로 번역하더라도 그 기본 되는 의미는 '기'다. 창세기 6장 3절에 '나의 루아흐가 사람 속에 영원히 머물지는 않겠다'라고 할 때에도 이 루아흐는 곧 하나님에게 속한 기운 또는 능력이다.

창세기 3장 8절의 '러루아흐 하욤'을 '그날 바람이 불 때'라고 번역했으나 NRSV는 the evening breeze, NKJV는 in the cool of the day, 1984년 루터역 개정본은 als der Tag kuehl geworden war라고 번역했다. 칠십인역은 '토 데일리논', 불가타는 *ad auram post meiridiem*이라 번역했다. 이 문장에서 루아흐는 하나님께서 낮과 밤의 주인이시며 하나님의 기로써 낮과 밤이 바뀌는 것을 나타내고 있다.

노아 홍수기에서 '생명의 기운이 있는 모든 육체'라는 상투어가 세 차례 반복되는데 여기에 기운은 '루아흐'다. 물질인 육('바사르') 안에 '생명의 기운'이 들어 있다. 세 번이나 되풀이하여 이러한 '루아흐' 이해를 강조하고 있는 셈이다. 육은 창 2:6-7에 의하면 물에 뭉갠 흙, 곧 진흙이다. 진흙으로 만든 용기 속에 하나님의 기가 들어 있다. 창세기 2장 7절에 의하면 사람이 생명이 되려면 육의 코에 하나님께서 '니쉬마트'(숨)를 불어넣었기 때문이라고 한다. 이 점을 지적하려고 창세기 7장 22절은 '니쉬마트'란 단어를 일부러 '루아흐'와 나란히 병치하고 있는 것 같다.

이 모든 용례를 미루어 살펴볼 때, 루아흐는 인간을 구성하는 요소가 아니다. 루아흐는 하나님께 속한 것이며 천지만물의 생성과 변천을 주관하는 하나님의 능력 내지는 창조의 주권을 가리키는 용어다. 흔히들 '영성'이란 말을 종교인들이 사용하는데 이 용어는 애매모호하다. 영어로는 spirituality다. 사람에게 속한 영을 연마해서 갈고 닦으면 영성이 성장한다고 이해하기 쉽다. 그러나 루아흐는 하나님께 속한 것으로서 그리스도인의 영성은 하나님의 루아흐에 의해서 생성하고 발전하다가 소멸한다. 그리스도인의 영성은 철저히 하나님의 은총으로 말미암은 하나님의 운동이지 인간이 자력으로 연마하는 키워내는 것이 아니다. 말씀을 듣고 순종하며 준행하는 일은 하나님의 기운이 작용하지 않으면 사람으로서는 할 수 없는 일이다. 그러므로 모든 일은 하나님의 사역이고 거기에 인간의 공로는 조금도 없다.

또한 이와 관련하여 하늘과 땅의 대조법이 눈에 띈다. 하나님의 계속 창조는 땅에서 이루어진다. 땅에 홍수를 보내어 하늘 아래에 있는 모든 육을 멸절하려고 하신다. 루아흐를 담고 있는 육은 하나님과 소통하는 통로로서 '숨'('너샤마')을 쉰다. '루아흐'와 '너샤마'는 하나님과 소통하는 기재다. 선악을 알게 하는 나무의 열매를 따먹고 사람이 자기중심주의에 빠지자 루아흐는 너샤마와 소통할 수 없게 된다. 사람의 인식과 생각에 따라서 사람의 너샤마가 루아흐와 작용하는 방식이 달라진다. 타락한 사람이 자기만을 위해 사는 존재로 전락하자, 그는 보편주이신 하나님과 소통하지 못하는 존재로 전락하였다. 사람이 타락하자 땅의 모든 육이 덩달아 타락하게 되었으며, 하나님께서 계속 창조하시는 땅이 일그러지고 말았다. 하나님은 이제 도공이 잘못 만든 도자기를 부수어 버리듯이 땅에 있는 모든 육('바사르')을 파괴해 버리시려고 하신다. 이 파괴는 새롭게 창조하시기 위하여 택한 궁여지책이다.

하나님의 심판에 동원되는 세력은 물이다. 창세기 1장 2절에 의하면, 하나님의 말씀에 응하여 수면에서 펄럭이고 있던 루아흐가 작용하여 창조 사역을 실행한다. 물로 하여금 하나님의 말씀에 순종하게 만드는 존재는 루아흐다. 노아의 시대에 홍수를 일으키실 때에도 물이 하나님의 말씀에 순종하여 홍수를 일으켜 땅을 심판한다. 성서에는 물이나 바다는 레비아탄이 거하는 악의 거처를 상징한다.(사 51:10) 그러나 악의 세력도 하나님의 다스리시는 대상이다. 하나님이 빛과 어둠을 보시고 보시기에 좋았던 것처럼 악의 세력이 거주하는 물도 하나님께 순종한다. 창조세계는 하나님에게 악한 것은 조금도 없도록 창조되었다.

동사 '가와'의 의미

동사 '가와'가 17절 문장의 끝을 장식한다. '땅에 있는 것들이 다 죽으리라.' 이 동사는 '멸절하다/죽다/귀신에게 내주다'를 의미한다. 영어로는 expire/die에 해당한다. 이것은 흔히 동사 '무트'와 함께 쓰인다.('와이거와 와야마트, 창 25:8, 17; 35:29; 창 49:33; 민 20:29; 욥 3:11; 14:10; 애 1:19') '가와'는 민 17:12[27]에서 '망하다'란 뜻의 동사 '아바드'와 평행한다. '우리는 죽게 되었나이다. 망하게 되었나이다. 다 망하게 되었나이다.'('헨 가와으누 아바드누 쿨라누 아바드누') 타락한 인간이 땅을 울퉁불퉁하도록 망가뜨렸으며, 하나님이 창조한 생명을 죄인이 억압하고 부정하는 악한 세력이 되었을 때 하나님은 이 악한 세력을 다 쓸어 멸하심으로써 '땅 위에 있는 모든 생명'을 살리려고 하신다.(창 1:28) 하나님의 심판은 죄인에게는 재앙지만 의인에게는 복음이 된다.

> 그러나 너와는 내가 내 언약을 세우리니 너는 네 아들들과 네 아내와 네 며느리들과 함께 그 방주로 들어가고.(창 6:18)

언약은 '버리트'인데 이 단어는 여기에서 처음으로 등장한다. 개역은 '언약'이라 번역하고 새번역과 공동번역은 '계약'이라고 번역한다. 영어로는 covenant, 독일어로는 Bund, 프랑스어로는 alliance라고 번역했다. '언약을 세우다'란 어구에는 동사 '쿰'의 히필형이 쓰였다.('하키모티') 기본형 '쿰' 은 '일어나다/서다' 란 뜻이고 히필형은 '세우다/짓다/건설하다' 가 된다. 무너진 건물을 다시 세우듯이, 하나님께서는 아담의 불순종으로 말미암아 깨어진 관계를 노아와 언약을 맺음으로써 회복하려 하신다.

언약을 세우는 것과 반대되는 상황은 언약을 무너뜨리는 상황이다. 하나님께서 언약을 세우면 다시 살아나고 다시 번성하며 하나님과 함께 땅의 계속 창조에 동참할 수 있게 된다. 언약을 무너뜨린 상황은 하나님께서 명하시는 바를 어기고 제멋대로 살다가 멸망을 당하는 불행한 상황이다. 이 문장에서는 '언약을 세우다' 라고 표현할 때 동사 '쿰' 을 사용하지만 다른 문맥에서는 동사 '카라트' 를 사용한다. 이 경우에는 '언약을 맺다' 라고 번역한다. 동사 '카라트' 는 '자르다cut' 란 뜻이다. 창세기 6장 18절에서 처음으로 '언약을 세우다' 란 표현이 등장한 것은 우연이 아니다. 창조 이야기의 문맥에서는 하나님께서 무너진 언약을 다시 일으켜 세운다는 어감을 전달한다.

하나님께서 아담에게 에덴동산의 선악과를 따먹지 말라고 명하셨다.(창 2:17) 언약(계약)은 언제나 하나님께서 사람에게 계명을 통하여 명령하시는 형식으로 체결된다. 성서의 언약은 쌍방 간의 합의를 통하여 맺는 계약이 아니라 하나님께서 한 사람을 선택하여 그에게 사명을 주시는 방식으로 맺는 일방적인 계약이다.

고객이 물건을 장인에게 주문할 때, 그 물건을 이렇게 저렇게 만들어 주면 얼마를 드리겠다고 주문한다. 장인은 그 제안을 듣고 작업에 들어간다. 고객의 마음에 쏙 드는 물건을 만들어 내는 사명이 장인에게 있다. 이때 장인과 고객 사이에는 쌍방 계약이 아니라 일방 계약이다. 왜냐하면 주문한 물건을 생각해 내고 주문한 고객의 뜻에 장인은 무조건 순응해야 하기 때문이다. 하지만 여기에 쌍방 계약의 요소도 들어 있다. 주문에 합당한 물건을 제작했을 때 얼마를 주겠다고 보상을 제안했기에 장인은 작업에 착수한 것이다. 이때 고객과 장인 사이에 쌍방 계약이 성립된다. 하나님의 일방 계약은 계명과 율례와 규례의 형태로 주어진다. 백성이 그 계약을 준행했을 때 하나님의 축복이 퍼부어진다는 사실을 알고 계명을 지키는 것은 쌍방 계약이다.

하나님은 땅의 계속 창조를 위해서 여러 가지 작업을 하신다. 이에 하나님의 종으로 지음 받은 사람은 하나님이 내놓는 계획안에 따라 그대로 실행한다. 하나님의 명령을 수행하는 것은 사람의 의무다. 동역자가 필요했기에 하나님은 사람을 자기의 형상('첼렘')을 따라 자기의 모양('더무트') 대로 지으셨다. 사람은 본디 하나님처럼 일하고 하나님처럼 쉬는 존재였다. 선악과를 먹지 말라는 명령은 하나님의 일방 계약이다. 고객이 장인에게 만들어 달라고 주문한 내용이다. 사람은 하나님이 세우신 일방 계약을 잘 지켜서 하나님의 마음에 들도록 일해야 한다.

그러나 모두가 타락하여 돌아 앉아 있는 상황에서 하나님의 일방 계약을 준수하며 사는 사람은 노아뿐이었다. 가인의 후예는 모두 타락하였지만, 셋의 후예인 노아만은 당대의 의인이요 온전한 사람이었다. 하나님께서는 망가진 땅을 재건하시려고 아담이 무너뜨린 계약을 노아와 다시 세우신다. 무너진 집터를 정돈하여 다시 기초를 놓고 집을 세우는 것과 같다. 노아와 세우신 언약은 재계약, 즉 새 언약이다.

여기서 새 언약의 신학에 대해서 잠시 논하고 넘어가야겠다. 이 본문에 노아의 며느리들이 언급된다. 노아는 아들들과 아내와 며느리들을 데리고 방주에 들어가야 한다. 노아의 아들들은 셈과 함과 야벳이다.(창 6:10) 그렇다면 방주에 들어간 사람의 수효는 총 여덟 명이 된다. 라부샤냐Labuschaign란 학자는 성서에서 8이란 숫자는 신명기 학파가 특별히 구별하여 사용하는 숫자라고 분석한 적이 있다. 그러나 이 상황에서 이 숫자가 무슨 의미를 지니는지를 알 수는 없다. 추측하건대, 하나님과 새 계약을 맺은 사람은 오직 8명뿐인데 이들이 이스라엘의 남은 자들이었다는 특별한 의미를 부여하고 있는 듯하다. 남은 자 사상은 포로기 내지는 포로기 이후에 생겨난 사상이므로, 노아의 이야기는 포로기의 상황에서 작성되었다고 추정할 수 있다. 노아 이야기의 초본은 포로기에 작성되었으며 포로기 이후에 더욱 확장되었을 것이다. 노아 이야기에 나타난 새 언약 신학은 포로기에 형성된 신학이므로 노아 이야기의 초본은 신명기 학파가 작성하였다고 추정할 수 있다.

그러나 위에서 전통적인 학자들이 J라고 분류한 문서에 의하면 창세기 7장 1절에 가서야 '너와 네 온 집안은 방주로 들어가라' 고 명하고, 그 실행은 창세기 7장 7절에 언급한다. '노아는 아들들과 아내와 며느리들과 함께 홍수를 피하여 방주에 들어갔고 ~.' 그러나 P에 의하면 창세기 6장 10절에 이미 셈과 함과 야벳의 세 아들들을 거명했으며, 6장 18절에 '너는 네 아들들과 네 아내와 네 며느리들과 함께 그 방주로 들어가고' 라고 언급하며, 7장 13절에 '그 날에 노아와 그의 아들 셈, 함, 야벳과 노아의 아내와 세 며느리가 다 방주로 들었고' 라고 언급한다. 이러한 언급들을 순서대로 적어보자.

창 6:10(P) 세 아들을 낳았으니 셈과 함과 야벳이라

창 6:18(P) 너는 네 아들들과 네 아내와 네 며느리들과 함께 ~

창 7:1(J) 너와 네 온 집은 방주로 들어가라

창 7:7(J) 노아는 아들들과 아내와 며느리들과 함께 ~

창 7:13(P) 노아와 그의 아들 셈, 함, 야벳과 노아의 아내와 세 며느리가

J는 셈, 함, 야벳을 언급하지 않는다. 그냥 창세기 7장 1절에 '네 온 집' 이라고만 말할 뿐이다. 창세기 7장 7절의 J는 '아들들과 아내와 며느리들' 을 언급하지만 이들이 총 8명이라는 암시는 없다. 다만 창세기 6장 10절의 P를 전제하고 있을 때 8명이라는 사실이 당연하게 인식될 뿐이다. 후대의 P가 J의 창세기 7장 7절을 수정하였음을 짐작할 수 있다.

P가 J를 손질한 흔적은 창세기 7장 8절에서 볼 수 있다. '암수 둘씩 ~ 방주로 들어갔으며' 란 창세기 7장 8절의 J는 '정결한 짐승은 암수 일곱씩, 부정한 것은 암수 둘씩' 이란 창세기 7장 2절의 J와 모순된다. 창세기 7장 8절의 J는 P가 나중에 손질한 결과물이라고 추정할 수 있다. 그러나 이 J문서를 솔로몬 시대의 작품이라고 간주하는 종래의 견해는 아무런 근거가 없다.

오경의 최종 저자는 자신이 지닌 자료를 사용하여 자신의 신학을 따라 그 기존 자료를 해석하고 그 기존 자료가 펼치는 신학을 그대로 보존하면서 그 신학을 발전시키고 있다. 포로기 이후를 살았던 P는 오경의 최종 저자다. 그는 신명기 학파가 저술한 D문서를 어릴 때부터 읽고 암송하며 묵상하면서 자랐던 사람이다. 계약 사상은 D문서가 전문으로 펼치고 발전시킨 신학 사상이다. 전통적인 문서비평가들이 J로 분류한 문서에는 계약 사상이 없고 '여호와께 제단을 쌓고 모든 정

결한 짐승과 모든 정결한 새 중에서 제물을 취하여 번제로 제단을 드렸다' 고 언급할 뿐이다. 정결과 부정은 레위기의 신학이 강조하는 P의 신학이며 제사를 강조하는 사상도 P의 것이다. J가 P를 전제할 수 없고, 반대로 P가 J를 전제해야 문서가설의 진화론이 성립한다. 이 분류에는 이 진화론이 흐트러져 있다. 또 이상의 문서 분석에 의하면 '계약' 이란 단어는 순전히 P문서에만 나오는 것으로 나타난다.(창 6:18; 9:9, 11, 12, 13, 15, 16, 17) 이 단어는 총 8회 나온다. 하지만 계약을 언급하는 구절은 D일 확률이 높다. 그러므로 J 속에 P가 있고 P 속에 D가 들어 있는 기이한 현상이 나타난다.

이러한 모순된 현상이 나타나는 것은 문서가설이 문서를 신명에 따라 분석했기 때문이다. 신명을 '야훼' 를 쓰느냐 '엘로힘' 을 쓰느냐에 따라 문서를 분류해 보았으나 J와 E, 또는 J와 P 사이에 정확하게 분류되지 않는다. 신명이 다르게 쓰이는 현상은 창세기 서론 1-11장에서 비교적 뚜렷하게 나타나지만, 족장 이야기나 출애굽기로 넘어오면 그 구분이 매우 애매해진다. J와 E, 또는 P를 신명에 따라 구분하는 일은 거의 불가능해진다. 그러므로 방법상 신명에 따른 구분을 폐기하고 다른 방법을 써야 한다.

오경의 중심 부분에 놓인 시내 단화와 신명기를 비교하여 그 평행 본문의 본문 의존 방향을 결정함으로써 우선 P에서 D를 식별하는 작업이 우선되어야 할 것이다. 고대의 것을 가설로 가정하는 것은 불확실한 기초 위에 건물을 세우는 어리석은 목수와 같다. 가장 후대의 본문에서부터 출발하여 그 바로 직전의 단계의 초본을 식별하는 작업 방법을 세워야 한다. 그렇게 하면 아무런 가설도 세울 필요가 없어진다. 가장 후대의 것에서 점차 고대로 거슬러 올라갈 수 있기 때문이다. 하지만 모르는 것은 그냥 모른 채 놓아두고 계속 연구하면 된다.

계약 사상을 D의 신학으로 인정한다면 노아 홍수기를 최종으로 마무리하는 P가 D의 초본을 대본으로 작업했을 것이라고 추정하는 일은 마땅하다. 그러므로 문서를 둘로 구분할 것이 아니라 현재의 최종 본문에서 최종 직전의 초본을 식별하는 작업을 진행해야 할 것이다. 초본이 최종 본문의 문서자료였음은 두 말할 나위 없다.

> 혈육 있는 모든 생물을 너는 각기 암수 한 쌍씩 방주로 이끌어 들여 너와 함께 생명을 보존하게 하되.(창 6:19)

히브리어 본문에서 '각기 암수 한 쌍씩' ('자카르 우너케바 이흐유')이 후반절이고 나머지는 전반절이다. 번역할 때 가능하면 전반절을 먼저 옮겨주고 후반절은 뒤에 배치하여 본문의 순서를 지켜 주도록 세밀하게 신경을 쓰면 좋겠다. 19절을 사역해 보자. '혈육 있는 모든 생물을 너는 방주로 이끌어 들여 너와 함께 생명을 보존하게 하되 <u>각기 암수 한 쌍씩 들일지니라.</u>' 밑줄친 부분이 원문에 후반절로 나오므로 가장 나중에 번역해 주었다.

19ㅈ절은 맨 앞에 '학하이'(생명들)로 시작하여 마지막에 동사 '하야'(살다/살아 있다)로 끝난다. 명사와 동사가 전반절 문장의 앞뒤를 장식한다. '혈육 있는 모든 생물' 이라고 번역한 원어는 '우미콜-학하이 미콜-바사르' 다. 이것을 직역하면 '모든 생명들 가운데서, 즉 모든 육 가운데서' 가 된다. 생명과 육이 동격인 점은 위의 17절에서 관계절로 표현된 어구와 동일하다. 그래서 '혈육 있는 모든 생물들' 이라 번역한 것이다.

모든 생물을 종별로 한 쌍씩 골라서 방주로 데리고 들어가야 한다. 이들은 노아와 함께 목숨을 부지하여 살아남아야 한다. 하나님은 피조물을 보존하여 새롭게 창조하시려고 하신다. 하나님이 계약을 세우시는 목적은 사람을 통하여 땅을 아름답게 보존하고 계속 창조를 아름답게 이어 가시려는 데 있다. 멸망이 목적이 될 수 없다.

> 새가 그 종류대로, 가축이 그 종류대로, 땅에 기는 모든 것이 종류대로 각기 둘씩 네게로 나아오리니 그 생명을 보존하게 하라.(창 6:20)

공중의 조류와 뭍의 포유류와 흙에서 기어 다니는 파충류와 양서류를 둘씩 선택하여 방주에 실어야 한다. '땅에 기는 것'('레메쉬 하아다마')은 창세기 1장 25절에 처음 나오는데 하나님께서 여섯째 날에 창조하신 생물이다. 창세기 1장 21절에는 물에서 우글거리는 '레메쉬'의 창조를 보도하는데, 다섯째 날에 이루어진 일이었다. 대홍수의 심판을 당했어도 죽지 않고 살아남은 생물은 물속에 사는 어류나 파충류나 양서류들이었다. 바다는 심판의 대상이 아니었다. 땅의 물을 한 곳으로 모으시고 그것을 바다라 부르셨으며 마른 곳을 땅이라 부르셨던 셋째 날의 창조기를 생각해 보자. 하나님의 주된 관심은 하늘이 아니라 땅에 쏠려 있으며 바다보다는 뭍에 더 많은 관심을 쏟는다. 뭍이 오염되면 바다도 오염되기 때문이다. 모든 오염의 진원지는 사람이 사는 뭍이다. 바다는 레비아탄이 거주하는 악한 세력인데, 이것은 하나님의 심판에 동원되어 하나님의 도구로 사용되기도 한다.

'그 종류대로'라고 번역한 원문은 '러미네후' 내지는 '러미나흐'인데 전치사 '러' 와 '민' 에 인칭대명사가 접미사로 결합된 꼴이다. 이 전치사구는 창세기 1장 11절에 처음으로 나오며 P의 전문용어다. '오프' (조류)와 '레메쉬' (파충류/양서류)는 남성명사이므로 남성 인칭대명사를 접미사로 붙여서 '러미네후' 로 표현했고, '버하마' (포유류)는 여성명사이므로 여성 인칭대명사를 붙여서 '러미나흐' 라 표현하였다.

모든 동물이 종류대로 둘씩 노아에게로 나아온다. 동물들이 노아의 방주에로 나아오는 이유는 대홍수를 피하여 목숨을 부지하려는 것이다. '그 생명을 보존하려고' 방주로 나아온다. 하나님은 지으신 모든 작품을 다 멸하지 않고 보존하신다. 모든 동물 중에서 한 쌍씩 선택하여 종을 보존하신다.

> 너는 먹을 모든 양식을 네게 가져다가 저축하라 이것이 그들의 먹을 것이 되리라.(창 6:21)

'양식' 이라고 번역한 것은 원어로 '마오칼' 로서 남성명사다. 이에 반해서 '먹을 것' 이라 번역한 원어는 '오클라' 로서 여성명사다. 전반절에는 남성명사를 사용했지만, 후반절에는 여성명사를 사용했다. 전상반절의 동사는 '취하다take' 란 뜻의 '라카흐' 이고 전하반절의 동사는 '더하다/첨가하다add' 란 뜻의 '아사프' 다. 동물들을 실은 후에 추가로 식량을 실어야 한다는 뜻이다. 개역은 '저축하라' 라고 번역했다. 첨가하고 더하는 행위가 저축하라는 뜻과 통한다. 새번역은 '쌓아 두어라' 라고 했다. NKJV는 you shall gather it으로 번역했고, NRSV는 store it up으로 번역했다. 더 고대의 역본인 칠십인역은 '쉬낙세이스' (gather together)로, 불가타는 *conportabis*로 번역했다.

노아의 식구와 동물들이 먹을 양식은 창세기 1장 29절의 명령에 따라 채소와 곡류 등 식물을 실어야했다. 모든 씨 맺는 식물과 열매 맺는 나무들을 먹어야 한다. 노아는 곡물과 사료를 방주에 실어 양식을 비축하였다. 전상반절에 관계절이 나오는데 동사 '아칼' 의 수동태(니팔) 미완료형으로써 '예아켈' 이 쓰였다. 이 관계절을 직역하자면 '먹히는' 이 될 것이다. 의역하면 '먹어도 되는' 이다. 이 관계절은 창세기 1장 29절의 채식 명령을 의식한 구절이다. 그러므로 창세기 1장 29절은 6장 21절 문장의 바탕이 되며 이 두 문장은 동일한 저자의 솜씨다. 그 저자는 P다.

> 노아가 그와 같이 하여 하나님이 자기에게 명하신 대로 다 준행하였더라.(창 6:22)

하나님께서 명하신 모든 사항을 노아가 준행하였다. 하나님께서 노아에게 명령하신 행동을 가리켜 사용된 동사는 '차와' 인데, 그 명사형은 '미츠와' 로서 십계명과 같은 계명을 가리킨다. 이 동사는 창세기 1장 26절에 처음으로 나온 이래 토라 서론에서 일곱 차례 나온다.(창 2:16; 3:11, 17; 6:22; 7:5, 9, 16) 이 중에 6장 22절이 정중앙에 위치해 있다. 7이란 숫자는 우연이 아니다. 맨 처음에 하나님의 명령은 아담이 에덴동산에서 먹어도 되는 것과 먹어서는 안 되는 것을 규정하였다. 아담은 이 계명을 준행하지 못했다. 사람이 타락한 이후에 노아에게 생물을 한 쌍씩 방주에 실을 것과 먹을거리의 비축을 명령하셨다. 노아는 그대로 순종하였다. 창세기 6장 22절의 표현은 7장 5절에도 그대로 반복되는데 7장 9, 16절에도 순종하는 노아의 모습을 그리고 있다. 이 모든 구절에서 동사 '차와'는 하나님의 계명과 노아의 준행을 암시한다. 당대의 의인인 노아는 완전한 사람이었는데 그 의미는 하나님의 계명을 그대로 준행하여 실천하는 사람이라는 뜻이다.

시내 산에서 하나님께서 백성에게 계명을 주시고 백성과 계약을 체결하였다. 계약을 체결하는 예식에서 백성은 하나님의 명령을 다 준행하겠다는 서약을 두 번이나 반복한다.(출 24:3, 7) 그 보다 앞서 하나님께서 시내 산에 현현하시면서 앞서 백성에게 행할 바를 지시하시는데, 이때 백성이 '우리가 준행하리다'라고 서약하였다.(출 19:8; 24:3, 7) 시내 단화의 계약 체결기는 에덴동산 이야기에서부터 시작하여 노아 홍수기를 거쳐서 줄기차게 흐르는 이야기의 짜임새에서 가장 중앙에 위치해 있다. 그러므로 시내 산 이야기의 계약신학이 오경의 중심되는 주제다.

이 문장의 끝에 서투마가 찍혀 있음으로 미루어 마소라 학파는 창 6:13-22을 하나의 통일된 문단으로 간주했음을 알 수 있다. 그러나 22절에서 평가한 노아의 말씀 준행은 9절에서 평가한 노아의 의인됨과 상응하고 있기 때문에 9절부터 22절까지를 하나의 문단으로 간주해도 무리가 없을 것이다.(창 6:9-22) 이 문단의 특징은 하나님을 엘로힘이라 부른다는 점이며 창세기 1장의 창조 이야기와 문학적 연관성을 진하게 드러내고 있는 점이다. 또한 계약신학을 표현하여 시내 단화의 문학과도 긴밀한 관계를 보여 준다.

이제부터 7장에서 홍수 이야기를 본격으로 진행한다. 그 다음에 이어지는 문단은 창세기 8장 14절 끝에 서투마가 다시 나올 때까지이므로 창 7:1-8:14을 한 문단으로 간주한다.

3. 심판, 새 언약의 준비(창 7:1-5)

창세기 8장 14절 끝에 서투마가 찍혀 있어서 우리는 창 7:1-8:14을 하나의 큰 문단으로 간주할 수 있다. 또 그 다음 구절 8장 15절 이하에서 생육하고 번성하라는 새 언약의 축복문이 나오는데, 이것은 9장 7절에 생육하고 번성하라는 새 언약의 축복문과 포괄법으로 상응하므로 창 8:15-9:7을 또 하나의 문단으로 간주할 수 있을 것이다.

이제부터 창 7:1-8:14 문단의 짜임새를 분석해 보자. 이 문단을 소단락으로 나누어 보면, 창 7:1-5, 6-12, 13-17ㅈ, 17ㅎ-24, 8:1-5, 6-12, 13-14의 일곱 가지 단락을 식별할 수 있을 것이다. 이 구별에 따라 하나씩 주석하기로 한다.

노아 홍수의 이야기는 무지개의 표징으로 상징되는 새 언약의 사건이다. 새 언약이라 함은 아담과 맺은 언약이 옛 언약임을 전제한 발상이다. 언약이란 뜻의 '버리트'란 단어는 아담의 창조기에는 나오지 않는다. 이 단어는 창세기 6장 18절에 처음 나온다. 그러나 이 단어가 명기되지 않았다고 계약신학을 표현하지 않은 것은 아니다. 아담에게 선악을 알게 하는 나무의 열매를 먹지 말라고 명령한 것을 계약으로 이해해야 한다. 이러한 이해는 호세아서에 나타난다. 호세아서 6장 7절, '이 백성은 아담처럼 언약을 어기고 거기서 나를 반역하였다'(새번역)란 구절을 보면 아담이 계약을 어겼다는 해석이 가능하다. 새 언약 사상은 포로기/포로기 이후에 정립되었다. 창세기의 토라 서론은 새 언약의 주제를 논하고 있다고 볼 수 있다. 이 주제는 오경의 중심부인 출 31:18-34:35의 문단에 다시 나타난다. 중심부인 시내 산 금송아지 배교기가 새 언약의 주제를 다루면서 오경의 앞뒤와 중앙을 단단하게 엮어주고 있다. 오경 전체가 새 언약의 책이다. 이렇게 이해하면 구약성서는 곧 신약성서인 셈이다.

> 여호와께서 노아에게 이르시되 너와 네 온 집은 방주로 들어가라. 이 세대에서 네가 내 앞에 의로움을 내가 보았음이니라.(창 7:1)

창세기 7장 1절의 문장을 6장 8절에 연결시키면 문맥이 자연스럽게 이어진다. 창세기 6장 8절의 신명은 야훼이며 7장 1절에서 다시 야훼란 신명이 나온다. 그 사이에 있는 창 6:9-22의 문단에는 엘로힘으로 나온다. 그리고 창세기 6장 9절에서 노아를 의인('이쉬 차디크')으로 평가한 데 이어서 7장 1절도 의로움('차디크')이란 단어를 반복한다. P가 창세기 6장 8절과 창세기 7장 1절 사이를 벌려서 6장 9-22절을 삽입하였을 것이다. P는 현재의 본문을 작성하는 과정에서 자신이 지닌 자료를 보존하는 동시에 필요에 따라 문맥에 맞도록 손질도 가했다. 게다가 창세기 9장 20절에서 노아는 '이쉬 아다마'가 되었다고 하여 '이쉬 차디크'와 대조법을 이룬다. 창세기 6장 9절이 7장 1절을 거쳐 9장 20절까지 이어지도록 연결해 놓은 것이다. 이렇게 볼 때, P는 토라를 마무리한 최종 저자임이 분명하다.

창세기 7장 1절의 '야훼께서 노아에게 이르시되'란 어절은 6장 13절의 '하나님이 노아에게 이르시되'와 중복된다. 앞에서 하나님은 방주의 규모를 일러주시고 방주의 제작을 지시하셨다. 여기서는 그냥 단순히 방주로 들어가라고 명하신다. 노아는 집안 식구들을 데리고 방주로 들어가야 한다. 야훼께서 노아를 구원하시는 이유는 노아가 이 세대 앞에서 의로움을 보았기 때문이었다. 의로움('차디크')는 앞의 창세기 6장 9절에서 먼저 나왔다. 이 구절의 '버도로타이브'(그의 세대에)는 창세기 7장 1절의 '바도르 하쩨'(이 세대에)와 평행된다. 또 이 구절의 '그는 하나님과 동행하였으며' 란 어절이 창세기 7장 1절의 '내 앞에' 란 어구와 평행된다.

> 너는 모든 정결한 짐승은 암수 일곱씩, 부정한 것은 암수 둘씩을 네게로 데려오며.(창 7:2)

앞에서 명하신 말씀에는 모든 동물을 종류대로 한 쌍씩 방주에 실으라고 하셨다. 그러나 여기서는 정결한 짐승과 부정한 짐승을 구별하고 정결한 것은 암수 일곱씩, 부정한 것은 암수 둘씩 데려오라고 명하신다. '정결한 것'의 '타호르'란 용어는 레위기 11장에 사용된 용어다. 창세기 7장 2절에서 '부정한 것'('로 터호라 후')이라고 번역된 것을 직역하면 '정결하지 않은'이 된다. 레위기 11장에는 '부정한 것'을 가리켜 '타메'란 용어를 사용한다. 이 용어는 창세기 34장 5, 13절에 처음으로 사용되며 디나의 강간당한 상태를 묘사한다. 노아 홍수기에는 '타메'란 용어는 나오지 않는다.

하나님의 심판은 계속 창조를 위한 과거 청산의 의지에서 나온 것이다. 계속 창조를 위해서는 반드시 새 계약을 세워야 한다. 새로운 창조세계에는 부정한 짐승보다 정결한 짐승을 일곱 배나 많게 조절하심으로써 새 계약 아래에서 하나님의 은총을 받을 생명을 더 증가시키신다. 이로써 전혀 다른 거룩한 세계를 이루시려고 하신다. 정결하지 않은 짐승도 생존하도록 은혜를 베푸시는데 창세기 1장에서 하나님께서 빛과 어둠이 어울려 있음을 보기에 좋았다고 하신 것처럼 정결한 짐승과 부정한 짐승이 어울려 있는 모습을 보시기에 좋아 하신다.

'타호르'의 의미: 정결한 짐승

정결을 표현하는 단어 '타호르'의 의미를 상고해 보자. 우가리트어에서 '타호르'는 본디 보석을 가리키는 말이었다.(UT 19: no. 1032) 아랍어로는 순수하다란 뜻이다. 동사형은 94회 언급되는데 대부분 제의법의 문맥에 나온다. 하지만 피엘형으로 쓰인 단 두 차례만 예외가 되는데, 욥기 37장 21절에서는 바람이 불어 구름을 걷어 가자 하늘이 맑아진 상태를 가리키고, 말라기서 3장 3절에는 순은의 순수한 상태를 가리킨다.

동사 '타호르'와 그 파생형을 합하면 도합 204회 언급되는데 주로 P문서에 나온다. 24%는 레위기와 민수기에 나오고 16%는 출애굽기에 나오며 14%는 역대지와 에스겔서에 나온다. 칠십인역은 보통 '카타리조', '카타로스', '카타리스모스' 등으로 번역했다. 형용사형은 출애굽기에서 장막의 기구에 사용된 순금을 묘사한다.(출 25:11, 17, 24, 29, 31; 28:36; 30:3) 아론의 성복에 순금으로 만든 노끈을 달았다.(출 39:15) 금으로 만든 등잔대를 '타호르' 하다고 표현하였다.(출 31:8; 39:37) 성전의 기구들과 장식물과 솔로몬의 보좌도 순금으로 만들었다.(대상 28:17; 대하 3:4; 9:17) 이처럼 순금을 '타호르'라고 표현한다.

야훼께서 모세에게 명하시기를 소금을 치고 향을 피워서 '성결하게(타호르 + 카도쉬)' 하라고 하셨다.(출 30:35) 지혜는 순금이나 보석보다 더 값지다.(욥 28:18-19) 야훼의 말씀은 잡티가 없는 순은처럼 순수하다.(시 12:6) 스가랴는 대제사장이 정결한 관(모자)를 쓰고 있는 환상을 보았다.(슥 3:5) 전쟁에서 얻은 전리품을 불에 그슬리거나 '부정의 물'

을 뿌려서 정결하게 만들어야 한다.(민 31:23) 부정한 것에 접촉한 사람은 정결하게 하는 예식을 치러야 한다.(레 22:4-7) 산모나 일반 남자가 피를 흘린 유출의 부정에서 벗어나려면 제물을 바치고 이레 동안 기다리며 옷을 빨고 목욕을 해야 한다.(레 12:7-8; 15:13) 나병에 걸렸다가 나은 자는 예식을 치르고 정결하다는 선언을 받아야 한다.(레 14장) 이때 정결한 새 두 마리를 바쳐야 하며 제사장은 한 마리는 잡고 산 놈은 그 피에 적시며 그 피를 사람에게 뿌리고 그가 정결하다고 선언한다. 그 후에 한 마리의 새는 날려 보낸다.(레 14:4-7) 그 후에 그 사람은 옷을 빨고 몸을 씻으며 한 주간 동안 이 일을 반복한다.(8-9절) 그 후에 제사장은 그 사람이 바친 양과 곡물과 기름을 제물로 받아 제물로 바치고 그 사람의 몸에 피와 기름을 바른다.(11-20절)

가난한 사람은 값싼 제물을 바쳐도 된다.(21-32절) 나병에 걸린 가옥도 비슷한 절차를 밟아야 정결해진다.(레 14:48-53) 주검에 접촉하여 부정을 탄 사람은 특별히 붉은 암송아지를 태운 재로 만든 '부정의 물'을 자기 몸에 뿌려야 한다.(민 19장) 군인은 사람을 많이 죽였기 때문에 정결 예식을 치러야 한다.(민 31:19) 에스겔의 환상에서 이스라엘은 땅을 정결하게 만들기 위해서 수많은 시체를 일곱 달 동안 매장해 주어야 했다.(겔 39:12, 14, 16)

특히 제사를 집전하는 제사장들과 레위인들이 정결해야 한다. 모세는 레위인에게 속죄의 물을 뿌려서 정결하게 만들어야 했다.(민 8:5-22) 레위인은 성전에 있는 거룩한 모든 기구를 정결하게 유지해야 한다.(대상 23:28) 히스기야 시대에 성전이 정결함을 입었다.(대하 29:15) 포로기 이후에 성전을 재건하고 제사장들과 레위인들은 스스로 정결하게 하고 유월절을 지냈다.(스 6:20) 예루살렘 성벽을 봉헌할 때에도 제사장들과 레위인들이 스스로 정결하게 하는 예식을 치르고 백성과 성문과 벽을 정결하게 하였다.(느 12:30, 45) 느헤미야가 두 번째로 예루살렘에 돌아왔을 때 그는 도비야가 더럽힌 성전의 방들을 정결하게 하였으며(느 13:9), 모든 이방의 관습에 물든 제사장들과 레위인들을 정결하게 할 것을 명하였다.(느 13:22, 30) 야훼께서 돌아오시면 주께서는 레위인들을 용광로에 넣어 순수하게 만드실 것이다.(말 3:3) 정결례는 하나님의 거룩하심과 완전하심을 가르치려고 마련된 것이다. '이 날에 너희를 위하여 속죄하여 너희를 정결하게 하리니 너희의 모든 죄에서 너희가 여호와 앞에 정결하리라.' (레 16:30)

하나님의 거룩하심을 강조하는 가운데 순결/정결의 관념이 발달하였다. 사람이 일정한 예식을 거쳐서 하나님의 거룩함에 합당하게 정결해져야 한다.(출 19:10; 민 8:15) 이런 경우는 하나님을 만날 준비를 하는 경우다. 또 다른 경우는 속죄하는 경우도 있다. 죄로 물든 자들이 정결례로 회복된다.(레 16:1ㄸ; 19:23ㄸ; 겔 39:12; 대하 29:12; 34:3, 8) 히스기야는 범죄한 에브라임과 므낫세와 잇사갈과 스불론의 많은 무리를 위하여 속죄의 기도를 드렸다. '선하신 여호와여, 사하옵소서. 결심하고 하나님 곧 그의 조상들의 하나님 여호와를 구하는 사람은 누구든지 비록 성소의 결례대로 스스로 깨끗하게 못하였을지라도 사하옵소서.' (대하 30:18-19) 우상숭배자들이 스스로 거룩하게 구별하려고 돼지고기와 가증한 물건을 바치고 제사를 지냈다.(사 66:17) 이스라엘이 믿음을 저버리고 부정한 예물을 야훼께 바쳤기 때문에(말 1:7-10), 나중에 이방인들이 순결한 예물을 드리게 될 것이다.(말 1:11)

외면보다는 내면이 참된 순결에 필요하다. '마음의 정결을 사모하는 자의 입술에는 덕이 있으므로 임금이 그의 친구가 되느니라.' (잠

22:11) '악한 꾀는 여호와께서 미워하시나 선한 말은 정결하니라.'(잠 15:26) 인간이 스스로를 정결하게 할 수는 없다. '스스로 깨끗한 자로 여기면서도 자기의 더러운 것을 씻지 아니하는 무리가 있느니라.'(잠 30:12) 욥의 친구 엘리바스는 묻기를 '사람이 어찌 하나님보다 의롭겠느냐 사람이 어찌 그 창조하신 이보다 깨끗하겠느냐' 하였다.(욥 4:17) 하나님만이 정결하시다. 야훼께서 예루살렘에게 물으시기를 '예루살렘아, 네가 얼마나 오랜 후에야 정결하게 되겠느냐' 하셨다.(렘 13:27) 또한 '내가 그들을 내게 범한 그 모든 죄악에서 정하게 할 것이다' 라고 약속하셨다.(렘 33:8) 에스겔서에도 정결 약속이 많이 나온다. '맑은 물을 너희에게 뿌려서 너희로 정결하게 하되 곧 너희 모든 더러운 것에서와 모든 우상숭배에서 너희를 정결하게 할 것이다.'(겔 36:25; 참조. 겔 36:33) '그들이 그 우상들과 가증한 물건과 그 모든 죄악으로 더 이상 자신들을 더럽히지 아니하리라.'(겔 37:23) 시편의 시인은 부르짖었다. '나의 죄악을 말갛게 씻으시며 나의 죄를 깨끗이 제하소서.……우슬초로 나를 정결하게 하소서. 내가 정하리이다. 나의 죄를 씻어 주소서. 내가 눈보다 희리이다.……하나님이여, 내 속에 정한 마음을 창조하시고 내 안에 정직한 영을 새롭게 하소서.'(시 51:2[4], 7[9], 10[12])

바로 앞의 문단에서 암수 한 쌍씩 방주에 들이라고 명령하시고, 바로 그 다음 문장에서 정한 것 일곱 쌍씩, 정결하지 못한 것 한 쌍씩을 방주에 들이라고 명령하신 것은 명백히 모순된다. 이러한 모순을 문서가설은 문서의 차이에서 기인하였다고 설명한다. 앞의 문단은 P이고 뒤의 문단은 J라고들 본다. 그렇다고 인정하더라고 의문은 완전히 가시지 않는다. 어찌하여 성서의 최종 저자가 이 모순점을 잘 조화롭게 손질하지 않은 채 독자들에게 그대로 제공하였을까?

창세기 7장 9, 15절에는 암수 한 쌍씩 방주에 들어갔다고 이야기한다. 더구나 7장 8절에는 정결한 짐승과 부정한 짐승을 언급하면서도 곧 이어서 9절에서 암수 둘씩 방주로 들어갔다고 말한다. 마치 창세기 7장 2, 3절의 일곱 쌍에 대한 언급은 전혀 모른다는 듯이 이야기하고 있다. 최종 저자는 7이란 숫자를 정결함에 연결하여 정결한 것은 일곱 쌍씩 구원하고 또 칠일이 지나면 비가 올 것이라고 표현한 옛 자료를 그대로 보존하려고 했을 것이다. 그리고 이 문단이 이 위치에서 노아의 의로움과 말씀대로 순종하는 모습과 정결을 뜻하는 7이란 숫자를 연결시키는 역할을 하고 있다. 독자들은 이 대목에서 명상으로 인도되며 참된 경건에로 나아갈 결의를 더욱 다지게 된다.

> 공중의 새도 암수 일곱씩을 데려와 그 씨를 온 지면에 유전하게 하라.(창 7:3)

'씨를 유전하게 하라'는 말은 히브리어 '러하요트 제라'를 번역한 것이다. 직역하면 '씨를 살려라'가 된다. 하나님은 어떤 경우에도 생명이 멸종하는 사태는 막는다. 하나님은 생명을 살리시는 분이시다. 이 문장에는 동사가 생략되어 있는데 2절의 '티카흐-러카'를 이 문장의 동사로 보면 된다. 공중의 새들도 암수 일곱씩을 데려와서 방주에 넣어야 한다. 새들도 거룩한 숫자에 맞추어 새 계약에 참여할 것이다.

> 지금부터 칠 일이면 내가 사십 주야를 땅에 비를 내려 내가 지은 모든 생물을 지면에서 쓸어버리리라.(창 7:4)

'지금부터 칠 일이면' 의 원문은 '키 러야마임 오드 쉬버아' 인데 드라이버는 For yet seven days라고 번역했다. 비가 오려면 이레를 더 기다려야 한다는 말이다. 천지창조가 칠 일 걸렸다면, 이제 천지 파괴를 위해서 칠 일을 더 기다려야 했다. 칠 일이란 숫자에 심오한 의미가 들어 있다.

사십 주야는 '아르바임 욤 워아르바임 라열라' 인데 이 어구는 모세가 시내 산에 올라서 40주야를 금식한 구절에도 그대로 반복된다. 40이란 숫자는 자주 반복되는데 이스라엘의 광야 유랑의 기간도 40년이었고 모세의 산정체류 기간도 40일이었고 엘리야가 로뎀나무에서 일어나 광야를 걸어서 하나님의 산에 당도한 기간도 40주야였다. 예수님이 광야에서 시험을 당한 기간도 40일이었다. 40에는 특별한 의미가 있다.

'생물' 을 가리키는 단어 '여쿰' 은 이곳과 창 7:23; 신 11:6에만 나오는 특이한 용어다. 영어로 substance, existence인데 우리말로 존재/실체가 될 것이다. 이것을 생물이라고 번역했다. 앞의 '하야트' 를 생물이라 번역한 것과 구별이 되지 않는다. 칠십인역은 '엑사나스타시스' 라고 번역했는데 이것은 부활한 것이란 뜻이다. 불가타는 *substantiam*이라고 번역했다. 영어 역본들은 living things라고 번역했다. 그렇다면 왜 오경의 저자는 하필 이처럼 드물게 쓰이며 잘 알려지지 않은 '여쿰' 이란 용어를 이곳에서 사용했던가?

그것을 '쓸어버리리라' 란 동사와 연결지울 때 실마리가 풀린다. 히브리어로 '막하' 인데 지우개로 지우듯이 지우는 행동을 가리킨다. 하나님께서 그리신 그림을 지워 버린다는 것이다. 하나님께서 생겨나게 하신 것을 무로 돌려 버린다는 뜻이다. 그래서 '존재' ('여캄')란 용어를

'무/비존재' 에 대비하여 일부러 사용한 것이다.

이것은 창세기 1장 2절의 '혼동하며 공허하며' 라는 '토후 와보후' 란 어귀와 연결된다. 이 어구는 무를 가리킨다. 무의 상태를 부정하고 하나님은 유를 창조하셨다. 그래서 '여쿰' 이란 단어를 '존재' 라고 번역하여 '내가 지은 모든 존재를 지면에서 지워 버리라' 라고 번역하면 더 좋을 것 같다.

노아가 여호와께서 자기에게 명하신 대로 다 준행하였더라.(창 7:5)

이 구절은 창세기 6장 22절의 어구를 그대로 반복한 것이다. 계명을 가리키는 '차와' 란 동사가 나오고 계명의 실천을 가리키는 동사 '아사' 가 나왔다. 창세기 6장 22절에서 주석한 대로 이것은 출 19:8과 출 24:3, 8에 나오는 준행의 서약과 연결된다.(참조. execution formulae) 따라서 노아 홍수 이야기는 시내 산 이야기와 연결해서 읽어야 마땅하다. 새 계약의 주제는 노아 홍수기와 시내 산 계약 체결기에서 공통된 주제다.

4. 비가 쏟아짐(창 7:6-12)

홍수가 땅에 있을 때에 노아가 육백 세라.(창 7:6)

히브리어 원문에 '노아흐'(노아)가 문장의 맨 앞에 주어로 나온다. 여기에 동사는 생략되어 있다. 이것은 문단이 바뀐다는 표시다. 강조점은 노아에 있다. 노아가 육백 세가 되던 해에 홍수의 심판이 있었다는 연대기의 보도다. 노아의 나이에 대한 보도는 창세기 5장의 셋의 계보에 마지막을 장식한다. 창세기 5장 32절에 '노아는 오백 세 된 후에 셈과 함과 야벳을 낳았더라' 고 보도한다. 이제는 육백 세가 되었으니 그 자녀들은 백세 미만이었다. 이후로 셈과 함과 야벳의 수명에 대한 보도는 전혀 나오지 않는다. 하여튼 창세기 7장 6절은 창세기 5장 32절을 전제하고 있다.

히브리어 문장을 직역하자면, '노아가 육백 세가 되었을 때 홍수가 났고 물이 땅 위에 있었다' 가 된다. 이 문장의 '홍수'('마불')와 '물'('마임')은 창세기 6장 17절의 '마불 마임' 을 풀어쓴 솜씨다. 대홍수 심판기의 서문인 창세기 7장 6절은 6장 17절을 의식하고 쓴 결과다. 10절에 보면 비는 칠일 후에 내리지만, 6절에서 이미 물이 땅 위에 있었다란 말은 6절이 홍수 심판의 머리말이란 뜻이다. 창세기 1장 2절에 의하면 물은 '루아흐' 가 움직이는 데 따라서 감응하여 운동하는 물질이다. 창세기 1장 2절에 비추어 7장 1절을 읽으면 하나님의 물 심판은 또한 하나님의 창조 사역의 일부라는 것을 감지하게 된다.

노아는 아들들과 아내와 며느리들과 함께 홍수를 피하여 방주에 들

> 어갔고.(창 7:7)

노아와 그 식구들 총 여덟 명이 방주로 들어갔다. '홍수를 피하여' 라고 번역한 원문은 '미퍼네이 메이 하마불 '이다. '미퍼네이' 는 전치사구로서 '~앞에서/ ~이전에' 란 뜻이다. '메이 하마불 '은 창세기 6장 17절의 '마불 마임' 의 변용이다. 직역하자면, '홍수의 물 이전에' 가 될 것이다. 이것을 '홍수를 피하여' 라고 번역했다. 칠십인역은 '디아 토 휘도르 투 카타클뤼스무' (홍수의 물 때문에)로 번역했고, 불가타는 *propter aquas diluvii*라고 번역했다. NKJV는 because of the waters of the flood, NRSV는 to escape the waters of the flood로 번역했다. 개역은 NRSV와 일치한다. 어떻게 번역하든 그 의미는 마찬가지다.

> 정결한 짐승과 부정한 짐승과 새와 땅에 기는 모든 것은 하나님이 노아에게 명하신 대로 암수 둘씩 노아에게 나아와 방주로 들어갔으며.(창 7:8-9)

8절은 '민 ~' 으로 이루어진 전치사구다. 직역하자면, '정결한 포유류 중에서, 그리고 정결하지 않는 포유류 중에서, 그리고 조류 중에서, 그리고 흙 위에서 기어 다니는 모든 파충류나 양서류 중에서' 가 된다. 그리고 '둘씩' 은 9절에서 문장의 주어로 나온다.

창세기 6장 20절에는 조류와 포유류와 양서류 내지는 파충류가 언급되었으며, 정결과 부정은 언급되지 않았고 한 쌍씩으로 규정하였다. 그러나 창세기 7장 2절에는 '정결한 포유류' 와 '정결하지 않은 포유류' 가 언급되었고, 대신에 각각 '암수 일곱씩' 과 '암수 둘씩' 으로 규정되었다. 창 7:8-9은 앞에 언급된 두 가지 문장 창 6:19-20과 창 7:2-3의 내용을 종합하여 함께 언급하고 있다. 그러나 창 7:2-3에 있는 암수 일곱씩 데려오라는 규정은 여기서 완전히 무시되었지만 정결과 부정의 규정은 여기서 채택되었다. 이렇게 종합되어 있는 모습을 문서가설로 풀어낼 수 없다.

9절에서 동사는 '보오' 인데 이것은 창 6:19-20에 쓰인 동사이며, 창 7:2에는 동사 '라카흐' 가 쓰였다. 그리고 '자카르 우너케바' (암수)란 어구는 창 1:27에 나온 이후 창 5:2; 6:19; 7:3, 9, 16에 나온다. 그러나 창 7:2에서 '암수' 를 가리켜 '이쉬 워이쉬토' 란 어구가 쓰였다. 이상과 같은 점으로 미루어 볼 때, 창 7:8-9의 문장에는 주로 창 6:19-20의 문장 요소들이 채용된 반면에, 창 7:2-3의 요소는 거의 무시되었다. 따라서 오경의 최종 저자는 창 6:19-20을 작문한 분으로서 창 7:1-4의 자료를 작문의 자료로 사용하였다고 판단할 수 있다. 그러므로 '일곱씩' 이라든가 '정결' 과 '정결하지 않은 것' 과 '이쉬 워이쉬토' 의 표현들은 노아 홍수기의 보다 오래된 자료에서 나온 것으로 보인다.

9절에 나오는 동사 '차와' 도 창 6:9의 '차디크' 와 창 6:18의 '언약' 과 창 6:22의 준행상투어(execution formula), 그리고 또 다시 창 7:1의 '차디크' 와 창 7:5의 준행상투어를 거쳐서 창 7:9의 '노아에게 명하신 대로' 란 표현에 이르기까지, 그리고 창 9:9의 '언약' 으로 나아가기까지, 일관되게 계명을 지시하는 것으로서 시내 단화를 의식한 오경의 최종 저자의 작문으로 판단된다. 이러한 언약에 관련된 어구들은 토라 서론에서 시내 단화의 법문과 계약 이야기를 미리 예시해 주고 있다.

칠일 후에 홍수가 땅에 덮이니.(창 7:10)

창세기 7장 4절의 '칠 일이면'('키 러야임 오드 쉬브아')이란 어구는 여기서 '칠일 후에'('와여히 러쉬브아트 하야임')란 표현으로 귀결된다. 그러므로 창세기 7장 4절과 10절 사이에는 아무런 자료의 차이도 없으며 동일한 저자의 작문이라고 판단할 수 있다.

우리말로 '덮이니'라고 번역한 원어는 '하유'로서 기본형 '하야'의 완료 3인칭 복수의 꼴이다. '하야'는 영어의 be동사와 동일하다고 보면 된다. 직역하자면, '홍수의 물이 땅 위에 있었다'가 된다. 이 문장은 창세기 7장 6절의 '홍수가 땅이 있을 때에'란 문장과 동일하다. 다만 '마임'의 위치가 바뀌었을 뿐이다. '덮다'란 동사의 요소는 원문에 없다.

노아가 육백 세 되던 해 둘째 달 곧 그 달 열이렛날이라 그 날에 큰 깊음의 샘들이 터지며 하늘의 창문들이 열려 사십 주야를 비가 땅에 쏟아졌더라.(창 7:11-12)

창세기 7장 6절이 10-11절에서 반복되면서 그 연대기를 보다 상술하고 있다. 홍수가 시작된 날짜를 노아 600년 2월 17일로 규정한다. 이 날짜를 오늘날의 현대력에 견줄 수는 없다. 역사 시대에서 노아 600년이 어느 시점에 해당하는지를 알 수 없다. 다만 성서가 보도하는 대로 창조 이후에 노아 때까지 성서의 연수를 합산해 보면, 아담이 태어난 해를 원년으로 잡을 때, 노아 600년은 1656년이 된다. 다음의 표를 참조하라.

아담-노아의 연표

아담生(1년) - 에노쉬生(235년) - 게난生(325년) - 마할랄렐生(395년) - 야렛生(460년) - 에녹生(622년) - 므두셀라生(687년) - 라멕生(874년) - 아담亡(930년) - 에녹승천(987년) - 셋亡(1042년) - 노아生(1056년) - 에노쉬亡(1140년) - 게난亡(1235년) - 마할랄렐亡(1290년) - 야렛亡(1422년) - 므두셀라亡(1656년: 노아 600세) - 라멕亡(1764년) - 노아亡(2006년)

위의 표에 의하면 므두셀라가 죽던 해에 노아가 600세가 되었으며 그 해에 홍수가 터졌다. 아담이 태어난 이후로 그 해는 1656년이다. 이 해가 어떤 의미를 전달하는지 알 수 없다.

다만 2월 17이란 숫자들에서 모종의 의미를 캐낼 수는 있을지 모른다. 17이란 숫자는 하나님의 이름 야훼의 디지털 숫자를 합산한 값이다. 그날에 큰 깊음의 샘들이 터졌고 하늘의 창문들이 열렸다고 이야기한다. 노아가 600세가 되던 해, 대홍수가 시작되던 그 해에 므두셀라가 죽었고 따라서 노아의 조상들이 모두 죽은 다음에 홍수가 터졌다. 따라서 홍수에 심판을 받은 사람들 중에 노아의 조상들은 아무도 없었음을 알 수 있다.

창세기 7장 11절의 '깊음'은 '터홈'인데 창세기 1장 2절에 나온 용어다.('흑암이 깊음 위에 있고') 이 단어를 어떤 역본들은 '샘들' 또는 '바다'로 번역하기도 한다. 이 단어는 35회 언급된다. 대체로 이 단어는 엄청난 양의 물이 있는 어떤 장소를 가리킨다. 사 51:10; 63:13에 홍해를 건너는 것에 비유하였는데 출 15:5; 시 77:16; 106:9에도 그리하였다. 아마도 욘 2:5; 겔 26:19; 시 107:26 같은 곳에는 지중해를 가리키는 듯하다. 깊은 바다 밑의 샘에서 물이 솟아올라 온다고 언급하는 구절도 있다. 골짜기에 샘을 파서 물을 길어 올리는 관습에서 땅 밑에 큰 물이 있다고 상상했을 수도 있다.(신 8:7; 시 79:15)

학자들이 흔히 고대의 세계관에 기초하여 땅을 떠받치는 큰 바다를 가리킨다고 보았지만, 욥기 26장 7절은 땅을 떠받치는 것은 아무것도 없다고 말한다. 창세기 8장 2절은 '깊음의 샘' 이라고 표현하는데, 이것은 단순히 해저의 흐름을 언급한 것이다. 창세기 49:25[24]의 깊음은 하늘 아래에 있다고 한다. 신명기 33장 15절도 이와 비슷하다. 창세기 1장 2절의 '터홈' 과 『에누마 엘리시』의 유사성을 지적하는 이론은 근거가 없다. 아카드어에서 티아마트는 '터홈' 과 어근이 같으나 이 둘을 동일한 신화소로 간주하는 데에는 무리가 따른다.

'터홈' 에는 '라바' 란 형용사가 붙어 있는데 이것은 '많다/크다' 란 뜻이다. 이 거대한 '터홈' 에는 '마으예노트' 가 있다. 이것은 샘을 뜻하는 '마으얀' 의 복수 연계형이다. 거대한 터홈에서 물을 내는 모든 샘 구멍들이 터졌다는 뜻이다. 창조 이전에 있었던 '터홈' 은 존재계의 바깥에 있고 흑암으로 덮여 있으며 물로 이루어져 있다. 하나님의 영이 수면 위에 운행하고 있었기에 하나님의 영의 작용으로 터홈의 물이 창조세계 안으로 터져 들어온 것이다.

'바카아' 의 의미: 샘들이 터지며

'터졌다' 는 단어는 '바카아' 인데 이 동사는 성서에 73회 나온다. 우가리트어나 아랍어나 에티오피아어에 동종어들이 있다. 질긴 물질을 억지로 잡아 찢는 행위를 가리킨다. 그 결과 그 속에서 내용물이 터져 나온다.(사 58:8) 이와 비슷한 의미를 가진 동사로서는 '파착흐' 나 '파라츠' 가 있다. 병아리가 알껍떼기를 깨고 나오는 행위(사 34:15; 59:5), 포도주 부대가 찢어진 상태(수 9:4, 13), 새벽이 하늘을 가르는 모양(사 58:8)을 묘사하여 이 동사가 쓰인다. 나무 패는 작업이나 돌을 뜨는 작업도 이 동사로 묘사한다.(창 22:3; 삼상 6:14; 시 141:7)

동사 '바카아' 는 땅이 갈라지는 것을 가리키기도 한다. 솔로몬의 대관식에서 지르는 환호의 함성 때문에 땅이 갈라질 듯했다. 이 경우를 빼면 다른 모든 구절들에서는 야훼 하나님이 땅을 가르신다.(민 16:31) 야훼께서 돌아오실 때 땅이 갈라질 것이다.(미 1:4; 슥 14:4) 창조주 하나님께서 재림하실 때 땅의 모든 피조물은 견딜 수 없게 된다. 또한 이 동사는 전쟁의 폭력에 연관된다. 군대가 도성이나 군영을 깨고 침입한다.(왕하 25:4; 대하 21:17; 겔 30:16) 어린이를 포함한 포로들을 바위에 내동댕이쳐서 갈가리 찢긴다.(왕하 8:12; 대하 25:12) 임신부의 배도 갈랐다.(왕하 15:16; 암 1:13)

마지막으로 창조 행위를 위해 물을 이용하실 때 이 동사가 사용된다. 특별히 이스라엘을 위한 구원 사역에서 그렇다. 샘이나 시내를 열고 물을 내시는 주님께서 시내 광야에서 다시 그 일을 하신다.(시 74:15; 78:13; 사 48:21) 태초에 지혜로 심연을 가르신 주님이(잠 3:20) 노아 시대에 다시 심연을 가르시고 물을 터치셨으며(창 7:11), 또 다시 홍해를 가르시고 백성을 구원하셨다.(출 14:16; 사 63:12)

이 동사에서 명사형 '비카' 가 파생되었는데 산맥을 가르고 형성된 심곡을 가리킨다. 므깃도 평원은 남쪽의 갈멜 산과 북쪽의 갈릴리 고원 사이를 가로지르는 협곡이다.(슥 12:11)

창세기 7장 11절에서 이 동사는 니팔형(수동태)으로 쓰여 '갈라지다/

터지다' 를 뜻한다. 큰 '터홈' 의 샘들이 모두 터져 버렸다. 그리고 하늘의 창문들이 열렸다.

창문을 가리키는 원어는 '아루보트' 인데 이것은 단수 '아루바' 의 복수 연계형이다. 이 명사는 노아 홍수기에 두 번 나온다.(창 7:11; 8:2) 땅 밑의 터홈에서 샘이 터진 것과 반대로 하늘의 창이 열렸다. 최근에 영어 역본들이 더러는 sluices(수문水門)라고 번역한다. 하늘의 창문으로 심판의 물이 퍼부었지만, 또한 하나님의 축복이 하늘에서 이 창문을 통해 퍼부어지기도 한다.(말 3:10) 왕의 장관 한 사람이 비웃음에도 불구하고, 엘리사는 식량의 가격이 엄청나게 폭락할 것을 예견했다.(왕하 7:2, 19) 하늘의 창은 하나님의 축복과 심판의 도구다. '창들로 내다보는 자가 어두워질 것이며' 란 전도서의 표현(전 12:3)은 노인의 눈이 침침해질 것임을 뜻하는 비유가 아니라 아마도 모종의 장례식 관습을 가리키는 것이거나(대후드Dahood), 알 수 없는 자연재해를 가리키는 것이라고 본다.(소여Sawyer)

하늘의 창문들이 '열렸다' 는 동사는 기본형 '파탁흐' 의 니팔(수동태) 완료형으로 쓰였다. '열다' 란 뜻의 동사 '파탁흐' 는 성서에 135회 언급되는데 이 구절에서 처음으로 등장하였다. 니팔형은 '열리다' 란 뜻이지만 이사야서 5장 27과 51장 14절에서만 예외로 '풀리다/풀어 주다' 란 뜻으로 쓰였다. 피엘형으로 쓰이면 '풀다' 가 된다.(욥 12:18; 30:11; 사 45:1) '해방시키다' 란 뜻으로 쓰이기도 한다.(사 58:6; 렘 40:4; 시 102:20; 116:16)

명사형 '페탁흐' 는 앞에서 창세기 4장 7절과 6장 16절에 두 차례 나왔다. 가인이 죄의 소욕을 다스리지 못하면 죄가 '문' 앞에 엎드린다고 하나님께서 조언하셨다. 노아가 하나님의 지시대로 방주에 문을 내야

했다. 이 명사는 164회 나온다. 천막의 입구(창 18:1), 집의 현관문(창 19:11), 도시의 성문(왕상 17:10), 광장과 같은 공공장소의 입구(창 38:14, 에나임 문), 동굴의 입구(왕상 19:13), 대문(시 24:7, 9) 등을 가리킨다. 비유법에 쓰여서 '희망의 문'이란 표현도 나온다.(호 2:15[17]) '네 입의 문'이란 표현도 있다.(미 7:5) 또 다른 명사형 '마프테아흐'는 어떤 잠긴 것을 여는 열쇠와 같은 도구를 가리킨다.

'사십 주야'는 원어로 '아르바임 욤 워아르바임 라열라'인데 이 표현은 모세가 시내 산에 올라가서 산정에서 체류하는 기간을 표현할 때 쓰이는 표현이다.(출 24:18; 34:28; 신 9:11, 18) 엘리야도 이세벨의 박해를 피하여 광야로 들어가 하나님의 보호를 받으며 사십 주야을 걸어서 호렙산에 이르렀다.(왕상 19:8) 창세기 7장 12절의 이 표현은 바로 앞의 7장 4절에서 하나님이 말씀하신 바가 그대로 이루어졌음을 또렷이 표현한 것이다.

지금까지 비가 오는 것을 가리켜 '마타르'란 동사를 사용하였다. 창세기 7장 12절에서는 '비가 쏟아졌더라'란 표현에 명사 '게쉠'을 사용했다. '비오다'란 동사는 '마타르'인데 앞의 창 2:5; 7:4에 이미 나왔다. '게쉠'은 동사 '가샴'에서 파생한 명사인데 이 동사는 푸알형(겔 22:24)으로나 히필형(렘 14:22)으로 쓰여 비가 오는 상태를 나타낸다. 게쉠은 창세기 8장 2절에 나오고 아모스 4장 7절에도 쓰였다. '비가 땅위에 있었다'라고 표현함으로써 홍수가 땅을 뒤덮었음을 눈에 선하게 그렸다.

5. 심판과 구원 I(창 7:13-24)

창 7:13-17ㅈ을 하나의 소단락으로 구분하여 감상해 보자. 13절은 위의 7절의 보도를 그대로 반복한다. 13절뿐만 아니라 나머지 14 16절도 위의 8-11절을 반복한다. 다만 앞의 단락에서는 신명이 엘로힘으로 나오지만 이 소단락에서는 16절에 신명을 야훼라고 부른다. 이 때문에 학자들은 이것을 J문서라고 판단하지만, 여기서는 신명 야훼를 쓰는 위의 창 7:1-5의 문단과는 달리 정결한 짐승 암수 일곱씩이라는 규정이 무시되어 있고 여전히 암수 둘씩이라고 이야기하기 때문에 소위 J문서의 연속성을 입증할 수 없는 형편이다.

암수 일곱씩이란 야훼의 명령은 도대체 어디로 갔나? 문서가설은 이 모순을 해명하지 못한다. 더구나 15절의 '무릇 생명의 기운이 있는 육체' 란 표현은 위의 창세기 6장 17절의 '무릇 생명의 기운이 있는 모든 육체' 란 표현을 그대로 반복하고 있지 않는가? 창세기 6장에서 이 표현은 엘로힘을 신명으로 사용하는 문단에 나와 있다. 이러한 현상을 문서가설은 설명하지 못한다. 7장 16절에서는 야훼께서 방주의 문을 닫았고 그 후 17절에서 비가 비로소 사십 일 동안 쏟아진다. 여기에 7일 동안을 기다렸다가 비가 쏟아졌다는 7절의 모티프도 나오지 않는다.

> 곧 그날에 노아와 그의 아들 셈, 함, 야벳과 노아의 아내와 세 며느리가 다 방주로 들어갔고.(창 7:13)

'에첻' 의 의미: 곧 그날에

창세기 7장 13절의 문장 맨 앞에 '에첻' 이란 단어가 나오는데 '곧 그날에' 라고 번역했다. '에쳄' 은 뼈를 가리키는 여성명사인데 그 의미가 확대되어 정수, 자체, 본질을 뜻하기도 한다. 동사형은 '아참' 인데 기골이 장대하여 강하다란 상태 동사로 쓰이기도 하고 동작 동사로 쓰일 경우에는 '눈을 감다/문을 닫다' 는 등 닫는 동작을 가리킨다. 상태 동사로서 동의어들이 있는데 '강하다' 란 뜻의 '하차크' 와 '아마츠', '위대하다' 란 뜻의 '가달', '번성하다' 란 뜻의 '라바브' 등이 있다.

동사 '아참' 이 피엘형으로 한 번 나오는데 '뼈를 꺾다' (BDB) 내지는 '뼈를 꺾다' (KB)란 뜻이다.(렘 50:17) 히필형으로도 한 번 쓰이는데 '강하게 하다' 란 뜻이다.(시 105:24) 그 외의 경우는 모두 칼형으로 쓰여 '강하다' 를 의미한다. 때로는 하나님의 위대한 행동을 가리키기도 한다. 신학의 의미를 담뿍 담은 용법으로는 출애굽기 1장 7절의 경우다.(참조. 출 1:20) 여기서 '아참' 동사는 '파라' (창 1:28), '샤라츠' (창 1:20), '라바' (창 1:28), 그리고 '말라' (창 1:28)의 네 가지 동사와 함께 등장한다. 이 문장은 이집트라는 자궁 속에 이스라엘이란 태아를 착상시켜서 키우는 야훼의 기적을 요약한다.

'아참' 은 강하게 성장한다는 뜻이다. 이 동사가 남성명사 '오쳄' 이 되면 힘/권세를 뜻한다(신 8:17; 욥 30:21; 시 139:15; 나 3:9) 여성명사 '오츠마' 도 힘/세력을 뜻한다.(사 40:29; 47:9; 나 3:9) 그런데 또 다른 명사형 '에쳄' 이 되면 뼈나 몸이나 사물의 본질이나 똑같은 물건이나 물그 자체를 뜻한다. 인간이나 동물의 본바탕을 이룬다는 의미로 뼈가 된다.(애 4:8; 삿 19:29; 출 12:46) 아담은 하와를 가리켜서 내 뼈 중의 뼈요 살 중의 살이라고 찬탄했다.(창 2:23) 사람의 해골을 가리키기도 하며(민 19:18) 복수형으로 쓰이면 죽은 자의 시신을 의미하기도 한다.(창 50:25; 출 13:19; 수 24:32; 삼하 21:12-14) 우리말의 골육지친骨肉之親이란 용어처럼 히브리어에도 이 명사를 사용하여 살과 뼈라고 친척을 지칭한다.(창 29:14; 삿 9:2; 삼하 5:1; 19:13[14]; 대상 11:1)

명사 '에쳄' 이 비유법에 쓰이면 여러 가지 의미를 펼친다. 뼈는 감성이 자리한 곳으로 간주되었다. 바스훌에게 박해를 당하여 예레미야가 입을 다물려고 작정하면 심장의 답답함이 '골수에 사무친다' 라고 고백한다.(렘 20:9; 참조. 렘 23:9) 죄가 많으면 뼈가 병든다고 다윗은 읊었다.(시 38:3) 원수가 야훼를 조롱하면 시인은 뼈가 칼에 찔리는 아픔을 느낀다.(시 42:10) '에쳄' 이 '네페쉬' (생명/목숨)와 평행을 이루는 문장에서 그것은 사람 그 자체를 가리킨다.(시 6:2) 하늘의 '에쳄' 이라고 표현한 경우 하늘 그 자체를 가리킨다.(출 24:10)

이처럼 뼈에서 펼쳐진 여러 가지 뜻이 점점 사물의 본질을 가리키게 되면서 어떤 사물과 똑같은 정체성을 표시하게 되었다. 그래서 창세기 7장 13절에서처럼 '바로 그 날에' 와 같은 표현이 많이 나온다.(출 12:17, '이 날에')

히브리어 본문 14절의 끝에 '콜 치포르 콜 카나프' (모든 새, 모든 날개)라는 어구가 나오는데, BHS(Biblia Hebraica Stuttgartensia)는 칠십인역에 이 요소가 빠져 있음을 근거로 생략해도 좋겠다고 추천한다.

16절에 엘로힘이란 신명과 야훼란 신명이 상반절과 하반절 각각 분리되어 쓰였다. 저자는 엘로힘과 야훼라는 신명을 자신의 신학에 따라서 응용하여 적재적소에 사용하고 있음을 보여 주는 한 대목이다. 이로 미루어 오경은 한 저자가 여러 자료들을 지니되 그 자료들을 가지고 자신의 신학에 맞추어 작문한 저술이라고 보아야 할 것이다.

또 16하반절에 동사 '사가르' 와 전치사 '바아드' 가 나온다. 동사 '사가르' 는 문을 닫는 동작을 가리키고 전치사 '바아드' 는 어떤 대상의 뒤편을 가리킨다. '사가르' 는 창세기 2장 21절에 맨 처음 나왔는데 야훼께서 아담의 갈빗대를 취하시고 갈라져 열린 아담의 살을 닫으시는 동작을 묘사했다. 야훼께서 노아의 뒤편에서 방주의 문을 닫으셨다. 야훼께서 문을 닫으셨으므로 야훼께서 또한 문을 열어 주실 것이다. 창세기 8장 1절에 보면 하나님께서 방주에 탄 생명들을 기억하셔서 홍수의 물이 줄어들게 하셨다고 한다. 야훼께서 문을 닫으시고 잊어버리시는 일은 없다. 늘 기억하신다. 출애굽기 2장 25절에 보면 야훼께서 히브리 노예들의 부르짖음을 들으시고 그들을 기억하셨다고 한다. 동사 '자카르' 의 주제는 창세기 8장 1절을 주석할 때 다시 취급하기로 한다.

창 7:17ㅎ-24

창 7:17ㅎ '물이 많아져' ('라바')란 17후반절의 표현은 24절의 '물이 땅에 넘쳤다' ('가바르')는 표현과 상응하며 포괄법을 이루어 창 7:17ㅎ-24이 한 단락을 이루고 있음을 보여 준다. 17후반절에 동사 세 가지가 쓰였는데, '라바' 와 '나사' 와 '롬 '이 그것이다. 동사 '나사' 는 불어난 물이 방주를 싣고 다니는 장면을 묘사한다. '높다/교만하다' 란 뜻의 동사 '롬 '은 물이 땅보다 높아지는 모양을 서술한다. 17후반절을 직역하자면, '물이 많아지자 물은 방주를 띄웠으며 물이 지표 위로 더 높아졌다' 가 된다. 개역 성서의 '땅에 넘치매' 는 원문의 의미를 잘 살리지 못했다. 물의 위세가 등등하여 교만해진 모습을 연상하도록 번역하면 좋겠다. 태초에 온 천지는 물에 잠겨 있었고 그 수면에 하나님의 영이 펄럭거리고 있었다.(창 1:2) 홍수 이야기의 저자는 창세기의 영상을 염두에 두고 있었으며 하나님의 심판으로 창조세계는 태초의 창조 이전

상태로 회복되고 있음을 보여 주고 있다. 하나님의 심판은 죄인에게는 재난이지만 하나님의 눈으로 볼 때는 창조의 원 상태의 회복이다.

창 7:18

24절에 쓰인 동사 '가바르'가 18절에도 쓰였다. '가바르' 동사는 창세기 7장 18절에 처음으로 등장한다. 그 의미는 '우세하다/승하다/힘세다'란 뜻이고 이 동사의 명사형 '깁보르'는 '용사/영웅/전사'를 가리킨다. 여성명사 '거비라'가 되면 귀부인이나 여왕이나 왕녀 등 권세를 떨치는 여성을 가리킨다. 남성명사 '게베르'는 신분이 높은 남자를 가리킨다. 동사와 이들 파생어들은 성서에 총 328회 언급되는데 26회를 제외하면 모두 동사로 쓰인다. 아카드어, 아랍어, 아람어, 페니키아어, 우가리트어, 모압어 등 셈어에 동종어가 발견되며 의미는 동일하다. 히트파엘형으로 쓰일 때 자기 자신을 교만하게 치켜세우는 행위를 가리킨다.(욥 15:25; 36:9; 사 42:13) 그러나 본디 히브리어 기본형은 전쟁과 관련되어 있으며 승리하는 전사의 힘과 능력을 가리킨다. 다윗의 용사 중 세 사람이 적진을 뚫고 베들레헴에 가서 물을 길어다가 다윗에게 마시게 했다.(대상 11:15-19) 다윗은 사울과 요나단이 전사한 소식을 듣고 두 용사의 죽음을 애도하여 애가를 지어 불렀다.(삼하 1:12, 19) 사무엘기하 23장에는 용사들의 명단이 나온다. '깁보르 하일'(힘센 용사)은 역대지의 전문용어인데 본디 왕을 경호하기 위하여 무기를 차고 다니는 특권층을 지칭하였을 것이다.(룻 2:1; 삼상 9:1; 왕하 15:20)

이러한 맥락에서 야훼를 용사로 묘사하는 것은 그리 놀랄 일은 못된다. 하나님은 세속의 용사와는 전혀 다른 분이시다. 하나님의 사역은 세상 용사가 감히 흉내도 내지 못할 만큼 위대하다.(시 145:4, 11, 12)

하나님은 전능할 뿐만 아니라 지혜와 지식과 총명에서도 견줄 대상이 없다.(욥 12:13; 잠 8:14) 장차 오실 임금이 바로 그러한 분이시며 평강의 왕이시다.(사 9:6; 10:21) 그분은 정의롭고 의로울 뿐만 아니라 힘이 넘치시는 분이시다.(시 89:13-14) 사람의 힘은 하나님의 힘에 견줄 수 없기에 한계가 분명하다. 사람이 자기 힘으로 산다고 생각하면 자기를 속이는 것이 된다.(시 33:16; 90:10; 전 9:11) 자기 힘을 믿고 교만하면 스스로 자기가 판 함정에 빠지는 격이다.(시 52: 렘 9:22; 46:5) 힘에는 반드시 지혜가 따라와야 한다.(삼상 2:9; 잠 16:32; 21:22) 하나님을 의지하는 것이 지혜의 근본이다. 진정한 '지존자'('게베르')는 하나님을 믿는 사람이다.(시 40:4) 자기 힘을 믿지 않고 하나님을 믿는 자가 진정으로 '강한 남자'다.('게베르', 욥 38:3; 렘 17:7; 미 3:8) 바울에 의하면 이러한 사람이야말로 거듭난 '새 사람'이다. 비록 죄를 지었다하더라도 주의 자비를 빌고 주의 구원하시는 은혜만을 기다리는 사람, 그 사람이 거듭난 사람이다.(시 65:3; 80:3) 명사형 '게베르'는 보통 남성을 지칭하는 아담, 이쉬, 에노쉬와는 달리 권력을 잡은 높은 귀인을 가리킨다. 이 단어는 66회 나온다. 또 다른 명사 '깁보르'는 힘센 영웅을 가리키며 보통 군인을 지칭하는데 156회 나온다. 또 '거부라'라는 명사형이 있는데 특별히 왕권의 위대함을 가리킨다. 성서에 63회 나오는데 대개 하나님의 권세를 가리킨다.

18절에서 동사 '가바르'는 물이 힘을 얻어 땅을 거세게 압도하는 상황을 묘사한다. 19절에도 이 단어가 쓰였다. 이 동사를 개역 성서는 '넘치매'라고 번역했다. 이 동사는 18절에 처음으로 24절에 이르기까지 네 차례 반복된다.

18후반절은 방주가 수면에서 '떠다녔다'고 보도한다. 이 문장은 1

장 2절의 '하나님의 영이 수면 위에 운행하였다' 란 문장과 평행된다. 여기에 쓰인 동사는 '할라크' 인데 걸어 다니는 동작을 묘사한다.

창 7:19

19절에 천하의 높은 산이 다 잠겼다는 문장이 나온다. 이 문장에서 '카사' 란 동사가 처음으로 나오는데 20절에 한 번 더 쓰였다. 이 동사는 '감추다' 를 뜻하는데 여기서 푸알형(수동태)으로 사용되어 '감추어지다' 란 뜻이다. 하늘 아래 있는 높은 산들이 모두 물에 잠겨 보이지 않게 되었다는 뜻이다. 개역의 '잠기다' 란 말은 '감추어지다' 란 말을 좀더 우리말답게 표현한 것이다.

'높은 산' 이란 어구에서 '높다' 란 형용사는 '가보아흐' 다. 그 기본형은 '가바' 인데 그 파생어들을 포함하면 94회 언급된다. 칼형으로는 24회 나오는데 '높다' 란 뜻이다. 또 히필형이 되면 '높이다/들어 올리다' 란 뜻이 된다. '가보아' 란 파생어는 41회, 명사 '고바흐' 는 17회 나온다. 기본형은 오경에서 세 차례만 나온다.(창 7:19; 신 3:5; 28:52) 그러나 예언서에는 이사야서에 14회, 예레미야서에 7회, 에스겔서에 22회 나온다. 이 기본형의 의미는 사람의 키나 물건의 높이와 같이 자연현상을 가리킨다.

기본형 '가바' 는 나무의 성장을 의미하며(겔 17:24; 31:5, 10, 14), 포도나무가 자라는 것(겔 18:11), 땅에서 바라본 하늘(시 103:11; 욥 35:5)을 가리킨다. 사울은 여느 백성보다 키가 컸다.(삼상 10:23) 므낫세는 높은 성벽을 쌓았다.(대하 33:14) 독수리처럼 높이 날아오름을 가리키기도 한다.(렘 49;16: 욥 1:4) 이 기본형에서 형용사 '가보아흐' 가 나왔는데 창세기 7장 19절에 처음으로 등장하였다.

형용사 '가보아흐' 는 7장 19절처럼 높은 산을 묘사하거나(사 30:25; 40:9; 57:7; 렘 3:6; 겔 17:22; 40:2; 시 104:18), 높은 언덕(왕상 14:23; 왕하 17:10; 렘 2:20; 17:2), 바빌론 성의 높은 성문(렘 51:58), 높은 성루(습 1:16), 높은 망대(사 2:15), 모르드개를 처형하려고 만든 높은 교수대(에 5:14; 7:9), 다니엘이 본 환상에 나오는 뿔(단 8:3) 등을 묘사한다. 이에 해당하는 명사는 '고바흐' 다.

이 단어는 매우 긍정하는 의미로 쓰여서 행복한 삶을 사는 사람을 가리키거나 하나님 자신을 묘사하기도 한다. 하나님께서 욥에게 하신 말씀에 이 단어를 사용하셨다. '너는 위엄과 존귀로 단장하라.' (욥 40:10; 참조. 욥 36:7) '여호사밧이 마음을 드높여 야훼의 길을 행하였다.' (대하 17:6, 전심으로) 또 하나님을 묘사할 때 '하나님이 높은 곳에 좌정하신다' 고 표현한다.(시 113:5; 욥 22:12) 하나님의 길은 사람의 길보다 더 높다.(사 55:9)

이 단어가 부정적인 의미로 쓰이면 '교만하다' 란 뜻이 된다. 보통 인체의 부분과 연관하여 표현한다. 교만은 심장(마음)과 관련되거나(겔 28:2, 5, 17; 시 131:1; 잠 16:5; 18:12; 대하 26:16; 32:25, 26) 또는 눈이 높다고 표현한다.(사 2:11; 5:15; 101:5) 사람의 영혼과 연관되기도 하고(잠 16:18; 전 7:8), 콧대가 높다는 식으로 말하기도 한다.(시 10:4) 교만한 마음으로 죄를 지은 사람으로 웃시야(대하 26:16)와 히스기야(대하 32:25-26)와 두로 왕(겔 28:2, 17)이 있다. 이와는 반대로 고난 받는 야훼의 종은 높이 들릴 것이다.(사 52:13) 칠십인역에서 이 단어는 '휩소스' 내지는 '휩셀로스' 라고 번역되었는데 여기에 교만이란 뜻은 없다. 이와는 반대로 19절에 나온 전치사 '탁하드' 는 '~ 아래' 란 뜻이다.

창 7:20

물이 불어 십오 규빗이나 올랐다. 환산하면 15규빗 × 45센티미터 = 675센티미터가 된다. 높이가 6.75미터라면 3층 건물에 채 미치지 못하는 높이다. 15규빗의 수심에 온 천하의 산들이 다 잠겼다는 진술은 이해할 수 없다. 여기에 전치사구 '밀마을라'가 붙어 있는데 이것은 '~ 위로'란 뜻이다. 그래서 불가타는 *super montes*라고 번역하여 산 위로 15규빗 물이 더 차올랐던 것으로 이해했다. 스파이저E. A. Speiser도 앵커 바이블 창세기 주석에서 above the submerged mountains라고 번역하여 이미 물에 잠긴 산 위로 15규빗 수위가 더 올라간 것으로 해석했다. 이렇게 이해하면 문제는 해결된다. 20절을 직역하면, '그 위로 물이 15규빗이 더 차서 산들이 감추어졌다'가 된다.

창 7:21

21절에 동사 '죽다/사멸하다'란 뜻의 '가와'가 나오는데 이것은 창세기 6장 17절에 이미 처음으로 나온 단어다. 하나님께서 노아에게 홍수 심판을 예고하실 때 '다 죽으리라'고 말씀하셨는데 이때 동사 '가와'가 쓰였다. 그 말씀이 7장 21절에서 성취된 것이다. 21절을 직역하자면 '땅 위에서 기어 다니는 모든 육이 조류와 포유류와 생물과 그리고 땅 위에서 우글거리는 무리와 모든 사람과 함께 다 죽었다'가 된다. 여기서 '우글거리다'란 뜻의 동사 '샤라츠'는 창세기 1장 20-21절에 쓰인 단어다. 개역은 '샤라츠'를 '우글거리다/번성하다'란 뜻으로 번역하지 않고 땅에 '기는'이라고 번역하여 마치 동사 '라마스'를 번역한 것처럼 하였다. NKJV는 every creeping thing that creeps on the earth라고 번역했고, NRSV는 all swarming creatures that swarm on the earth라고 번역했다. 새번역도 '기어 다니는' 이라고 번역하여 한글 역본은 NKJV와 일치하게 번역했음을 알 수 있다. 그러나 NRSV는 '번성하다/우글거리다' 란 뜻의 swarm으로 번역하여 히브리어 본문에 더 충실하다.

동사 '샤라츠' 는 '라마스' 와 동의어로 사용되기도 하지만 그 뜻은 명확하게 다르다. 시리아어로는 '기어 다니다' 란 뜻으로 쓰이며 에티오피아어로는 '싹이 돋다' 란 뜻이 된다. '샤라츠' 는 생물들이 우글거리며 번성한 상태를 묘사하지만, '라마스' 는 기어 다니는 무리를 묘사한다. 그 뜻은 출 1:7; 8:3; 시 105:30에서 분명히 드러나 있다. 이집트에서 개구리들이 땅을 덮쳐 우글거리는 재난이 닥쳤다. '이스라엘 자손은 생육하고 불어나 번성하고 매우 강하여 온 땅에 가득하게 되었더라.' (출 1:7) 이 구절에서 '샤라츠' 는 '불어나' 라고 번역되었다. 이 문장은 창세기 1장 22절의 축복문과 비슷한데 '샤라츠' 는 창세기 1장 20-21절에 사용되어 '번성하다' 라고 번역되어 있다. 개역에서 더욱 불편한 것은 1장 22절에서 '라바' 를 '번성하다' 라고 하여 '샤라츠' 의 번역어와 동일하게 옮겼다는 사실이다.

창 7:22

22절에 숨/호흡을 가리키는 명사 '너샤마' 의 복수형 '니쉬마트' 가 창세기 2장 7절에 이어 두 번째로 사용되었다. 이 명사에 '루아흐' 가 연계된 꼴을 보이고 있는데 '니쉬마트-루아흐 하임' 이란 어구가 나온다. 번역하자면 '생기의 숨' 이 된다. 뿐만 아니라 2장 7절에 쓰인 콧구멍을 가리키는 명사 '아프' 도 나온다.

여기에 '하라바' 란 명사가 처음으로 나온다. 이것은 '마르다' 란 상태 동사 '하라브' 에서 나온 파생어로서 마른 땅을 가리킨다. 이 단어는 성서에 8회 나오는데 창 7:22; 학 2:6을 제외하면 모두 하나님이 기적을 일으켜서 땅을 마르게 만드시는 행위를 가리킨다. 홍해가 말랐고(출 14:21), 요단 강이 말랐고(수 3:17; 4:18; 왕하 2:8), 나일강이 말랐다.(겔 30:12) 22절을 직역하자면, '마른 땅에 있던 모든 것 중에서 그 코로 생명의 기운을 숨 쉬는 모든 것은 죽었다' 가 된다.

창 7:23

23절은 '지우다' 란 뜻의 동사 '막하' 로 문장을 연다. 이 동사는 앞에서(창 6:7; 7:4) 이미 나왔다. 창세기 7장 23절에는 두 번이나 쓰이는데, 첫 번째 것은 미완료 남성 3인칭 단수형으로 쓰여서 주어는 '야훼' 가 되지만, 두 번째 것은 니팔형(수동태)으로 쓰였기에 주어는 '모든 생물' 이 된다. 그리고 7장 4절에 처음으로 나왔던 '생물' 로 번역된 명사 '여쿰' 이 다시 사용되었다. 23절을 직역하자면, '흙 위에 있는 모든 생물들을 사람으로부터 포유류에 이르기까지, 기는 것에서부터 하늘의 조류에 이르기까지 다 지워 버렸는데 그것들이 땅에서 지워졌다' 가 된다. 여기까지가 전반절이다.

23후반절은 '남다' 란 뜻의 동사 '샤아르' 를 처음으로 사용하여 니팔형으로 문장을 연다. '남겨지다' 란 뜻이다. 부사 '아크' 가 노아와 연계형을 이루는데 '오직 노아만' 이란 뜻의 강조형이다. 사역하자면 '오직 노아와 그와 함께 방주 안에 있던 것만이 남겨졌다' 가 된다. 동사 '샤아르' 는 주로 니팔형과 히필형으로 쓰인다. 칼형으로는 사무엘기상 16장 11절에 단 한 번만 나올 뿐이다. 성서에서 총 130회 나오는데 그 파생형까지 합하면 251회 나온다. 이 동사는 어떤 부분을 제거하고도 남는 상태를 가리킨다.(출 10:19; 룻 1:3; 삼상 9:24; 16:11)

이 동사가 명사형 '쉬아르'가 되면 '남은 자', '나머지'가 된다. 26회 나온다.(사 10:19-22; 11:11, 16; 습 1:4 등) 이사야의 아들 중 스알-야숩이란 이름에 이 명사가 들어 있다. '남은 자가 돌아오리라'란 뜻이다. 이사야는 이스라엘의 죄로 인하여 포로로 잡혀가는 재난을 당할 것이라고 예언했다. 포로로 끌려가 노예로 전락한 재난을 당하고도 살아남은 생존자가 '남은 자'다. 창세기 7장 23절에서 이 동사를 사용한 것은 포로기의 신학을 바탕에 깔고 있음에 분명하다. 노아의 홍수는 유다 왕국의 멸망에 견줄 수 있고, 노아와 함께 방주에서 생존한 남은 자들은 포로에서 귀환한 남은 자들에 견줄 수 있다. 그러므로 노아 홍수의 저자는 포로기를 살았던 사람으로 느껴진다.

창 7:24

24절은 150일이란 숫자를 제시한다. 이 기간은 물이 땅 위에서 위세를 떨친 기간이다. 창세기 7장 12, 17절에 의하면 40일 동안 홍수가 땅을 덮쳤다고 한다. 7장 11절에 의하면 홍수가 터진 날짜는 노아 600년 2월 17일이라고 한다. 이날부터 40일이 지나고 홍수가 창일한 상태로 150일을 보냈다. 무려 반년 남짓이나 홍수로 땅이 물에 잠겨 있었던 것이다.

6. 심판과 구원 II(창 8:1-14)

창 8:1-5

비가 내리기 전에 하나님께서 방주의 문을 밖에서 닫으셨기 때문에 하나님께서 밖에서 방주의 문을 열어 주셔야 한다. 하나님이 노아와 함께 방주에 들어간 생명을 기억하셔야 비로소 남은 생명들이 다시 살아갈 수 있다. 하나님은 이들을 기억하시고 이제부터 홍수의 물을 줄어들게 하신다.

창 8:1

1절에 사용된 동사 '자카르'는 '기억하다'란 뜻으로 여기에 처음으로 나온다. 이것은 매우 중요한 신학의 기능을 한다. 이집트에서 종살이하던 히브리인들이 부르짖는 소리를 듣고 하나님께서는 조상들과 맺으신 언약을 기억하셨다.(출 2:24, 와이츠코르) 이스라엘은 광야에서 베푸신 하나님의 은혜를 가나안 땅에 정착하여 살 때에도 결코 잊지 말고 기억해야 한다. 이 기억의 신학은 신명기와 신명기 역사서의 중심사상이다. 그렇다고 해서 창세기 8장의 문학이 신명기 학파의 저술이라고 단정할 수는 없다. 오경의 최종 저자 P가 신명기 학파의 신학을 충분히 습득한 바탕 위에서 기억의 신학을 여기저기서 필요할 때마다 자유자재로 응용하고 있기 때문이다. 하나님께서 노아와 함께 한 모든 '생명'을 기억하셨다.

1후반절에 동원된 동사는 '아바르'와 '샤카크'의 두 가지다. 이 동사들도 여기서 처음으로 나왔다. '아바르'는 '지나가다/건너가다'란 뜻이다. 강을 건너가거나 사람이 지나가는 행위가 '아바르'이며 명사형 '에베르' 가 되면 강둑이나 강 건너편을 가리킨다. 동사 '아바르' 에서 '히브리' 란 말이 나왔는데 이것은 물을 건너온 사람들이란 뜻이다. 여기서는 히필형이 쓰여서 '지나가게 하다' 란 뜻이다. 하나님께서 '루아흐' 를 땅 위에 지나가게 하시니 물이 줄어들었다. 하나님이 천지를 창조하실 때 하나님의 말씀을 이행하는 힘이 곧 '루아흐' 다.(창 1:2) 창조 이전에 루아흐는 수면 위에 운행하고 있었는데 홍수 심판의 재창조 사역에도 루아흐가 역사를 일으킨다. 이번에는 루아흐가 땅 위를 휩쓸고 지나간다. 일그러진 땅이 본디의 모습을 회복하는 시간이다.

동사 '샤카크' 는 '줄이다/감소하다' 란 뜻이다. 성서에 단 다섯 번만 나온다. 네 번은 칼형으로(창 8:1; 렘 5:26; 에 2:1; 7:10), 한 번은 히필형으로 나온다.(민 17:5[20]) 민수기에서는 '끝장내다' 란 뜻으로 쓰였다. 아론의 지팡이에서 싹이 나서 '원망하는 말을 내 앞에서 그치게 하리라.' 에스더기에서 이 동사는 페르시아 왕의 분노가 누그러지는 것을 묘사한다. 노아 시대에 비가 밤낮 없이 40일을 퍼부어서 홍수가 가장 높은 산들을 잠기고도 남을 만큼 수위가 높아진 상태로 150일을 지났다. 그 후 하나님의 기운이 땅에 작용하니 물이 점차 빠지기 시작한다.

창 8:2

2절에 쓰인 두 동사 '사카르' 와 '칼라' 도 처음으로 등장한다. '사카르' 는 '닫다/멈추다' 를 뜻하는데 언제나 니팔형(창 8:2; 시 63:11)과 피엘형(사 19:4)으로 쓰인다. 이 동사의 기본 되는 의미는 어떤 사물이나 사람의 움직임을 제한하는 것이다. 아랍어로는 '보호하다' 를 뜻한다. 이와 비슷한 동사는 '칼라' 이지만 의미는 다르다.

동사 '칼라' 는 진행하는 움직임이 방해를 받아 중간에 멈추는 것을 가리킨다. 하늘의 창문들은 큰 비를 쏟은 후에 멈추었다. 법궤를 실은 수레를 끄는 소들의 송아지들은 따라오지 못하도록 집에 가두었다.(삼상 6:10) 불순종하면 자연스레 진행되어야 할 일이 막힌다.(학 1:10; 삼상 25:33; 시 119:101) 하나님을 찬양하고 진리를 말하는 일은 어떤 일이 있어도 중단할 수 없다.(민 11:28: 시 40:9) 하나님의 자비는 끊이지 않는다.(시 40:11) 하나님과 사람 사이의 소통이 끊어지면 견딜 수 없는 고통을 당한다.(시 88:8) 이러한 용례에 비추어 볼 때, 창세기 8장 2절의 '칼라' 는 하늘에서 비가 그치는 상황을 묘사함을 알 수 있다. 비를 가리키는 명사 '게쉠' 은 창세기 7장 14절에 이미 나왔다.

창 8:3

3전반절에 동사 '슈브' 가 쓰였는데 '돌아가다/회복하다' 란 뜻이다. 물이 지면에서부터 원래 있던 곳으로 되돌아간다. 개역은 '물이 땅에서 물러가고' 라고 옮겼다. '점점 물러가서' 란 표현은 '할로크 와쇼브' (왔다 갔다 하다)를 번역한 것이다. '할라크' 동사는 '걷다/돌아다니다' 란 뜻인데 '가며 또 돌아가면서' 라고 직역하면 우리말로는 무슨 말인지 모른다. 하지만 이 어구는 물이 점점 줄어드는 모양을 묘사한 것이다.

3후반절에 나오는 '백오십 일 후에' 란 표현도 '미크체 하미쉼 우 메아트 욤' 을 옮긴 것인데 '미크체' 는 전치사 '민' 이 '끝' 이란 명사 '카체' 앞에 접두어로 붙은 모양이다. 직역하자면, '백오십 일의 마지막 날에서부터' 가 된다. 여기에 동사 '하세르' 가 나왔는데 그 뜻은 '부족하다/결핍되다/모자라다' 란 뜻이다. 물이 자꾸 줄어들다가 백오십 일이 지나자 수위가 현저히 낮아진 상황을 묘사한 것이다.

창 8:4

4절에는 연대기가 나온다. 노아 600년 7월 17일에 방주가 아라랏 산에 머물렀다고 한다. 이러한 연대기의 작성자는 P다. P는 어떠한 역사 자료의 형태로 전승되어 내려온 것이 아니다. 오경을 최종으로 마무리한 사람이 P다. P는 포로기 이후에 살았던 저자로 보인다. 그러므로 이 연대표를 보고 어떠한 역사의 사실을 유추해 내려고 시도해서는 곤란하다. 이 연대의 숫자를 통해서 P는 모종의 거룩한 신학의 의미를 부여하려고 하였을 것이다. 7은 완전수를 나타내며 17은 야훼란 신명의 네 철자들이 지닌 디지털 수치를 합산한 값이다.

4절 문장 초두에 동사 '누아흐'가 쓰였다. 이 단어는 창세기 2장 15절에 처음으로 나왔는데 하나님이 아담을 에덴동산에 두시는 동작을 가리킨다. 여기서 두 번째로 나온다. 동사 '누아흐'는 움직임이 없는 상태를 가리킬 뿐만 아니라 특별한 장소에 정주하는 행위를 가리키기도 한다. 최종의 국면이나 승리한 상태나 구원 받은 상황을 가리킨다. 동의어들이 있는데 '샤바트'나 '샤카트'나 '샬람'을 꼽을 수 있다. '샤바트'는 활동을 중지한 상태를 가리키고, '샤카트'는 혼란이 없이 태평한 상태를 가리키며, '샬람'은 복된 상태로서 온전함을 의미한다. 동사 '누아흐'는 공간의 이동이 없이 안전한 상태를 가리킨다. 메뚜기 떼가 이집트 땅에 내려와 머물렀다.(출 10:14) 이스라엘은 가나안 땅을 정복하고 평안하게 될 것이다.(수 1:13) 히필형으로 쓰인 경우 사역의 의미를 지니면 어떤 물건을 배치하는 것을 가리킨다. 하나님께서 사람을 에덴동산에 두셨고(창 2:15), 만나(출 16:34)와 지팡이(민 17:4)와 광주리(신 26:4, 10)를 하나님 앞에 두었다. 또 허락의 의미를 지니면, 어떤 물건으로 하여금 쉬도록 허락하는 것을 가리킨다. 하나님께서 가나안 사람들

이 머물러 살도록 남겨 두셨다.(삿 2:23)

이 동사는 죽음에 관한 진술이나 영적 진술이나 군사적 표현이다. 구원론과 같이 특별히 중요한 신학의 주제들을 표현하는 데 쓰인다. 욥이 탄식하는 가운데 영면하는 것을 표현하여 이 동사를 쓴다.(욥 3:13, 17; 참조. 잠 21:16) 하나님은 다니엘이 마지막 날에 죽은 상태로 있을 것이라고 말씀하신다.(단 12:13) 우리말로는 '영면하다' 란 표현이 이에 해당할 것이다. 심리적, 영적 의미는 욥이 불안하고('라가츠') 안일함('샤카트')도 없고 평온('샬라브')도 없고 휴식('누아흐')도 없는 고통스러운 상황을 불평할 때 동원된다.(욥 3:26) 훈계하여 키운 아들은 아버지의 마음을 평안하게 할 것이며 사람들에게 기쁨을 줄 것이다.(잠 29:17) 영적인 평안함을 뜻하기도 한다.(사 14:3, 7; 28:12) 이 동사의 동명사형 '마누아흐' 는 하나님에게서 영적인 평안을 얻은 상태를 가리킨다.(시 116:7) 군사적인 의미로 쓰여서 이스라엘이 원수를 물리치고 땅을 차지할 것을 하나님께서 약속하신다.(신 12:10; 수 21:44[42]) 순종하는 사람은 늘 평안을 누린다.(민 32:15; 삼하 7:1) 다윗은 전쟁 용사였기에 하나님의 성전을 지을 자격이 없었고, 대신에 하나님께서 평화를 이루신 후에 그의 아들 솔로몬이 건축하게 될 것이다.(대상 22:9) 유대인은 원수들의 손아귀에서 벗어나 안전하다.(에 9:16) 악인의 규가 의인의 땅에서 권세를 누리지 못할 것이다.(시 125:3) 이 동사는 구원론의 의미로 안식일 신학을 표현하는데 하나님의 안식에 대하여 동사 '샤바트' 가 창세기 2장 2-3절에 쓰였지만, 출애굽기 20장 11절의 십계명에는 '누아흐' 가 쓰인다. 하나님의 백성은 세속의 삶을 추구하지 말아야 할 뿐만 아니라(출 31:12-17; 참조. 사 58:13-14) 승리와 구원을 누리는 지극히 평온한 상태로 돌입해야 한다(수 1:13; 참조. 신 25:19) 하나님이 임재하시고 은혜를 베풀어 주실 때에만이 지극한 평안을 얻을 수 있다.(출 33:14; 참조. 사 14:3, 7) 메시아가 오셔야 참된 안식과 구원을 누릴 수 있을 것이다. 이방인이 외국말로 이러한 안식을 선포할 터인데 오히려 이스라엘은 심판을 받을 것이다.(사 28:12; 신 28:49; 렘 5:15; 고전 14:21) 하지만 결국에는 하나님은 택한 백성에게 메시아를 통해서 참된 평안을 주실 것이다.(사 63:14; 참조. 히 3:7-4:13)

이 동사의 명사형은 '낙하트' 인데 휴식과 고요를 가리킨다. 어떤 경우에는 고요함이란 뜻으로 쓰지만(욥 17:16), 어떤 때에는 휴식이란 뜻으로 쓴다.(잠 29:9) 이 명사는 움직임이 없는 상태나(욥 36:16) 내면의 평화를 가리키기도 한다.(전 4:6; 6:50) 이 명사는 일곱 번 나온다.

흔히들 노아란 이름이 위로나 위안을 뜻하는 동사 '낙함' 에서 생겨났다고 하지만(창 5:29), 내가 보기에 노아란 이름은 동사 '누아흐' 에서 파생했을 가능성이 더 높다. 창세기 바깥에서는 역대지상 1장 4절에 나오며 종말의 때에도 홍수로 심판하지 않겠다고 약속하면서 노아를 언급한다.(사 54:9) 노아는 고래古來로 전설로 내려오는 의인이다.(겔 14:14, 20)

또 다른 파생 명사들은 '마노아흐' 와 '머누아흐' 가 있는데 쉬는 곳 내지는 안식처 내지는 쉼터를 뜻한다. '마노아흐' 는 더 이상 이동하지 않고 머무는 정주지를 가리킨다.(창 8:9; 룻 3:1; 참조. 신 28:65) '머누아흐' 에는 쉼터란 뜻도 있지만(미 2:10), 위로와 안식이란 뜻도 있다.(룻 1:9; 사 11:10; 삿 20:43; 슥 9:1) 이도 저도 아닌 경우도 나온다.(삼하 14:17)

방주가 물 위를 이리저리 떠다니다가 아라랏 산정에 걸려서 더 이상 떠돌지 않고 머물게 되었다. 그 날짜는 7장 11절과 마찬가지로 17일이다. 17이란 숫자는 야훼란 이름의 디지털 값을 합한 수치다. 더구나

'아라랏' 산은 고대 근동의 세계에서 하나님의 산으로 널리 알려져 있었다. 아라랏 산의 비장수秘藏數는 26이다. 그런데 26이란 숫자가 노아 홍수기에 나타나지는 않기 때문에 비장 수로 알려진 26이란 숫자는 성서를 읽는 데 별다른 의미를 부여해 주지 못한다.

창 8:5

5절의 동사 '하세르'는 3절에서 이미 언급한 것으로 '결핍하다/없다'란 뜻으로 물이 줄어들었다는 의미다. 노아 600년 10월 1일까지 물이 빠지고 있었다는 말이다. 비가 쏟아지기 시작한 시점은 노아 600년 2월 17일이었고(창 7:11), 그 해 7월 17일에 방주가 아라랏 산에 머물렀으며(창 8:4), 이어서 10월 1일까지 계속 물이 빠져 산봉우리들이 드러나기 시작했다. 이러한 연대기의 기술에는 모순된 점들이 드러나기에 홍수 발발에서부터 종결까지 날짜를 따져 보기로 하자.

비가 쏟아지기 시작한 날이 2월 17일이었다. 40일 동안 비가 내렸고(창 7:12), 또 40일 동안 비가 내렸다.(창 7:17) 하지만 이 두 번의 40일은 사실상 한 번의 40일을 가리킨다. 왜냐하면 창 7:12-24의 문단은 바로 앞의 문단을 다시 한 번 되풀이하는 반복 본문으로 간주해야 하기 때문이다. 그 후에 150일 동안 땅이 물에 잠겨 있었다.(창 7:24) 그런데 창세기 8장 3절에도 150일 동안 물이 줄어들었다는 언급이 나온다. 이 두 언급도 동일한 것으로 300일 동안 침수되어 있었다는 뜻이 아니라 150일 동안 땅이 물에 잠겨 있었다는 의미일 것이다. 그 이유는 위의 경우와 마찬가지다.

그 후에 7월 17일에 방주가 아라랏 산에 머물렀다. 그러므로 홍수가 시작되던 날부터 방주가 아라랏 산에 머물게 된 시점까지의 기간은

40일 + 150일 = 190일이었다. 이 기간은 한 달을 30일로 치자면 6개월 10일의 기간이다. 그러나 2월 17일에서 7월 17일까지의 기간은 딱 5개월에 불과하다.

이 난점을 해결하기 위해서 150일 동안 물이 땅에 넘쳤다는 진술을 다시 한 번 따져 보아야 한다. 150일이면 5개월이다. 40일은 이 150일 속에 포함된 것으로 이해해야 할 것이다. 40주야를 비가 땅에 쏟아진 것까지 합하여 150일 동안 물이 땅을 덮고 있었다. 창세기 8장 3절의 진술, '물이……물러가서 150일 후에 줄어들고'는 물이 차기 시작한 때부터 물이 빠지는 때까지의 기간으로 이해해야 할 것이다. 150일 후, 곧 7월 17일 이후로 2개월 15일이 지난 시점, 곧 10월 1일에 산봉우리들이 드러나기 시작했다는 말이다.

창 8:6-12

40일을 또 지나서 노아가 까마귀를 방주 밖으로 날려 보냈더니 그 까마귀는 땅에서 물이 빠질 때까지 날아 돌아다녔다고 한다. 까마귀가 힘도 센 모양이다. 첫 번째 시도는 실패하였다. 그 다음에 비둘기를 날려 보냈더니 이 비둘기는 발붙일 곳을 찾지 못하여 방주로 돌아왔다. 까마귀는 발붙일 곳을 찾았기에 영영 돌아오지 않았을까? 창세기 8장 7절을 보면 까마귀가 '물이 땅에서 마르기까지' 날아 다녔다고 한다. 까마귀가 비둘기보다 오래 날아다니는 새란 뜻인가? 8장 5절을 보면 산봉우리들이 드러났다고 보도하는데 그렇다면 비둘기가 발붙일 곳을 찾지 못했다는 보도는 어불성설이 된다. 마치 8장 7-9절은 5절의 진술을 전혀 모르고 있다는 어투다. 그러므로 창 8:1-5은 창 8:6-12의 문서와는 애초에 다른 문서자료였다고 이해할 수밖에 없다.

ICC(International Critical Commentary) 창세기를 주석한 스키너J. Skinner는 창 8:1, 2a, 3b-5을 P자료로 보고, 창 8:6-12을 J자료로 간주하였다. 그러나 나는 이보다 한 걸음 더 나아간다. 전자는 창세기 1장과의 친밀성을 보이는 점으로 미루어 오경의 최종 저자인 P의 솜씨로 간주하며, 후자는 pre-P일 것으로 본다. 내 생각에 그것은 D의 오경 초본에 있었을 것으로 추정한다. 이 초본 역시 많은 전승된 자료들을 토대로 신명기 학파가 작성한 신학서였을 것이다.

P 이전(pre-P)의 문서인 D가 제시하는 연대기는 자못 다르다. 40일 이후에 까마귀가 돌아오기를 기다린 한 주간을 합하여 도합 세 주간이 지나서 물이 줄어들었다는 이야기다. 10절이 '또 칠 일을 기다려서' 라고 진술하기 때문에 까마귀를 보내고 비둘기를 보낸 기간을 이레의 기간으로 보았음에 분명하다. D자료에는 본디 노아 600년 몇째 달 몇 일째라는 연대기 표시가 없었음을 알 수 있다. 오경의 최종 저자 P가 노아 600년 몇 달 몇 일이라는 연대기를 세웠을 것이다. 다시 말해서 D의 시나리오는 7일 비 - 40일 비 - 150일 침수 - 40일 물 빠짐 - 7일 완전히 빠짐의 교차법을 보여 주고 있었을 것이다. 그 후에 까마귀+비둘기 7일 - 비둘기 7일 - 비둘기 7일, 도합 21일이라는 안식일 모티프로 홍수기를 마무리한다. 그렇다면 D의 시나리오는 홍수의 기간이 도합 258일 걸린 것으로 구성되었을 것이다.

그러나 P의 연대기는 노아 600년 2월 17일부터 쏟아진 빗물이 노아 601년 1월 1일에 걷히고 동년 2월 27일에 땅이 말랐다고 보도한다. 도합 320일 가량의 기간이다. 이 연대기는 창 8:13-19의 뼈대를 이루는데 여기에 신명 엘로힘을 사용한다. 그러나 창 8:20-22은 신명을 야훼로 사용한다. 야훼란 신명의 사용은 pre-P의 솜씨이므로 후자의 문단을 D자료로 간주할 수 있다. 신명에 따라 문서 자료를 구분해 보면 pre-P 곧 D는 창 7:1-12; 8:6-12; 8:20-22에서 찾을 수 있을 것이다. 현재의 본문은 D에다가 P가 자신의 작문을 첨가한 결과물이다. P의 첨가문은 창 6:13-22; 7:13-23; 8:1-5; 8:13-19; 9:1-17으로 판단된다. 아무튼 창 8:6-12의 기초 본문이 D문서였다고 보고 본문을 하나하나 뜯어보기로 한다.

창 8:6

6절에 나오는 명사 '할로' 는 여기에 처음으로 나온 명사로서 창문이란 뜻이다. 이 명사는 34회 나온다. 벽을 뚫어서 낸 구멍을 가리킨다. 이 구멍은 건물에 공기를 공급하는 역할을 한다. 방주에도 공기구멍이 있었을 것인데 이것이 '할로' 다. 건물에 네모난 구멍을 내는데(왕상 6:4) 사람이 드나들 만큼 넓었다고 한다.(수 2:15; 삼상 19:12; 고후 11:33) 구멍을 나무로 막아 놓았어도(삿 5:28; 잠 7:6; 참조. 왕하 1:2) 사람이 들락거릴 수 있었다.(욜 2:9) 이 구멍으로 거리를 내다볼 수도 있었고 거리에서 건물 안이 보이기도 했다.(왕하 9:30-32)

창 8:7

7절에 '까마귀' 를 가리키는 명사 '오렙' 이 처음으로 등장한다. 동사구 '와예체 야보 와슈브' 는 왔다 갔다 왕래하는 동작을 가리킨다. 동사 '야차' 는 나가는 동작을 가리키고 동사 '슈브' 는 돌아오는 동작을 가리킨다. 나갔다가 들어왔다가 하는 동작은 '왕래하다' 란 우리말로 표현할 수 있다. 개역 성서는 '날아 왕래하였다' 고 번역했다. 이 번역어에서 '날다' 란 동사는 히브리어 원문에 없다. 이 동사구를 새번역은 '이리저리 날아다니기만 하였다' 라고 표현했다. 이 역시 원전에는 없는 '날다' 란 번역은 조금 지나치게 들린다. KJV는 kept going to and fro라고 번역하였고 RSV는 went to and fro라고 했다. 영어 역본들이 더 적절하게 보인다. 그러나 New Living Bible은 flew back and forth라고 하여 원문과 멀어졌다.

물이 땅 위에서 마를 때까지 까마귀는 이리저리 왔다 갔다 하였다. 이 진술에는 까마귀에 대한 부정적인 생각이 엿보인다. 까마귀는 노아에게 돌아올 줄 모르고 땅에서 물이 마를 때까지 내내 방황하기만 하였다. 까마귀는 아무런 도움이 되지 못했다. 여기에 처음으로 나오는 동사는 '야베쉬' 인데 그 뜻은 물이 땅에서 마르게 되는 상황의 변화를 표현한다. 이 동사는 14절에 두 번째로 사용되었는데 결국 노아 601년 2월 17일에 땅이 말랐다고 보도한다. 까마귀는 이듬해 2월 17일까지 공중을 선회하며 날고 있었다는 말이 된다.

동사 '야베쉬' 는 축축한 상태가 변하여 습기가 없이 뽀송뽀송하게 마른 건조한 상태로 변하는 상태의 변화를 나타낸다. 이 단어는 창세기 8장 7절에 처음으로 사용되었다. 이 동사에서 나온 명사형 '야바샤' 가 창 1:9-10에 나오는데 거기서는 '뭍' 으로 번역되어 있다. 이 동사와 동의어는 '하라브' 인데 8장 13절에 두 번이나 나온다. '하라브' 는 마르는 물 자체의 변화를 가리키지만 '야베쉬' 는 종종 식물의 건조함까지도 묘사한다. '야베쉬' 가 물 함유량이 줄어서 말라 버리는 식물이나 비가 오지 않아서 말라가는 땅의 변화를 표현하지만, 무엇보다도 신학적 의미를 더 강하게 전달하고 있다.

첫째, 이 동사는 두 가지 중요한 기적을 묘사하는데 야훼께서 홍수의 물을 말리셔서(창 8:7, 14) 지면을 마른 상태로 회복하신 재창조의 기적(창 1:9-10)과 홍해와 요단 강의 물을 말리셔서 백성이 마른 땅을 밟고 건너게 하신 구원의 기적을 묘사한다.(수 2:10; 시 74:15)

둘째, 하나님의 전능하심과 변개함이 없으신 한결같은 모습을 신학으로 표현한다.(욥 12:15) 홍해를 말리신 것처럼 다시 요단 강을 말리셨다.(수 4:23) 노아의 홍수를 말리신 사건이 이 구원 사건의 원조다. 또 하나님의 주권은 식물이나 땅을 말리시는 능력에서 드러나기도 한다.(사 40:24; 겔 17:24)

셋째, 하나님은 심판주이시다. 심판 받은 땅은 황폐해진다. 비를 주지 않으셔서 물이 다 말라 버린다. 주의 심판이 내린 곳은 모압(사 15:6), 이집트(사 19:5-7), 바빌로니아(렘 50:38; 렘 51:36), 이스라엘과 유다(렘 12:4; 사 42:15; 욜 1:20)다. 종말 때에 이스라엘은 마른 뼈같이 흩어진 상태로 있을 것이다.(겔 37:11) 하나님을 반대하는 자들은 사지가 마르는 심판을 받는다.(왕상 13:4; 슥 11:17) 하나님을 잊어버린 자는 말라빠진 식물처럼 멸망의 심판을 받을 것이다.(욥 8:12; 15:30; 18:16)

넷째, 인생의 연약함을 마른 풀에 견준다.(사 40:7-8) 덧없이 짧은 인생은 아침에 났다가 저녁에 말라서 죽는 풀에 비유할 수 있다.(시 90:6) 이와는 반대로 하나님의 말씀은 영원하다.(사 40:7-8) 메시아 시편에 '내 힘이 말라 질그릇 조각 같다' 는 표현이 나온다.(시 22:15) 사람의 고난과 죽음도 마른 풀에 비유된다.(시 102:4, 11; 욥 14:11) 지적 장애 환자를 가리켜 뼈가 말랐다고 표현하기도 한다.(잠 17:22)

이와 같이 신학의 뜻을 전달하는 동사 '야베쉬' 가 노아 홍수 이야기의 마지막 장면에서 두 차례나 거듭 사용되었다는 것은 의미심장한 현상이다.

창 8:8

8절은 까마귀 대신 비둘기를 내보내는 장면을 묘사한다. 비둘기는 '요나'다. 예언자 요나와 이름이 같다. 비둘기를 내보낸 목적은 땅에서 물이 줄어들었는지의 여부를 알기 위해서였다. 여기에도 처음으로 나오는 동사가 있는데 '가볍다/빠르다'란 뜻의 동사 '칼랄'이 그것이다. 어형은 '하칼루'인데 여기에 '하'란 접두사는 영어의 whether/if의 역할을 하는 불변화사particle다. 이 동사의 어법을 좀더 자세히 논해 보자.

동사 '칼랄'은 가벼운 성질을 가리킨다. 때로는 속도가 빠른 잽싼 동작을 가리키기도 한다. 이 동사의 기본 되는 의미는 낮아진 위치에 있는 것을 가리키는데 전문용어로 쓰여 저주하다란 뜻을 전달하기도 한다. 이 동사는 130회 나온다.

사람을 가리켜 '가볍다'라고 묘사한 경우가 여러 군데 있다. 하갈이 임신한 후 여주인 사라를 가볍게 여겼다.(창 16:4-5) 미갈이 법궤를 운반하면서 벌거벗고 춤추는 다윗을 보고 남편을 가볍게 보고 업신여겼다.(삼하 6:22, '천하게 보일지라도') 느헤미야는 이방 여인과 혼인한 자들을 공중 앞에서 저주하였는데 이때 이 동사를 사용했다.(느 13:25) 시편의 시인은 원수가 수치를 당하게 해달라고 기도하였을 때에도 이 동사를 사용했다.(시 62:4) 그 기본 되는 의미는 가벼움인데 저주하는 행위를 가리키기도 한다.

명사형으로 되면 '컬랄'이 되는데 '저주'란 뜻이다. 야곱이 어머니의 계책을 듣고 아버지의 축복을 받지 못하는 저주를 받을까봐 몹시 염려하였다.(창 27:11-12; 렘 24:9) 신명기 27장 13절에도 저주 선포의 문맥에 쓰였다. 대체로 축복과 저주를 선포하는 계약의 결문에서 저주를 표현할 경우에 대개는 동사 '아라르' 를 사용하기 마련이다.(신 11:26; 30:19) 저주의 말을 듣고 요시야는 회개하여 은혜를 입었다고 할 때 동사 '아라르' 를 사용하였다.(왕하 22:19; 렘 26:6)

이 동사에서 파생한 형용사는 '칼' 인데 속도가 빠르다란 뜻이 된다. 신속하고 민첩한 동작을 가리킨다. 야훼께서 심판하러 오실 때 빠른 구름을 타고 오신다.(사 19:1) 심판 날에 야훼께서 불신하는 백성을 신속하게 벌하신다.(욜 3:4)

이처럼 가볍게 여기다란 뜻에서 저주하다란 뜻 그리고 신속하다란 뜻에 이르기까지 여러 가지 의미를 지니고 있지만, 그 기본 되는 의미는 늘 '가볍다/줄어들다' 란 의미로 보면 되겠다. 이 단어가 성서에 처음으로 등장하는 창세기 8장 8절에서 바로 그런 뜻으로 사용되었다. 물이 땅 위에서 가벼워지므로 줄어들었다는 의미다. 노아는 물이 땅 위에서 줄어들었는지 여부를 알아내기 위하여 비둘기를 방주 밖으로 날려 보냈다.

창 8:9

9절의 문장에 재미있는 표현이 나온다. 방주 밖으로 날아간 비둘기가 발붙일 곳을 차지 못하였다. 히브리어 본문을 직역하면 '자기의 발바닥을 위한 쉼터를 발견하지 못했다' 가 된다. 여기에 '마노아흐' 란 단어가 사용되었는데 동사 '누아흐' 의 동명사형으로 '쉼터' 란 뜻이다. 그래서 비둘기는 방주에 있는 노아에게로 되돌아온 것이다. 까마귀는 노아에게로 돌아오지 않고 이리저리 돌아다니기만 하였지만 비둘기는 노아에게로 돌아왔다는 것이다. 여기에서 까마귀의 행위와 비둘기의 행위는 극명하게 대조된다. 까마귀는 돌아오지 않았지만 비둘기는 되돌아 왔다. 이 두 경우 모두 동사 '슈브' 를 사용했다.

동사 '슈브' 는 돌아온 탕자의 비유를 생각나게 하고, 범죄한 이스라엘에게 돌아오라고 회개를 외치는 예언자들을 상기시킨다. 까마귀와 비둘기의 대조법에 나타난 회개의 요청은 포로기 디아스포라의 신학으로서 신명기 사가의 사상이라고 판단할 수 있다. 현재의 본문에서 신명기 사가가 작성한 본문 자료들을 정확하게 구별해 내기란 불가능하다. 최종 저자가 신명기 사가의 본문 자료를 완전히 녹여서 자신의 언어와 신학에 맞추어 다시 작성하였기 때문이다.

9절의 문장은 되돌아온 비둘기를 영접하는 노아의 행동을 자세하게 묘사한다. 노아는 손을 내밀어서 비둘기를 받아서 방주 안으로 받아들였다. 여기에 동사가 세 가지나 동원되었다. 손을 내미는 동작으로 '샬라흐', 비둘기를 받는 동작으로 '라카흐', 방주로 들이는 동작으로 '보', 세 가지 동사로 표현했다.

창 8:10

10절에 동사구 '와약헬' 은 동사 '훌' 의 [와우+미완료형] 꼴이다. 동사 '훌' 에는 (1) 회전운동으로 소용돌이치는 동작, (2) 고된 노동에 시달려 몸부림을 치는 동작, 두 가지 의미가 있다. 그러나 이 동사는 문맥상 전혀 맞지 않다. 그래서 창세기 8장 12절의 동사구 '와이약헬' 을 잘못 표기한 것으로 추정할 수 있다. '와이약헬' 은 동사 '약할'의 [와우+미완료형] 꼴이다. 동사 '약할'은 '지체하다/기다리다/기대하다' 란 뜻으로 문맥에 잘 들어맞는다. 그러므로 10절의 동사구를 '와이약헬' 이라고 수정해야 할 것 같다.

동사 '약할'은 칠십인역에서 '엘피조마이' 로 번역되었다. 니팔형으로 세 차례 쓰였는데 '기다리다' 란 뜻이다.(창 8:12; 사 28:19; 겔 19:5; 참조. '희망하다', 겔 12:6; 욥 6:11; 13:15; 시 42:5, 11; 43:5; 71:14; 130:7; 131:3) 이 동사로 희망을 갖는 종말론을 표현하기도 한다.(사 51:5; 참조. 렘 29:11; 31:17; 미 7:7)

창 8:11

11절에 명사 '알레-자이트' 란 어구가 처음으로 나온다. '알레' 는 이파리를 가리키고 '자이트' 는 올리브 나무를 가리킨다. 또 형용사 '타라프' 가 후반절 초두에 나오는데 이것은 '찢다' 란 뜻의 동사 '타라프' 에서 파생한 형용사로서 어떤 열매를 금방 딴 상태를 가리킨다. 비둘기가 저녁 무렵에 금방 딴 올리브 나무의 이파리를 입에 물고 귀환했다. 이를 보고 노아는 물이 땅에서 줄어들고 있음을 알게 되었다. 물이 줄어들고 있다는 뜻으로 8절에서 이미 사용했던 동사 '칼랄' 이 다시 사용되었다.

창 8:12

12절은 칠 일을 더 기다렸다가 다시 날려 보낸 비둘기가 되돌아오지 않았다고 보도한다. 비둘기의 귀소본능은 잘 알려진 사실이다. 영영 돌아오지 않는 비둘기는 무엇을 의미하는가? 본문의 문맥으로는 땅에 물이 다 빠져서 비둘기가 방주가 아닌 곳에서 편히 살 수 있었음을 의미한다. 비둘기의 귀소본능이 이 이야기에는 아무런 역할도 하지 못한다. 처음에 날려 보냈던 까마귀는 아예 돌아오지 않고 무려 21일간 공중에서 날아 선회하고 있었다. 돌아오지 않는 까마귀와 돌아오는 비둘기의 대조법을 통하여 오경의 저자가 어떠한 신학을 독자에게 전달하려고 했는지는 확실하게 알 수 없다. 다만 회개의 신학과 관련하여 돌아오는 이스라엘과 돌아오지 않는 완고한 이스라엘을 까마귀에 암유暗喩하였을 수도 있다.

창 8:13-14

13절은 땅에서 물이 걷힌 연대를 표시한다. 노아 601년 1월 1일이다. 신년 축제의 전승과 새 계약의 신학 사상을 결합해 보려는 의도가 엿보인다. 여기에 처음으로 등장하는 동사는 '하라브' 다. 이것은 13절의 전반절과 후반절에 각각 사용되어 두 번 사용되었다. 이 단어와 철자가 같은 모양의 명사로는 칼(검)을 가리키는 '헤레브' 가 있는데, 그것은 창세기 3장 24절에 사용된 바 있다.(화염검) 하지만 이 동사와 명사 사이에는 아무런 연관성도 없어 보인다.

동사 '하라브' 를 상세히 살펴보자. 이것은 물이 없어 마른 상태를 가리킨다. 성서에 37회 나오는데 이사야서에만 12회 사용되었다. 물이 없어 바싹 말라 버린 사막이나 물을 말리는 뜨거운 햇살을 가리키기도 한다. 더 나아가 전쟁으로 폐허가 된 상태를 가리키기도 한다. 황량한 느낌이 난다. 대홍수가 난 후에 땅에서 물이 말라 노아의 가족과 생물들이 살아나긴 했지만, 그들이 살아가야 할 땅은 폐허로 둔갑해 버린 황량한 장면을 연상하게 된다. 이 동사는 다양한 문맥에 사용되었다. 삼손은 자신을 마르지 아니한 새 활줄 일곱으로 묶으면 더 이상 힘을 쓰지 못할 것이라고 거짓 정보를 준다.(삿 16:7) 기드온은 양피가 이슬에 젖는 것과 마른 현상을 보여 달라고 야훼께 요구하였다.(삿 6:37, 39-40, 호레브) '하라브' 에서 파생한 고유명사 '호렙' 은 사막이란 뜻이다.(사 48:21) 산헤립의 군사가 너무 많아서 그들이 강을 발바닥으로 밟자 강

물이 말라 버릴 정도였다고 한다.(왕하 19:24; 사 37:25) 욥은 강물이 바닥까지 말라 버리는 것을 죽음에 빗대고 있다.(욥 14:11) 전능하신 하나님은 바닷물과 강물도 마르게 만들 수 있다.(사 44:27; 50:2; 나 1:4) 하나님께서는 홍해의 물도 말리셨다.(시 106:9; 사 51:10) 유다가 야훼의 생수를 포기한 것을 보고 예레미야는 '하늘도 놀랄지어다' 라고 명하는데 이 말을 직역하면 하늘도 '바싹 말라 버리라' 가 된다.(렘 2:12)

동명사형 '호레브' 는 '마름' 이 아니라 열기나 더위를 가리키기도 한다. 야곱은 라반에게 '낮에는 더위와 밤에는 추위' 에 시달렸다고 불평했다.(창 31:40) 여호야김의 군대는 낮의 더위와 밤의 추위에 시달렸다.(렘 36:30) 욥은 '내 뼈가 열기로 말미암아 탔구나' 라고 탄식하였다.(욥 30:30) 구름이 해를 가려 낮의 열기를 식혀주듯이 야훼의 보호하심도 그러하다.(사 4:6; 25:4-5)

또한 '하라브' 는 이사야서와 예레미야서와 에스겔서에서 아시리아와 바빌로니아 군대의 침략으로 황폐해진 상태를 가리키기도 한다. 이 단어가 히필 분사형으로 사용되어 블레셋을 분쇄하는 삼손의 행동을 묘사한다.(삿 16:24) 느헤미야가 예루살렘에 귀환했을 때 성읍이 여전히 폐허 상태로 방치되어 있음을 보고 슬퍼했다.(느 2:3, 17) 그러나 에스라는 유대인들이 성전을 보수하도록 허락하신 하나님의 은혜에 감사를 한다.(스 9:9) 하지만 학개는 성전을 재건하려는 유대인들의 열정이 식어가는 것을 보고 야훼의 집이 폐허 상태('하레브')에 그대로 머물러 있다고 탄식하면서 그들을 꾸짖었다.(학 1:4, 9) 야훼께서 그 땅에 가뭄('호레브')을 보내실 것이다.(학 1:11)

야훼께서 백성이 우상숭배에 빠지면 황폐하게 될 것이라고 경고했다.(레 26:31, 33) 불순종하고 우상을 섬긴 이스라엘과 유다는 파멸했다.(암 7:9; 렘 7:34; 22:5; 25:9; 겔 6:6) 유다는 70년간 황폐했다가(렘 25:11) 결국 회복할 것이다.(겔 12:20; 습 3:6-7) '사람도 없고 주민도 없고 짐승도 없는' 황폐한 땅에 다시 환희의 소리가 들릴 것이다.(렘 33:10) 황폐하던 도성들에 사람의 무리들이 가득할 것이며(겔 36:38), 황무지가 에덴동산같이 피어날 것이다.(겔 36:35) 그러나 이사야는 하나님이 심판하시면 그것이 다시 회복될 것임을 선포했다. 야훼께서 멸망한 예루살렘을 다시 일으키시고(사 44:26) 다시 주민이 늘어나게 하실 것이다.(사 49:19) 야훼께서 시온의 폐허를 수리하시고 에덴으로 바꾸실 것이다.(사 51:3) 예루살렘의 폐허는 재건될 것이므로(사 58:12; 61:4) 즐거이 노래를 부르게 될 것이다.(사 52:9) 아시리아의 수도 니느웨는 멸망을 당하여 그 문턱이 적막하게 될 것이다.(호레브, 습 2:14) 니느웨가 멸망하여 새들과 짐승들이 거처하는 황무지가 될 것임을 묘사하는 '호레브'는 불가타와 칠십인역 성서에서 '코라케스'라 번역되었다. 이것은 영어 역본에서 raven 내지는 bustard라고 번역되었다.

호렙 산은 시내 산을 가리키는 별칭인데 동사 '하라브'에서 파생한 고유명사로서 황폐한 지역을 가리킨다. 성서에 17회 나오는데 신명기에서만 9번 언급되었다. 그래서 출애굽기 3:1; 17:6; 33:6의 호렙은 신명기 사가의 솜씨일 확률이 높다. 반면에 시내 산이란 명칭은 P의 용어일 것이다. 어떤 구절들에서는 호렙이 시내 산보다 더 넓은 지역을 가리키기도 한다.(신 4:10; 9:8; 18:16) 모세는 호렙 지역에서 바위를 쳐서 물을 내었다.(출 17:6) 그 후에 이스라엘은 시내 산에 당도하는데 거기서는 물을 내지 않았다.(출 19:1)

호렙이나 시내 산의 위치로 제시된 네 가지 학설이 있다. (1) 아카바만의 동남부 미디안 지역에 있는 화산 지역 알-흐로브, (2) 가데스바네아에서 서쪽으로 50킬로미터 가량 떨어진 산 여벨 엘-할랄, (3) 수에즈에서 동남쪽으로 350킬로미터 가량 떨어진 산 비쉬르(높이 600미터), (4) 시나이 반도 남부에 있는 세 가지 산들 중의 하나일 것이라는 의견들이 있다.

호렙에서 가데스바네아까지 열하룻 길이었다.(신 1:2) 엘리야는 도망치는 길에서 사십 일 밤낮을 걸어서 호렙 산에 다달았다.(왕상 19:8) 이 두 언급으로 미루어 호렙 산은 시나이 반도 남부 지역에 있었을 것으로 추정되는데 바란 광야는 지금의 와디-페이란일 것으로 보인다. 호렙/시내 산으로 보이는 시나이 반도 남부의 산봉우리들로서는 (1) 에우세비우스가 언급한 바 있는 여벨 세르발(약 2,050미터), (2) 넓은 평원 지대에 우뚝 솟아 있는 라스 에스사프사페(약 2,022미터), (3) 6세기 유스티니아누스가 세운 성 카타리나 수도원이 있는 여벨 무사(2,210미터)가 있다. 호렙에서 이스라엘은 금송아지를 제작하였다.(출 32:1-6; 시 106:19) 솔로몬은 두 돌판이 들어 있는 법궤를 안치하였는데 이 법궤는 왕년에 모세가 호렙에서 만든 것이었다.(왕상 8:9; 대하 5:10) 이스라엘은 호렙에서 모세가 받은 야훼의 법을 항상 기억하고 있어야 한다.(말 4:4) 그런데 동사 '하라브'에서 파생한 명사 호렙은 그 바탕의 뜻이 황폐한 장소란 뜻이다. 하나님께서 현현하신 장소가 기름진 들판이나 찬란한 문명의 도성 한가운데가 아니라 황무한 땅의 험산 준령이라는 데에는 깊은 신학적 성찰이 있다. 그것은 현상의 문명에 대한 강력한 거부감을 표현하고 있다.

명사 '호르바'나 '하르바'는 마른 땅 황무지를 가리킨다. 단 두 구절(창 7:22; 학 2:6)만 제외하면 모든 구절에서 하나님이 기적으로 개입하시면 마른 땅이 조성된다. 홍해의 물을 말리시고 마른 땅을 만드셨고(출 14:21), 요단 강물을 말리시고 마른 땅을 만드셨으며(수 3:17; 4:18; 왕하 2:8), 나일 강을 말리셨다.(겔 30:12) 이 모든 경우에 '하라바'란 단어를 사용했다. 또 다른 명사 '헤라바'는 더위나 가뭄을 가리킨다. 시편 32편 4절에 단 한 차례 나온다.

동사 '하라브'는 13ㅎㅎ절에 다시 나온다. 전반절에서는 '땅('에레츠') 위에서' 물이 말랐다고 표현되어 있지만, 후반절에서는 '흙('아다마')의 표면'이 말랐다고 표현되어 있다. 흙이 황무한 상태로 돌아갔다. 노아의 대홍수를 겪은 후에 땅은 창세기 2장 5절이 묘사하는 시원의 상태로 되돌아갔다. 지금까지 땅에서 일으키시는 하나님의 모든 창조 사역이 원점으로 돌아가고 말았다. 창세기 2장 5절에도 전반절에 '에레츠'가 쓰였고 후반절에 '아다마'가 쓰였다. 이처럼 창세기 8장 13절은 2장 5절과 비슷한 수사법을 보여 주고 있다. 이제 노아가 새 아담이 되어서 하나님과 더불어 땅에서 계속 창조의 사역을 수행하며 흙을 섬기고 지키는 사명을 감당해야 한다.(창 2:15)

노아는 방주의 뚜껑을 제치고 땅을 보았다. 여기에 낯선 어구 '와야사르'와 '미크세'가 나온다. '와야사르'는 동사 '수르'의 미완료 계속법이다. '미크세'는 동사 '카사'에서 파생한 동명사로서 뚜껑을 뜻한다. 이 두 단어는 모두 이 구절에 처음으로 등장하였다. 이 두 단어를 숙지하려면 먼저 동사가 나타나는 구절들을 일일이 살펴보아야 한다.

동사 '수르'는 성서에 191회 나온다. 어떠한 행위를 돌이키거나 어떤 장소에서 떠나는 동작이나 어떤 곳으로 물러가는 동작을 가리킨다.(출 3:3-4; 삿 4:18; 룻 4:1; 민 12:10) 떠나는 동작에는 영적인 의미가 담겨 있다. 삼손은 야훼께서 자신을 떠났다는 사실을 전혀 눈치 채지 못하였다.(삿 16:20) 야훼께서 사울을 떠났다.(삼상 16:14; 28:16) 이스라엘의 백성과 지도자들은 여로보암의 죄에서 떠나지 않았다.(왕하 10:31; 13:2, 6, 11; 14:24; 15:9, 18, 24, 28; 17:22; 참조. 3:3) 하나님은 예루살렘 백성의 마음이 하나님에게서 떠났음을 보셨다.(겔 6:9) 불행히도 주님을 따르는 데서 떠나지 않은 사람들은 극히 드물었다.(왕하 18:6) 이 '떠나다' 란 동사는 종종 이스라엘의 우상숭배를 가리켜 사용되었다.(출 32:8; 신 9:12; 11:16) 떠나지 않는 자는 야훼 앞에서 굳건히 서있다.(왕상 22:43) 요시야는 좌우로 치우치지 아니하였다.(왕하 22:2; 신 2:27; 5:32; 수 1:7)

이 동사가 히필형으로 쓰이면 '제거하다' 란 뜻이 된다. 아사 왕은 자기의 어머니 마아가가 계속 우상을 숭배하자 그녀를 태후 자리에서 제거한다.(대하 15:16) 히스기야는 우상숭배의 장소와 제사를 제거한다.(왕하 18:4; 대하 30:14) 하나님의 백성은 영적으로 해로운 물건들, 곧 이방신들(창 35:2), 모든 악한 것들(사 1:16), 포도주(삼상 1:14), 거짓된 길(시 119:29), 그리고 잘못된 예배(암 5:21-23)를 제거해야 한다.

이 동사는 지혜문학에도 자주 나온다. 하나님의 명령대로 악인은 결국 망하게 되어 있다.(욥 15:30) 반대로 경건한 지혜와 야훼의 경외는 죽음의 덫을 피하게 한다.(잠 13:14; 14:27) 이 점을 젊을 때부터 철저히 깨달아서 일생 동안 지켜야 한다.(잠 22:6) 하나님의 명령을 저버리고 떠나지 말고 야훼를 경외하여 악에서 떠나는 것이야말로 현명한 행동이다.(잠 3:7; 16:6, 17; 욥 28:28; 시 34:14; 37:27)

이 동사의 명사형은 '사라' 인데 떠남/반역이란 뜻이다. (1) 도덕적 결함이나 법률적 위반(신 19:16), (2) 하나님을 버리고 멀리 떠남(신 13:5; 사 31:6; 59:13; 렘 28:16; 29:32)을 가리킨다.

창세기 8장 13절에서 이 동사는 히필형으로 사용되어 노아가 방주의 뚜껑을 제거하는 행위를 묘사한다. 뚜껑이란 명사는 동사 '카사' 에서 파생했다. 이 동사는 '감추다/덮다/숨기다/가리다' 란 뜻이다. 그래서 '용서하다' 란 뜻으로 쓰일 때도 있다. 성막의 윗덮개를 가리키는 '카수이' 란 명사를 파생하기도 한다(민 4:6, 14) 다른 명사형 '커수트' 와 '미커세' 와 '머카세' 는 덮개/뚜껑을 가리킨다. 동사 '카사' 는 보통 '덮다' 를 의미하는데 개구리가 이집트 땅을 덮었을 때 이 동사를 사용하였다.(출 8:6) 구름 기둥이 성막을 덮었다.(민 9:16) 대부분의 경우 '감추다' (창 37:26; 잠 10:18) 내지는 '압도하다' 란 뜻으로 쓰인다.(잠 10:6, 11) 이 동사는 창세기 7장 19-20절에서 산들이 물에 '잠기는' 상황의 변화를 표시한다. 히브리어 본문에는 물에 잠기는 변화보다는 다만 산들이 시야에서 사라져서 보이지 않는 변화를 지시한다. '숨기다' 란 의미에서 '용서하다' 란 뜻도 발전해 나왔을 것이다.

시편 32편 1절에서 동사 '카사' (덮다)는 동사 '나사' (용서하다)와 평행을 이룬다. 시편 85편 2절도 이와 매우 비슷하다. 느헤미야기 4장 5절에도 이와 비슷하게 '막하' (지우다)란 동사와 평행을 이룬다. 잠언 17:9; 28:13에서도 '감추다' 란 뜻으로 쓰였을 것이다. 그 반대말은 '고백하다' 라든가 '널리 알리다' 가 될 것이다. 용서한다는 의미는 동사 '카파르' 가 더 잘 표현한다고 볼 수도 있다. 이 동사도 '덮다' 란 뜻이다. 제사는 죄를 덮는다. 그러나 예수의 십자가에서 모든 죄가 사함을 받게 된 것은 실상 소나 염소의 피로 죗값을 치룰 수 없었기 때문이었다. 적어도 '나사' (제거하다)나 '막하' (지우다)나 '살라' (용서하다) 같은 동사들이 죄의 용서라는 관념을 더 적확하게 표현한다(시 103:3, 11-12)

명사형 '커수트' 는 '덮개' 란 뜻이다. 대부분 옷을 가리킨다. 창세기 20장 16절에는 '눈의 가리개' 란 뜻으로 쓰였는데 개역 성서는 '수치를 가리다' 라고 번역했다. 또 다른 명사형 '미크세' 도 덮개를 가리키는데 이 명사는 대체로 성막을 덮는 가죽을 가리킨다. 노아의 방주를 덮는 덮개를 가리켜서 단 한 차례 쓰였을 뿐이다. 노아는 방주 지붕을 동물 가죽으로 이었다. 방주에 물이 새지 않게 보호하였다는 뜻일 수도 있다. 그래서 창 8:13ㅎㅅ의 문장 '와야사를 노아흐 에트-미커세 하테바'를 '노아가 방주의 덮개를 제거하였다'라고 직역할 수 있다.

'와야르 워힌네'는 눈으로 보니 놀라운 광경이 펼쳐져 있었음을 표현한 수사법이다. '힌네'는 '보라!'란 감탄사다. 직역하자면 '보라! 그는 보았다'가 된다. 하나님께서 물을 마르게 하셔서 마치 홍해나 요단강이 말라 버렸듯이 땅에서 모든 산을 뒤덮었던 물을 하나님께서 말리셨다는 경탄을 표현한 기법이다.

14절은 다시 연대기를 표시한다. 그 해 2월 17일에 마침내 땅이 말랐다고 한다. 말랐다는 동사로 '야베쉬'가 쓰였다. 이 동사는 창세기 8장 7절에 처음으로 나왔으며 14절에는 두 번째로 나온 것이다. 명사형은 창세기 1장 9-10절에 두 차례 나왔다. 동사 '야베쉬'가 일정한 신학의 뜻을 전달하고 있다는 사실은 위의 7절을 주석했을 때 분명하게 드러났다. 여기에 무슨 신학이 표현되어 있는가?

노아 홍수로 인해서 물이 범람하였지만 물이 마르고 난 다음에 땅은 이제 창조의 원래 모습으로 돌아갔음이 드러났다. 심판 후에 땅은 창세기 2장 5절에 묘사된 황무한 상태로 돌아갔다. 창조 이래 하나님께서 사람과 더불어 일구신 사역은 인간의 죄 때문에 만사휴의萬事休矣로 돌아가 버렸다. 하나님의 심판을 받은 결과, 땅은 처참하게 황폐해졌다. 창세기 2장 5절에는 땅에 비가 오지 않았고 땅을 섬길 사람도 없었기 때문에 땅에 초목이 아직 다 나지 않았다고 했다. 그러나 홍수 심판 후에는 땅이 혼돈하고 공허한 상태로 돌아가 버렸다.(창 1:2, '토후 와

보후') 그러나 심판을 통해 땅을 정화하신 하나님께서 이제부터 다시 땅의 창조를 위해서 계속 일에 착수하실 것이다. 이 작업에 동참할 일꾼으로 노아가 부름을 받았다. 이제부터 새 출발이다.

7. 새 창조를 위한 새 계약(창 8:15-9:17)

창 8:15-9:17은 하나의 통일된 문단이다. 이 문단은 아래의 네 가지 단락으로 구분할 수 있다.

(가) 창 8:15-19 방주에서 나와 하나님의 복을 받음

(나) 창 8:20-22 번제/다시 멸하지 아니하리라

(다) 창 9:1-7 방주에서 나와 하나님의 복을 받음

(라) 창 9:8-17 무지개/홍수가 다시 있지 아니하리라

(가)는 (다)와 평행되고 (나)는 (라)와 평행되는 이중으로 중첩되는 짜임새가 드러난다.

창 8:15-19

심판이 끝나고 새 창조가 시작되었다. 15절은 하나님의 말씀이다. 하나님의 새 창조가 시작되었음을 알린다. 동사 '다바르'가 사용되었다. 창세기 1장에는 동사 '아마르'가 쓰였으나 새 창조의 사역에는 동사 '다바르'가 사용되었다. 동사 '다바르'는 십계명의 첫 문장에 나오고 또 명사형 '더바림'으로 나온다. '다바르'는 하나님의 계명을 의미한다. 즉 새 창조는 하나님의 계명으로 수행된다. '다바르' 동사로 시작된 15절은 동사 '아마르'로 마무리된다.

16절은 명령법 동사로 시작된다. '체'는 동사 '야차'의 명령형이다. 노아와 아내와 아들들과 며느리들은 방주에서 바깥으로 나가야 한다. 방주 밖으로 나가서 폐허가 된 땅을 다시 아름답게 가꾸는 일에 종사해야 할 참이다.

17ㅈ절의 '너와 함께 한 모든 혈육 있는 생물 곧 새와 가축과 땅에

기는 모든 것을 다 이끌어 내라'에서 동사 '하여체'는 '야차' 동사의 히필 명령형이다.(이끌어 내라) 히브리어 본문의 커티브는 '호체'다. 그리고 후반절에서 다시 동사 '샤라츠'의 명령형이 와우 계속법 '워샤르추'로 표현된다. '샤라츠'는 우글거릴 정도로 수효가 많아지는 변화를 뜻한다. 이 동사는 창세기 1장 20-21절에 언급되었고 이어서 7장 21절에 두 차례 나왔다. 개역 성서는 1장 20-21절에서는 '번성하다'라고 번역했지만 7장 21절에는 땅에 '기는'이라고 번역하여 '샤라츠'가 아니라 '라마스'로 읽었음을 알 수 있다.

노아 홍수 이후에 하나님께서 다시 축복해 주시는 창 8:17ㅎ의 문장에 이어서 동사 '샤라츠'는 창 9:1, 7에도 연하여 반복 언급되어 도합 세 차례 등장한다. 이 축복문의 문장들에는 창세기 1장 20-22절에 사용한 단어들을 총망라하여 사용하고 있다. 창세기 8장 17절에는 '샤라츠', '파라', '라바', 세 가지 동사가 동원되었지만, 9장 1절에는 동사 '말레'(충만하라)가 추가로 나오고, 9장 7절에는 8장 17절과 동일한 동사들이 사용되었다. 창세기 1장 19-22절에 사용된 동사도 이 네 가지 동사와 일치하고 있다. 노아의 새 언약 이야기를 저술한 저자는 창세기 1장의 이야기를 숙지하고 있는 분이었다.

18절은 노아와 그 일행이 방주에서 나왔음을 보도한다. 19절은 17절의 생물 목록을 반복하면서 이들도 방주에서 나왔다고 보도한다. 그런데 19절에 새로운 단어가 추가되었다. '미쉬파하'란 명사가 처음으로 여기에 나왔다. 이것은 열두 지파를 가리키는 단어로 가장 자주 언급되는 명사다. 그 정확한 의미는 영어의 family에 해당한다. 사람에게 적용하면 문중門中이 될 것이고 동물에게 적용하면 종種이 될 것이며 사물에 적용하면 동질의 종류가 될 것이다. 각 생물이 그 종류('미쉬파하') 별로 방주에서 나왔다는 표현은 하나님과 새 언약을 맺을 대상이 이스라엘의 문중(지파)이며 이스라엘의 열두 지파는 곧 지상에 있는 모든 생물을 대표하고 있음을 넌지시 암시하고 있다.

창 8:20-22

20절은 노아가 제단을 쌓은 장면으로 시작한다. '노아가 여호와께 제단을 쌓고 ~.' 여기에 동사 '바나'가 창세기 2:22; 4:17에 이어서 세 번째로 등장하였다. 야훼께서 아담에게서 갈빗대를 하나 취해서 여자를 만들었을 때 취하신 동작을 이 '바나' 동사가 맨 처음으로 표현한 바 있다. 그리고 가인이 에녹 성을 쌓는 동작은 이 동사가 두 번째로 나와 표현하였다. 세 번째로 사용된 이 구절에서는 노아가 제단을 쌓은 행위를 묘사한다.

또 20절에 제단을 가리키는 '미즈베아흐'란 명사가 처음으로 나오는데 문장 앞과 뒤에 두 번 등장한다. 이 명사는 동사 '자바흐'에서 파생하였다. 이 동사는 주로 동물을 희생제물로 바치는 제사 행위를 가리킨다. 먼저 이 동사부터 이해해야 한다.

동사 '자바흐'는 대부분 칼형으로 쓰이지만 19회는 피엘형으로 사용되어 산당에서 드리는 우상 제사를 지칭한다.(호 11:1; 왕하 12:3) 이 중에 세 번은 솔로몬이나 히스기야의 제의를 가리킨다.(왕상 8:5; 대하 5:6; 30:22)

이 동사에서 '제바흐'란 명사가 나왔는데 희생제물을 가리킨다. 주로 제물을 가리키는데(시 40:6) 번제물을 가리키기도 한다.(출 10:25; 삼상 6:5) 흔히 화목제물과 함께 연계형으로 나오지만(제바흐 셜라밈, 참조. 레 3:1; 17:5), 가끔은 화목제물과 완전히 구별되어 사용하기도 한다(민

15:8; 수 22:27) 명사 '제바흐' 는 종종 동사 '자바흐' 의 여격 목적어로 쓰인다. 그러나 희생제물은 동사 '아사' 의 목적어로 나오기도 하고(make, 민 6:17; 왕상 12:27), '보오' 의 히필형 동사의 목적어가 되기도 하며(bring, 암 4:4; 신 12:6), 또는 동사 '카라브' 의 목적어로 나오기도 한다.(bring near, 레 7:11) 그러나 우리말로 번역할 때는 모두가 '드리다/바치다' 라고 번역하여 히브리어 동사들이 지니는 어감의 차이가 드러나지 않는다는 점을 유의해야 할 것이다.

또 다른 명사형 '미즈베아흐' 는 제단을 가리킨다. 희생제물을 올려놓는 장소다. 성서에 401회 나오는데 주로 오경과 역사서에 쏠려 있다. 제단은 돌로 쌓은 석단(수 8:31), 흙으로 쌓은 토단(출 20:24), 나무에 놋을 입힌 제단(출 38:1), 나무에 금을 입힌 제단(출 30:1-6)이 있다. 제단에 명칭을 붙여 부르기도 한다. 세겜에 있는 야곱의 제단은 '엘 엘로헤이 이스라엘' (창 33:20), 르비딤에 있는 모세의 제단은 '야훼 니시' (출 17:15), 오브라에 있는 기드온의 제단은 '야훼 샬롬 '(삿 6:24)이라 불렸다. 제단을 불법화하는 구절들도 많은데 종종 주상(출 34:13)이나 산당(왕하 23:15)과 관련되었을 때 그렇다.

노아가 제단을 쌓고 그 위에 정결한 동물을 골라서 제물로 바쳤다는 이야기는 성서에 처음으로 드린 제사 의식이다. 이후로 많은 제사 의식에 관한 이야기가 나온다. 가인과 아벨이 예물을 드린 이야기(창 4:3)에는 '미츠베아흐' 나 '제바흐' 와 같은 용어는 나오지 않고 예물을 가리켜 '민하' 란 용어가 사용되었을 뿐이기 때문에 그들이 정식으로 제사 의식을 갖추어 제사를 드렸다고 보기는 어렵다. 따라서 노아가 제사 의식을 치른 최초의 사람이었다. 하나님께서 사람에게 제사를 지내라고 명한 적은 아직 없었다. 사람들이 저마다 편리한 대로 자기중심으로 제사를 지냈는데, 그 가운데서도 아벨과 같은 특정한 사람들은 하나님의 마음을 잘 헤아려 하나님 중심으로 제사를 지내기도 했다. 아벨은 양의 첫 새끼와 기름을 바쳐서 하나님을 기쁘게 한 최초의 사람이었다.(창 4:4) 노아는 바로 그러한 하나님 중심의 제사를 정식으로 격식을 갖추어 드린 최초의 사람이었다. 오경의 저자는 이러한 이해를 바탕에 깔고 창조 이야기를 저술하였다.

아브람은 가나안 약속의 땅에 도착하여 세겜에서 처음으로 제단을 쌓아 야훼를 예배하였다.(창 12:7-8) 이삭과 야곱은 브엘세바와 베델에 제단을 쌓았다.(창 26:25; 35:7) 아브라함은 독생자 이삭을 모리아 산에서 제단 위에 놓고 제물로 바치려 했으나 야훼께서 그 대속물로 숫양을 미리 준비해 두셨다.(창 22:13, '아일') 유월절 어린양을 맏아들 대신에 바치는 제사도 이와 같은 의미를 지닌다.(출 12:27) 야곱은 라반과 계약을 체결할 때 제사를 드렸다.(창 31:54) 계약의 식사는 우정이 변하지 말기를 바라서 나누었다. 이스라엘이 야훼 하나님과 언약을 맺을 때 모세는 시내 산 기슭에 한 제단을 쌓고 번제와 화목제를 드렸다.(출 24:4-5) 시편 50편 5절은 '제사로 나와 언약한 이들'에 대해서 언급한다.

시내 산에서 성막을 지으라는 규정 중에 제단법과 제사법이 나온다. 동물 희생제물을 바칠 제단은 놋 제단 또는 번제단이었다. 2.3제곱미터 넓이에 높이는 1.4미터이고 아카시아 나무에 놋을 입혔다.(출 38:1-2) 불집게 등 여러 가지 기구들이 따랐다.(출 30:28; 35:16) 제물은 제단 위에서 태웠으며 제사장은 피를 제단 뿔에 바르고 나머지는 제단 밑에 부었다.(레 4:7, 25) 이 제단을 성막 문 앞뜰에 두었다.(출 40:6)

분향단 내지는 금향단이라 불리는 제단도 있었다.(출 39:38; 40:5) 가로 45, 세로 45센티미터의 넓이에 높이도 45센티미터의 크기였으며 네 귀퉁이에 뿔이 달렸고 금으로 입혔다. 그것도 아까시나무로 만들어 금을 입혔다.(출 30:1-6) 속죄 제물의 피는 이 제단의 뿔에 발랐다.(레 4:7) 향긋한 냄새 때문에 이 제단은 지성소 휘장 앞의 성소에 안치되었다.

번제단을 정결케 해야 회막 전체가 정결해진다.(출 29:44) 피를 제단 위에 뿌려서 속죄한다. 대속죄일에는 지성소를 위하여 속죄한다.(레 16:20, 33; 참조. 8:15) 제단을 봉헌하는 예식도 있는데 이때 제물은 특별히 준비해야 하고(민 7:10, 11), 제단은 기름으로 발랐다.(출 40:10) 아론과 그 아들들이 제사장으로 임직했을 때, 기름을 제단에 일곱 번 뿌렸다.(레 8:11)

솔로몬 왕은 가로 세로 9 x 9미터의 넓이에 높이 4.5미터의 번제단을 쌓았다.(대하 4:1) 이처럼 거대한 제단도 성전 봉헌식 때 제물을 드리기에 비좁았다.(왕상 8:54; 대하 7:12, '제사하는 성전') 솔로몬의 후예들이 제단을 무시한 경우가 왕왕 있었다. 그러나 아사(대하 15:8)나 히스기야(대하 29:18)처럼 착한 왕들도 있어 제단을 정결하게 하기도 하였다. 아하스는 제단을 다메섹의 제단 모양을 본떠서 다시 만들기도 하였다(왕하 16:14-15) 웃시야도 스스로 제사장을 자처하여 향단 위에 향을 태웠다.(대하 26:16)

여호수아는 에발 산에서 자연석으로 제단을 쌓아 하나님과 계약을 갱신하였다.(수 8:31) 요단 강 동편에 정착한 지파들은 기념으로 특별한 제단을 쌓았는데 번제나 희생제물을 드리려고 쌓은 것이 아니라 기념하려고 만들었다.(수 22:11, 26) 다윗은 모리아 산에 제단을 쌓았다.(삼하 24:25) 엘리야는 각 지파에 하나씩 열두 지파를 의미하는 돌 열둘을 취

하여 갈멜 산에서 야훼의 제단을 보수하였다.(왕상 18:30-32)

제단 뿔은 살인자의 도피처로 생각되었다.(출 21:14) 아도니야는 제단 뿔을 잡았기에 솔로몬이 그 목숨을 살려 주어야만 했다.(왕상 1:50-51) 그러나 요압이 제단 뿔을 잡았을 때에 솔로몬은 그를 가차 없이 끌어내어 죽였다.(왕상 2:28)

이스라엘은 희생제사를 중시하다가 마침내 겉치레에 빠지고 말았다. 하나님께서는 기름을 태우고 피를 쏟는다고 해서 자동으로 은총을 입지는 못한다고 경고하신다. '순종이 제사보다 나으며' (삼상 15:22) 하나님께서는 인애를 원하고 제사를 원치 않는다.(호 6:6) 위선으로 드리는 제사는 하나님께서 역겨워하시는 것이다.(사 1:11) 의와 정의가 제사보다 더 중요하다.(잠 21:3) 마음이 하나님께 올곧게 향해 있어야 제사가 열납되고 기쁨이 된다.(느 12:43) 상한 심령으로 감사를 드리는 제사가 하나님을 기쁘시게 한다.(시 50:14, 23; 51;17)

불행하게도 이스라엘은 이방의 우상 제사로 이끄는 유혹에 끊임없이 시달렸다. 하나님은 가나안의 제단을 무너뜨리고 주상을 다 파괴하라고 경고하셨다.(출 34:13; 신7:5) 그러나 이스라엘은 하나님의 제단을 헐어 버리고 예언자들을 죽였다.(왕상 19:10) 약속의 땅에 막 들어가려는 시점에서 이스라엘은 모압의 신들을 섬기도록 초청을 받아서 우상을 섬기다가 징벌을 받았다.(민 25:2ㄸ) 팔레스타인에서 이스라엘은 급속히 바알 숭배에 빠져서 가나안의 신을 위해 제단을 쌓고 신전을 건축하였다.(삿 6:30: 호 11:2; 왕상 16:32) 혁명가 예후는 아합이 섬기던 바알 종교를 혁파하였다.(왕하 10:19) 요시야는 바알의 제단을 헐고 일대 종교개혁을 감행하였다.(대하 34:4, 7) 여로보암 1세는 벧엘에 제단을 쌓고 금송아지를 숭배하였다.(왕상 12:32) 요시야 시대(주전 621년경)까지도 이 제단이 허물어지지 않고 그대로 있었다.(왕하 23:15) 아하스도 다메섹의 신들에게 제사를 지냈고(대하 28:23), 아몬은 므낫세의 '새긴 우상'에게 제사를 지냈다.(대하 33:22, '하퍼실림')

성서에는 흔히 산당을 정죄하는데 이곳은 백성이나(왕상 22:43) 왕(왕하 16:4)이 향불을 피워 올리던 장소였다. 비록 이 산당이 성전을 건축하기 이전의 시대에 이스라엘이 어쩔 수 없이 사용해야 했던 제사 장소였다고는 하지만(참조. 대하 1:3), 이곳에서 바알이나 금송아지를 숭배하는 경향이 있었던 것이다.

가나안 제사 중 더러는 악마에게 제물을 바치는 경우도 있었다.(레 17:7; 신 32:17) 우상에게 아이를 제물로 바치기도 했다.(시 106:37-38) 그처럼 흉악한 제사를 지냈기에 온 민족이 하나님의 심판을 당하게 되었다.(겔 16:20-21)

동사 '자바흐'나 명사 '제바흐' 같은 단어는 제사를 드리기 위해서 희생동물을 잡는 행위를 가리키지만, 때로는 희생제사와 무관하게 동물을 도살하는 행위를 가리키기도 한다. 이스라엘에 동물을 도살하는 것이 허용되었고 성읍에서 고기를 먹어도 괜찮았다.(신 12:5, 21) 아합은 양과 소를 엄청나게 많이 잡아서 여호사밧과 그 시종들에게 진수성찬을 제공했다. 엘리사는 농사를 버리고 엘리야를 따라나섰는데 그때 소 두 마리를 잡아서 이웃들과 나누어 먹고 고향을 떠났다.(왕상 19:21)

'자바흐'는 '희생제물을 드리다'란 의미와 '도살하다'란 의미가 결합되어서 하나님의 심판을 의미하기도 한다. 요시야는 산당에서 제사를 지내는 제사장들을 '죽였다.'('와이즈바흐', 왕하 23:20; 참조. 왕상 13:2) '죽였다'란 표현을 위하여 동사 '자바흐'를 사용하고 있다. 야훼의 날에 왕과 그 군대가 파멸할 터인데 이때 '자바흐'란 동사를 쓴다. '희생의 날' 이 이스라엘(습 1:7-8)과 이집트(렘 46:10)과 에돔(사 34:6, 참조. 다쉡)에게 닥치는데, 이때 '제바흐' 란 동사를 사용했다. 곡과 마곡의 군사들이 죽어서 시체가 되면 이스라엘의 산지에 시체들이 희생제물처럼 널브러져 새들과 들짐승들이 큰 잔치를 벌이게 될 것이다.(겔 39:17-19)

종말에 민족들에게 새 희망이 비칠 것이다. 이집트인들은 언젠가는 야훼를 알게 될 것이고 야훼에게 제사를 드리고 예물을 바치게 될 것이다.(사 19:21; 참조. 왕하 5:17) 이스라엘에서 제사장들은 백성을 위하여 언제나 제사를 드리는 직분을 맡았다.(렘 33:18; 겔 44:11)

노아가 제물을 취했다는 표현은 히브리어로는 전치사구로 되어 있다. '제물을' 이라는 목적어는 명기되어 있지 않다. 다만 '모든 정결한 짐승과 모든 정결한 새 중에서 골라낸 것' 이 동사 '라카흐' 의 목적어로 나와 있다. 노아는 정결한 생물을 골라서 번제로 바쳤다. 여기에는 정결의 사상이 강조되어 있다. 히브리어로 정결은 창세기 7장 2, 8절에 언급된 이래 창세기 8장 20절에 다시 등장하였다. 창세기 7장 2절에 보면 방주에 골라서 들일 정결한 짐승들은 암수 일곱씩이라고 되어 있고, 7장 8절에 보면 암수 둘씩이라고 되어 있다. 8장 20절에는 이 숫자의 차이에 대해서 무관심하며 다만 정결이란 주제에 집중하고 있다. 정결을 뜻하는 '타호르' 에 대해서는 위에서 7장 2, 8절을 주석하였을 때 상론했다.

번제를 지낸 사람은 노아가 최초였다. 번제를 가리키는 단어는 '올로트' 인데 여성명사 복수형으로서 단수형은 '올라' 다. '올라' 는 '올라가다' 란 뜻의 동사 '알라' 의 분사형에서 생긴 동명사다. 희생제물을 태우면 연기가 하늘에 계신 하나님께로 올라가는 모습에서 올림제라고도 번역할 수 있다. 동사 '알라'는 900번 가량 나온다. 기본형 단순 시제로 '올라가다go up'란 의미로는 300번 나오고, '올라오다come up'란 뜻으로는 160번 나온다. 히필형으로 '올려 보내다'란 뜻으로 100번 쓰이고 '제공하다'란 뜻으로는 77번 쓰인다.

번제를 뜻하는 명사 '올라'는 286번 나온다. 본디 희생제물을 다 태우는 것이 번제이지만 더러는 다 태우지 않고 부분만 태우고 나머지 익은 고기는 사제나 예배자가 먹는 경우도 있다.

레위기 1장에 보면 '올라'는 수소나 양이나 염소나 비둘기나 산비둘기가 될 수도 있었다. 희생동물은 흠이 없는 수컷이어야 한다. 하지만 새는 상관없다. 예배자가 자신을 희생동물과 일치시켜서 그 동물 위에 안수한다. 자기 대신에 동물을 바쳐서 그 동물에 자신의 죄를 뒤집어씌운다. 민족의 죄를 염소에게 들씌워서 광야로 내보내는 대속죄일의 예식도 있다.(레 16:21) 염소는 부정한 동물이어서 제단에 드릴 수 없고 광야로 내몰았다. 안수함으로써 받을 형벌이 면제되고 죄가 없어진다고 보았다. 예배자가 번제물과 동일시된다.

제물을 실제로 죽이는 경우가 보통이다. 제사장이 동물을 잡는다. 그러나 '올라'의 경우에는 제사장이 새만 잡는다. 새는 몸집이 작고 피를 적게 흐리기 때문이었을 것이다. 피는 제단에 부어야 한다. 예배자가 직접 소나 양이나 염소를 제단 곁에서 잡았다.(레 1:5, 11, 15) 그 후에 제사장이 와서 피를 제단 위에 붓거나 제단을 향해서 뿌린다. 예배자가 가죽을 벗기고 각 부위를 잘라서 물에 씻은 다음에 고기를 몽땅 제사장에게 갖다 준다. 제사장은 그것을 받아서 제단에 놓고 몽땅 다 타도록 잘 펼쳐 놓는다. 히스기야 왕이 개혁 운동을 펼쳤을 때 제사장들이 직접 동물을 잡도록 바꾸었다.(대하 29:20-24) 에스겔서를 보면

'올라' 를 바칠 권리가 레위인에게로 옮겨 갔음을 알 수 있다.(겔 44:11)

보통 '올라(번제)' 와 더불어 다른 제물도 바쳤다. 예컨대 '민하(소제)' 를 바친 경우도 많다. 하지만 소제보다는 번제물에 죄를 속하는 힘이 있다.(레 1:4; 16:24)

번제물을 바치는 데는 특별한 이유가 있었다. 잔치나 명절 때 번제물을 바침으로써 기쁨을 표현하고 야훼께 감사를 드렸다.(삼상 6:14) 홍수 심판이 지난 후에 노아가 방주에서 나와 번제물을 바친 것도 이 경우에 해당한다.(창 8:20ㄸ) 또한 번제물을 드림으로써 생의 어려움에서 벗어나게 해 줄 것을 하나님께 구하기도 한다.(삿 21:4; 렘 14:12) 모든 경우에 번제물을 드린다는 것은 거룩하신 하나님을 경외하는 마음의 표현이다.

사울이 블레셋과 싸우기 전에 사무엘의 주재로 번제를 드리기로 하였다. 사무엘이 지각하자 사울은 초조한 나머지 자기가 직접 번제를 드리고 말았다.(삼상 13장) 사울의 잘못은 제사장도 없이 피를 제단에 흘리고 제물을 제단에 올렸다는 데 있다. 제물은 예배자가 잡아서 가져오되 제사는 제사장이 집전해야 한다. 길갈에서 칠 일 동안 사무엘을 기다리라는 야훼의 명령을 사울은 순종하지 않았다.(삼상 10:8)

입다는 야훼의 전쟁에서 승리한 대가로 자기 딸을 '올라' 로 바치는 비운을 당했다. 어떤 주석가는 입다가 딸의 처녀성을 영원토록 순결하게 하나님께 바친 것이라고 해석하기도 한다. 어떤 주석가는 인신 희생제사에 입다의 딸이 바쳐진 경우라고 해석한다. 이 경우 입다와 온 백성이 크게 애곡하였다는 사실로 미루어(삿 11:29-40) 이스라엘은 인신 희생제사를 평소에 시행한 적이 없었음을 알 수 있다.(참조. 왕하 3:27의 메사의 아들) 인신 제사를 보고 이스라엘은 놀라서 도망쳤을 것이다.

미가는 이런 사상을 표현하여 몸의 열매인 맏아들이나 자식을 '올라'로 바쳐서는 안 된다고 예언하였다.(미 6:6-8) 오직 정의와 사랑과 순종으로 자신을 제물로 바치는 것이 진정으로 올바른 번제가 된다. 페니키아와 같은 이방에서 인신 제사가 유행하였을 때 이스라엘은 인신 제사를 반대했을 것이다.

메소포타미아 지역에서 제물을 몽땅 태우는 제의는 없었지만 가나안에서는 유행했다. 히브리인의 '올라'에 독특한 사항은 피를 다루는 방식에 있다. 피를 드리되 제단에 붓거나 뿌리는 절차가 독특하였다.(레 17:11, 피는 생명이다) 그래서 창세기 8장 20절 문장의 맨 끝에 제단을 뜻하는 '미즈베아흐'가 다시 언급되어 있고, 이어서 창 9:4ㄸ에서 피에 대한 설명문이 길게 이어지고 있는 것이다. 본디 일반 도살의 경우와 제의 도살의 경우에 피를 취급하는 방식이 달랐겠지만, 노아 홍수의 이야기를 쓴 저자는 일반 도살의 경우에도 피를 다루는 방식에 세심한 관심을 기울여야 한다고 주장함으로써 제의와 생활의 일치를 도모하였다.(창 9:4-6) 도살과 피와 제사의 관계에서 성서 저자는 생명 존중의 사상을 당시의 문명사회를 향해서 부르짖고 있다.

21절에 '레이아흐'란 명사와 '리아흐'란 동종의 동사가 처음으로 나온다. 동사형은 히필형으로 쓰여 '향기로운 냄새를 맡다'란 뜻으로 쓰인다. 명사 '레이아흐'는 향기로운 냄새를 가리킨다. '레이아흐 니호아흐'란 관용구로 쓰여서 하나님을 기쁘시게 하는 냄새를 의미한다. 노아가 번제를 드려 향기를 드리자 하나님은 이를 흠향하시고 즐거워하셨다.

노아의 번제를 받으시고 흡족해 하시는 하나님의 독백이 이어진다. '아사프 + 러 동사구 + 오드'는 '다시 ~을 되풀이 하지 않는다'는 관용어다. 동사 '칼랄'의 피엘형이 쓰여 '저주하다'를 뜻한다. '로-오시프 러켈랄'은 '다시는 저주하지 않겠다'라는 뜻이다. 이 동사는 위의 창세기 8장 8, 12절에 나왔는데 거기서는 '물이 줄어들다'란 뜻으로 사용되었다. 여기서는 저주하다란 뜻으로 쓰였다. 하나님은 다시는 흙을 저주하지 않겠다고 다짐하신다. 이 관용어는 하반절에도 그대로 반복된다.

창 8:21ㅈㅅiii 로-오시프 러칼렐 오드……
창 8:21ㅎ 로-오시프 오드 러학코트……

'그 중심에 이르시되'란 표현은 '와요메르 엘-리보'인데 '리보'란 '자기 마음'이란 뜻이고 '엘'은 '~에게'란 뜻의 전치사다. '엘-리보'는 '자기 마음에게'란 뜻이다. '와요메르'는 '말하다'란 뜻의 동사 '아마르'의 '와우 + 미완료 = 완료' 형태로서 '말했다'란 뜻이 된다. 직역하면 '야훼께서 자기 마음에게 말했다'가 된다. 개역 성서는 '그 중심에 이르시되'라고 번역했고, 새번역은 '마음속으로 다짐하였다'라고 번역했다. NKJV/ NRSV는 The Lord said in His heart라고 번역했다. 칠십인역은 '에이펜 - 디아노에테이스'라고 하여 골똘히 생각하여 다짐하는 모습을 묘사한다. 하나님께서 독백하면서 다짐하고 다짐했다는 말이다. 무엇을 다짐했는가?

흙을 저주하지 않겠다고 다짐했다. 흙을 가리켜 '아다마'란 단어를 쓰고 '사람 때문에'란 어구에는 '아담'이란 단어가 쓰였다. '아담'이란 단어와 '아다마'란 단어가 서로 어울려 말놀이를 벌이고 있다. '아담' 때문에 '아다마'가 저주받는 일은 없어야 한다. '바아부르'는 '~

때문에' 란 전치사다. 사람 때문에 땅이 부패하였다는 언급은 창 6:11-12에 나왔다. 창 6:5-7에 의하면 사람은 언제나 악행을 도모하기 때문에 하나님께서 사람을 지으신 것을 한탄하셨다. 하나님은 사람의 생각하는 모든 계획이 항상 악할 뿐임을 보셨다.(창 6:5ㅎ) 여기에 '악하다'는 형용사 '라아'가 쓰였는데, 창 8:21에도 같은 형용사 '라아'가 쓰였다. 창 8:21ㅈㅎ은 창 6:5ㅎ과 문자로도 거의 평행을 이룬다.

창 8:21ㅈㅎ　키 <u>예체르 레브</u> 하아담 <u>라아</u> 민우라이브

창 6:5ㅎ　워콜-<u>예체르</u> 믹흐쉬보트 <u>리보</u> 라크 <u>라아</u> 콜-하욤

이 두 구절에 명사 '예체르'가 함께 나오고 명사 '레브'와 형용사 '라아'가 중첩되어 같이 나온다. '예체르'는 '만들다/조형하다'란 뜻의 동사 '야차르'에서 파생한 명사로서 '모양'을 가리킨다. 동사 '야차르'는 창세기 2장 7절에 처음으로 사용되어 하나님께서 사람을 조형하시는 노동 행위를 가리켰다. 여기서는 사람이 마음으로 짓는 모든 행위가 하나님의 선하시고 아름다운 창조 행위와는 정반대로 악할 뿐이었다. 창 6:5ㅈㅎ을 직역하면 '사람의 마음이 짓는 모양이 소년 시절부터 악하였기 때문이다'가 된다.

개역 성서에 '어려서부터'라고 번역한 원문은 '미누라이브'인데 '소년 시절'이란 뜻의 복수 명사 '누아림'에 접두사 '민='~로부터''과 3인칭 소유격 접미사 '~브='그의''가 결합한 꼴이다. '자기의 소년 시절부터'라고 직역할 수 있다.

21ㅎ절에 동사 '나카'가 창세기 4장 15절 이래 두 번째로 쓰였다. '나카'는 '치다/때리다'란 뜻이다. 앞에서는 가인을 치는 자는 일곱 배

나 벌을 받는다고 하나님께서 경고했다. 여기서는 노아 홍수의 사건을 하나님께서 모든 살아 있는 생물을 후려친 동작으로 묘사하고 있다. 그 두드려 맞아 멸망한 생물들은 하나님께서 만드신 피조물들이었다.

22절은 '오드' 란 부사로 시작된다. 이 부사는 '~주변에/~다시 계속하여/여전히/또 다시' 란 뜻이다. '오드 콜-여메이 하아레츠' 란 어구에 동사가 없다. 이 부사를 중심으로 직역하면 '또 다시 땅의 모든 날들' 이 된다. 의역하자면 '이제 다시 땅의 계절이 정상화되었다' 가 될 것이다. 여기까지가 전반절이다. 개역 성서는 '땅이 있을 동안에는' 이라고 번역하였고 새번역은 '땅이 있는 한' 이라고 했다. NRSV는 As long as the earth endures라고 했고, NKJV는 While the earth remains라고 번역했다.

22ㅎ절은 '심음과 거둠/추위와 더위/여름과 겨울/낮과 밤' 이라는 네 쌍의 표현들을 내놓는다. 이 어절에 동사 '샤바트' 가 쓰였는데('이쉬보투') 이 동사는 창세기 2장 2-3절에 처음으로 나와서 하나님이 노동을 멈추고 쉬시는 행동을 묘사한 바 있다. 이 동사에서 안식일을 가리키는 명사 '샤바트' 가 파생하였다. 사람의 노동은 칠 일마다 하루씩 쉬어야 하지만 계절의 모든 변화는 끊임없이 이어져야 창조세계가 망가지지 않는다.

비가 무려 40일이나 퍼부었고 홍수가 무려 150일이나 창일하였으며 심판의 기간은 무려 일 년 이 개월이나 지속되었기 때문에 이 기간 동안에 계절의 순환이 크게 흐트러졌을 것이다. 이제 계절의 순환이 정상화되었다. 이 대목은 현대에 대기오염으로 인해서 흐트러진 기후 변화에 심장한 의미를 준다. 지구온난화로 인해서 계절의 순환에 어지러운 변화가 찾아온다. 이러한 현상은 하나님이 심판하신다는 징조임에 틀림없다.

창 9:1–7

창세기 9장 7절 뒤에 마소라 학파의 문단구분 기호인 서투마가 찍혀 있다. 그러므로 창 9:1–7을 하나의 소단락으로 보아야 할 것이다. 이 소단락은 앞뒤에 축복문이 나와서 전체를 감싸고 있다. 1절에 '생육하고 번성하여 땅에 충만하라' 란 구절은 7절의 '생육하고 번성하며 땅에 가득하여 그 중에서 번성하라' 란 구절과 평행을 이루면서 포괄법을 이루고 있다. 그러므로 1–7절을 하나의 통일된 단락으로 작성하였다는 증거는 확실하다.

1절은 '축복하였다' 는 동사로 시작된다. 여기에 사용된 신명은 엘로힘이다. 앞의 문단 8장 21절에 야훼란 이름이 사용된 것과 대조된다. 하나님이 주어이므로 동사 '바라크' 를 '축복하셨다' 라고 번역하면 곤란하다. 우리말의 '축祝' 은 빈다는 뜻이므로 지고하신 하나님이 빌 다른 대상이 있다는 것은 말이 안 된다. 하나님께서 누군가에게 비는 일은 없을 것이기 때문이다. 개역은 '하나님이 ~ 복을 주시며' 라고 번역했다.

방주에서 나온 노아와 그 식구에게 야훼 하나님께서 복을 주셨다는 주제는 창 8:13부터 시작되어 줄곧 창 9:17까지 여러 소문단을 통하여 진행되고 있다. 창 8:17에 '생육하고 번성하리라' , 창 8:21에 '내가 모든 생물을 다시 멸하지 아니하리니' , 창 9:1, 7에 '생육하고 번성하여 땅에 충만하라' , 창 9:11, 15에 '내가 다시는 모든 생물을 홍수로 멸하지 아니할 것이라' 란 구절도 반복된다. 이 중에 두드러진 특징은 생육과 번성의 축복과 다시는 진멸하지 않겠다는 약속이 서로 교차되게 배

열린 문단에서 표현되고 있다는 점이다. 다음의 배치도를 보라.

가. 창 8:13-19 생육하고 번성하라

나. 창 8:20-22 모든 생물을 다시는 멸하지 않겠다

가.′ 창 9:1-7 생육하고 번성하고 땅에 충만하라

나.′ 창 9:8-17 모든 생물을 다시는 멸하지 않겠다(무지개)

이 두 가지 교차되는 주제는 상당히 다르다. 하나는 적극으로 생육과 번성을 축복하지만 또 하나는 소극으로 멸망의 재발 방지를 약속받고 있다. 멸망 방지의 약속 문단에는 언약이란 주제가 함께 나오지만, 번성의 축복 문단에는 언약보다는 창세기 1장과 레위기의 피 금지 주제가 함께 나온다. 언약의 주제는 신명기 학파가 전문으로 다루는 주제이므로 창 8:20-22(제사); 9:8-17(무지개)의 바탕에는 신명기 학파가 작성한 문학이 깔려 있는 것으로 보이며, 창 8:13-19; 창 9:1-7의 문단은 순전한 P의 솜씨로 보인다. P는 토라를 마지막으로 완성한 편찬자이기 때문에 D의 초본을 두 개의 문단으로 나누어 교차되게 배열하였을 것이다. P는 포로기 이후 디아스포라 공동체를 이끌고 가는 지도자였으므로 하나님의 백성에게 회복되고야 말 창조의 모습을 강조하고 있다. 오경을 마무리하는 P의 작업을 위해서 포로기를 살면서 하나님 백성으로 부름 받은 이스라엘의 계약신학을 강조했던 신명기 학파의 오경 초본이 기초 자료로 사용되었을 것이다.

2절도 축복문인데 모든 생물이 사람을 '두려워하고 무서워하리라'는 내용이다. '두려워하다' 라는 표현에는 '모라' 라는 동명사가 사용되었고('모라아켐, 너희들의 공포'), '무서워하다' 라는 표현에는 '하트' 라는

명사가 사용되었다.('히트켐, 너희들의 무서움') 2ㅈ절을 직역하자면 '너희들의 공포와 너희들의 무서움이 땅의 모든 생물들 위에 있을 것이다'가 된다.

두려움이란 뜻의 동명사 '모라'는 동사 '야라'에서 파생한 것으로 '경외하다/두려워하다'를 뜻하며 야훼를 두려워하는 태도를 가리킨다. 이 동사의 피엘형 '야레'에는 다섯 가지의 뜻이 있다. (1) 두려운 감정, (2) 재앙을 예상하는 지적 능력, (3) 존경심이나 경악심, (4) 의로운 행동이나 경건, (5) 형식적인 예배를 가리킨다. 이와 동의어로는 '팍하드', '하타트', '하라드'가 있고 또한 두려워서 벌벌 떠는 행동을 가리키는 단어들도 있다.

두려운 감정을 표현한 것으로 전형적인 것은 시내 산의 불을 보고 벌벌 떠는 유대인들(신 5:5)과 블레셋이 쳐들어 온다는 소리를 들은 유대인들이 미스바에서 벌벌 떠는 장면이 있다.(삼상 7:7) 꼭 정서적인 반응만이 아니라도 재앙을 당할까봐 겁내는 경우도 있다. 야곱은 외삼촌 라반에게 두 아내를 빼앗길 것을 예상하고 두려워하였다.(창 31:31) 다윗은 아기스에서 자신의 명성 때문에 해를 당할까봐 두려워하였다.(삼상 21:13)

이 단어는 부모를 공경하는 것을 가리키기도 한다.(레 19:3) 성소를 공경하고(레 26:2) 하나님을 경외하며(시 112:1) 하나님의 이름을 받든다.(레 26:2) 하박국은 야훼의 위대한 사역에 대해서 소문으로 듣고 두려워하였다.(합 3:2, 놀랐다) 욥의 친구들은 욥의 고통을 보고 겁을 내었다.(욥 6:21) 이 경우에도 두려움은 야훼의 사역에 대해 경외한다는 뜻을 전달한다.

올바른 삶을 '두려움'의 개념으로 표현하는 경우도 많다.(레 19:14;

25:17; 왕하 17:34; 신 17:19) 두려움은 의로운 삶, 경건한 삶과 동의어로 쓰인다. 하나님을 두려워하는 이집트의 산파들을 하나님은 보살펴 주셨다.(출 1:17, 21) 율법을 공부하면 경건한 두려움이 무엇인지를 깨닫게 된다.(신 31:11-12) 하나님을 두려워하는 경건자는 외국인 나그네를 보살핀다.(신 10:18-21; 25:18)

야훼를 경외한다는 표현이 예배를 가리킬 때도 있다. 북 왕국 산당의 제사장들이 야훼를 경외하면서도 각 민족의 풍습을 따라 예배를 드렸다.(왕하 17:32-34) 이스라엘은 야훼를 경외하기를 예배하면서 배워야 한다.(신 14:22-23) 르우벤 자손과 갓 자손이 야훼를 경외하기를 잊어버릴까봐 요단 동편에 한 제단을 쌓았다.(수 22:25) 또 야훼를 경외한다는 것이 야훼를 충실히 섬기고 따른다는 것을 의미하기도 한다.(욥 1:9; 대하 6:33)

하나님의 위대한 행동을 보고 하나님을 경외하게 된다.(출 14:31; 수 4:23-24; 삼상 4:7-9) 심판당하는 것을 보고도 경외하게 된다.(사 59:18-19) 하나님의 법을 듣고 두려워한다.(신 4:10) 적군을 보고 두려워하기도 한다.(삼상 7:7; 15:24)

동사 '야라'가 피엘형으로 쓰이면 '두렵게 하다'란 뜻이 된다.(삼하 14:15; 느 6:9, 14, 19; 대하 32:18) 니팔형으로는 '경외하게 하다'란 뜻으로 쓰이기도 한다.(시 130:4) 니팔 분사형은 '두렵다/무섭다'란 뜻으로 쓰이는데(GK[2], 116e), 장소에 대한 두려움(창 28:17), 하나님이나 야훼의 이름과 하나님의 사역에 대한 두려움(출 15:11; 신 28:58; 출 34:10), 사람들에 대한 공포(사 18:2)나 야훼의 날에 대한 두려움(욜 2:31[3:4]) 따위를 표

---

2 Gesenius, Wilhelm/ Kautzsch, E., Hebraiche Grammatik (Leipzig, 1909): E. Kautsch,『게제니우스 히브리어 문법』, 신윤수 옮김(비블리카 아카데미아).

현한다.

욥은 하나님을 경외하는 사람이었다.(욥 1:1) 야훼를 경외하는 자들은 경건한 사람들이었다. 이들은 악인과 대조된다.(전 8:13) 국가의 관직에 하나님을 경외하는 자들이 임명되는 것이 바람직하다.(느 7:2) 경건한 관리들은 하나님의 복을 받을 것이다.(시 31:19; 33:18-19; 34:9; 103:11; 112:1; 145:19) 하나님을 경외하는 자들은 야곱의 아들들과 이스라엘의 아들들이다.(시 22:23, 25) 공동체 전체가 야훼를 경외하는 자들로 간주될 때 온 회중이 경건하다.(시 115:10-11, 13; 118:3-4)

이러한 개념들에 비추어 볼 때 창세기 9장 2절의 명사 '모라' 의 의미가 분명하게 드러난다. 9장 2절에서 이 단어가 뜻하는 것은 노아란 존재가 풍기는 무서움이 동물들에게 덮칠 것이란 것이다. 이 단어는 말라기서에서는 하나님에 대한 두려움을 표현하기도 한다.(말 1:6) 명사 '모라' 는 공포스러운 외모를 가리킬 수도 있다.(사 8:12) 하나님의 이적과 기사는 공포스러운 현상이다.(신 26:8; 34:12; 렘 32:21) 한마디로 노아는 동물들에게 경외의 대상이 될 것이다. 이것이 하나님이 주신 복이다.

창세기 9장 2절에 '너희를 무서워하리니' 란 표현은 원어로 '히트켐' 이다. 명사 '하트' 에 2인칭 복수 속격이 붙은 꼴이다. '너희들의 공포' 란 뜻이다. 이 경우 속격은 목적격을 의미한다. 이 명사는 '부서지다' 란 뜻의 동사 '하타트' 에서 파생된 것이다. 이 동사는 문자대로 부서지는 파괴를 뜻하는 외에 추상적인 의미로 파멸을 가리키기도 하고 도덕적 타락을 의미하기도 하며, 또한 무섭게 밀려오는 공포를 뜻하기도 한다.

가뭄으로 땅이 갈라진다.(렘 14:4) 모압의 미스갑이 파괴될 것이다.(렘 48:1) 하지만 이집트 연합군의 장군들은 아시리아 군대의 깃발을 보고 화들짝 놀란다.(사 31:9) 파멸한 도성들을 보고 놀라며(사 20:5; 렘 48:20, 39), 패망한 나라의 신들이 놀라고(렘 50:2), 백성의 지도자들이 놀라 당황할 것이다(렘 8:9) 욥의 세 친구들이 욥과 다투다가 놀라서 포기하고 더 대답을 못했다.(욥 32:15) 에브라임이 파괴될 것이라고 할 때 이 단어를 사용했다.(사 7:8) 하나님은 원수들을 분쇄하실 것이라고 할 때도 이 단어를 사용했다.(삼상 2:10) 하지만 하나님의 의는 절대로 무너지지 않을 것이다.(사 51:6) 골리앗의 도전에 이스라엘 군대가 벌벌 떨었다.(삼상 17:11) 두려워하지 말라고 권할 때도 이 단어를 사용한다.(신 1:21; 수 8:1) 하나님의 이름을 경외한다.(말 2:5) 야훼께서 꿈에서 욥을 놀라게 하신다.(욥 7:14)

이 동사가 명사형으로 쓰여서 창세기 9장 2절과 욥기 41장 33절에 두 차례 공포심을 뜻한다. 용사의 활이 부러진 것을 묘사한 구절도 있다.(삼상 2:4) 또 자포자기로 타락하는 상태를 묘사한 구절도 있다.(렘 46:5) 이외에도 파생어들이 서너 가지 더 있다.

이상과 같이 '모라' 와 '하타트' 의 두 단어가 무슨 뜻인지 상세히 살펴보았다. 창 9:2ㅈㅅ을 직역해 보면 다음과 같다. '너희들의 무서운 모습과 너희들의 공포스러운 모양이 땅의 모든 생물들 위에 임할 것이다.' NRSV는 이렇게 번역했다. The fear and dread of you shall rest on every animal of the earth ~. 새번역은 '너희를 두려워하며, 너희를 무서워할 것이다' 라고 번역했다. 신명기 11장 25절에는 '모라' 란 단어가 '파하드' 란 단어와 접속사로 연결되어 나란히 나온다. '너희가 밟는 모든 땅 사람들에게 너희를 두려워하고 무서워하게 하시리니' 라고 되어 있다.

창세기 9장 2절은 두 개의 문장으로 구성되어 있다. 앞의 문장은 '두려워하고 무서워하리라' 고 말하지만, 뒤의 문장은 이것들은 '너희의 손에 붙였음이니라' 고 되어 있다. 후반절 문장의 원문은 '버예드켐 니타누' 로서 동사 '나탄' 이 사용되었다. '손에 붙이다' 라는 관용어는 야훼의 거룩한 전쟁에서 이스라엘의 적군을 패배하게 만드실 때 흔히 사용하는 용어다. 또 언약을 어긴 백성이 적군에게 패배를 당하는 장면을 묘사하기도 한다.(레 26:25) 도피성으로 피한 살인자를 복수자의 손에 넘겨주는 장면도 있다.(신 19:12) 창세기 9장 2절에서는 피조물들이 사람을 대표하는 노아와 마치 적대 관계에 들어가고 있는 것처럼 묘사하고 있다. 이처럼 적대 관계에 놓이게 된 것은 노아 홍수 때까지 누적되어 온 죄의 결과다. 대홍수 심판 이후에 하나님께서 죄인들과 맺는 새 언약의 축복은 에덴에서 아담에게 주신 복보다는 훨씬 격이 떨어질 수밖에 없었다.

죄로 인하여 사람의 품격이 떨어진 결과, 하나님은 어쩔 수 없이 동물을 잡아먹는 상황을 인정해 주어야 했다. '모든 산 동물은 너희의 먹을 것이 될지라' 라고 번역했는데, 여기서 '동물' 에 해당하는 히브리어는 '레메쉬' 다. 이 명사는 창세기 1장 21절에 처음으로 나왔는데 거기서는 물속에 사는 어류를 가리켰다. 곧 이어서 1장 24절에서는 육지에 살며 기어 다니는 양서류나 파충류들을 가리켰다. 그러나 여기서는 어류나 양서류나 파충류 따위로 구분하지 않고 '레메쉬' 는 땅 위에서 네 발로 다니는 짐승을 통칭한다. 바로 앞 2절에서 동사 '라마쉬' 가 사용되어 '땅에 기는 모든 것' 이라고 언급했는데, 이것은 땅의 모든 짐승과 구별되지만 3절에서는 모든 동물을 통칭하는 듯하다. ICC를 쓴 스키너는 moving thing that is alive라고 번역했다.

창세기 9장 3절은 사람의 먹을거리를 다시 규정해 주는 하나님의 말씀이다. 지금까지 채식만을 허용했지만(창 1:29) 이제부터는 육식도 허용한다. 사람이 동물을 잡아먹어도 된다. '채소 같이 다 너희에게 주노라' 는 구절에서 다시 동사 '나탄' 이 쓰였다. 이것은 2절에 '손에 넘기다' 는 관용어의 반복이다. '채소같이' 란 표현에 '채소' 는 '예레크 에쉐브' 인데 창세기 1장 30절에 처음 나온 이래 여기서 두 번째로 등장한다. 창세기 1장 30절에는 모든 동물들의 먹을거리로서 '푸른 풀' 을 주었다고 개역 성서에 번역되어 있는데, 이 용어는 창세기 9장 3절에서는 노아와 그 식구들에게 적용되었다.

창세기 9장 4절은 피금령이다. 채식에서 육식으로 변화된 데에는 사람의 죄가 증대한 추이가 반영되어 있다. 하지만 사람이 육식을 할 때 반드시 지켜야 할 금기 사항이 있다. 고기를 그 생명 되는 피째 먹어서는 안 된다. 이 금령은 새 언약에서 처음으로 주어진 것이다. 에덴 동산에서는 '선악을 알게 하는 나무의 열매' 를 먹어서는 안 되었지만, 노아의 새 언약에서부터는 고기를 피가 들어 있는 채로 먹어서는 안 된다. 새로운 금령이다. '그 생명 되는 피째' 란 어구는 '버나프쇼 다모' 인데 여기에는 '네페쉬' (생명)란 명사가 '담 '(피)이란 명사와 동격을 이루고 있다. 생명('네페쉬')은 곧 피('담 ')란 뜻이다. 창세기 9장 4절을 직역해 보면, '그러나 너희는 고기를 그것의 생명, 곧 그것의 피와 함께 먹어서는 안 된다' 가 된다. 피에 대한 경계령은 레 7:27; 17:10, 14에 나온다. 특히 레위기 17장 14절은 '모든 생물은 그 피가 생명과 일체라' 라고 언급하여 창세기 9장 4절과 평행을 이룬다. 에스겔서 33장 25절에는 피째 먹는 것이 우상숭배의 관행임을 경고하고 있다. 피를 흘리는 일이 칼을 믿고 폭행하는 것과 동일함을 에스겔은 경고한다.

사람에게 동물의 생사여탈권을 부여해 주신 하나님은 동물을 폭력으로 다스리지 말 것과 생명을 아끼고 사랑할 것을 부탁하시면서 동물의 피를 먹지 말라고 명령하신 것이다. 이것이 갱신된 새 언약의 금령이다.

창세기 9장 5절은 하나님께서 각각의 생명체에게서 피를 찾는다고 말씀하신다. 피를 찾는다는 표현은 무슨 뜻인가? '찾다' 는 히브리어로 '다라쉬' 다. 이 동사는 창세기 9장 5절에 처음으로 나오는데 한 절에 세 차례나 되풀이되고 있다. 먼저 이 동사의 뜻부터 살펴보아야 할 것이다.

동사 '다라쉬' 는 세밀하게 조사하고 탐구하는 행위를 가리킨다. 이 동사는 신 17:4, 9; 사 8:19; 19:3; 시 9:12[13]; 10:4; 습 1:6; 스 7:10; 대하 25:15 등에 나온다. 이 동사에서 동명사형 '미드라쉬' 란 단어가 나왔다. 이 명사는 탐구서, 해설서를 가리킨다. 이 동사는 동사 '바케쉬' 와 자주 평행된다.(신 4:29; 삿 6:29; 겔 34:6; 시 38:12[13]) 동사 '다라쉬' 는 자세히 살펴보아서 어떤 사물이나 사실을 알아내는 인식 작용을 가리킨다. 이 동사는 164회 나온다.

모세는 속죄 제물로 드린 염소가 어떻게 되었는지 자세히 알아본다.(레 10:16) 다윗은 밧세바가 누구인지 알아본다.(삼하 11:3; 참조. 신 23:6[7]; 렘 29:7) 이스라엘은 하나님께서 선택하신 장소를 찾아 나서야 한다.(신 12:5) 이스라엘은 도대체 정의가 무엇인지를 깊이 알아보아야 한다.(사 1:17; 참조. 16:5) 종말에 예루살렘은 아무도 찾지 않던 처지에서 벗어나(렘 30:17) 사람들이 찾는 장소가 될 것이다.(사 62:12; 참조. 신 11:12) 더구나 이방인들이 메시아 왕을 찾을 것이다.(사 11:10) 광야에서 이스라엘은 야훼의 언약궤가 쉴 곳을 찾았다.(민 10:33)

이처럼 '찾다' 는 의미는 '돌보다/보살피다' 란 의미와도 연결된다. '내 영혼을 돌보는 이도 없나이다.' (시 142:4) 이스라엘은 포로로 잡혀가 사는 도성의 평안을 구하여 인구가 줄어드는 것을 방지하여야 한다.(렘 29:7) 언약궤와 놋 제단을 레위인들이 돌보아야 한다.(대상 15:13; 대하 1:5) 이스라엘은 장차 타락하지 않도록 조심해야 하며 온 마음으로 예배해야 한다.(신 4:29; 6:6; 마 22:37) 이스라엘 역사는 하나님을 찾지 않으면(대상 22:19; 28:9; 대하 31:21) 우상을 찾게 됨을 보여 주는 역사다.(대하 25:15) 이사야는 하나님이 찾으심에도 불구하고 계속 하나님을 거절하는 이스라엘의 잘못을 보도한다.(사 9:13[12]; 참조. 렘 10:21) 하나님은 조상에게 한 약속을 기억하기를 원하신다.(사 55:6; 렘 29:13; 호 10:12) 범죄를 저지르면서도 하나님을 찾는 인간의 이중 행위를 하나님은 꾸짖으신다.(사 58:2) 그러나 종말의 때에 진실로 하나님을 찾는 자들에게 복을 주실 것이다.(사 65:10) 하나님을 찾지 않는 자들도 종말에는 하나님을 만나게 될 것이다.(사 11:10; 65:1; 롬 10:20)

특별한 문제를 연구하여 지식을 얻는 탐구 행위를 가리켜서 하나님을 찾는다고 말할 때도 있다.(창 25:22) 예언자들이 그렇게 탐구한다.(출 7:1; 18:15ㄸ; 삼상 9:9; 렘 21:2) 제사장이 제비를 뽑는 것을 가리킬 때도 있다.('샤알', 신 17:9) 제사를 복잡하게 드리면서 거짓된 신에게 신탁을 구하는 경우도 있다.(신 12:30; 대하 25:15; 삼하 11:3; 겔 21:21) 법정에서 사사를 통해서 내리는 하나님의 판결을 가리켜서 하나님을 찾는다고 표현하기도 한다.(출 18:15; 신 17:4, 9; 참조. 마 18:5-20; 고전 6장; 딤전 3장)

마지막으로 살인자를 벌주시는 하나님을 표현하는 경우다. 하나님은 목숨에는 목숨으로 갚으신다. TWOT는 창세기 9장 5절에 쓰인 '다라쉬' 가 이런 뜻으로 쓰였고 본다. 피의 복수를 해달라고 청원하는 기도를 하나님께 드리는 표현이 나온다.('신원하여 주옵소서', 대하 24:22, 24; 시 9:12; 10:4) 파수꾼이 근무를 태만히 하여 아군이나 성민이 한 사람이라도 죽으면 그 희생된 목숨을 파수꾼이 책임져야 한다.(겔 33:6) 우상숭배를 추동하는 거짓 예언자는 제거하고(신 13:1ㄸ), 참된 예언자의 말을 들어야 한다.(신 18:22; 요 7:40; 행 3:22) 하나님은 백성이 의롭게 살며 서로 사랑하며 겸손하게 살기를 원하신다.(미 6:8; 참조. 겔 20:40)

이 동사에서 '미드라쉬' 란 명사가 나왔는데 어떤 사물을 탐구한다는 의미에서 역사서를 가리킨다. 후대에 가서 이 단어는 유대인의 주석서를 가리키게 되었다. '미드라쉬' 란 단어는 두 번 나온다.

이상과 같이 정리된 개념을 바탕으로 '다라쉬' 를 이해하면서 창세기 9장 5절을 직역하여 다시 읽어 보자. '네페쉬' 는 '목숨' 이라고 번역했다.

> '정녕코 나는 너희의 목숨을 위한 너희의 피를 찾을 것이다. 나는 모든 생물의 손에서 그것을 찾을 것이다. 사람의 손에서나 그 형제의 손에서나 나는 그 사람의 목숨을 찾을 것이다.'

이 문장이 들어 있는 문맥을 보면 4절에서 피를 먹지 말라는 금령 바로 다음에 이 문장이 나오고, 6절에서 다른 사람의 피를 흘리지 말라는 금령으로 연결된다. 5절에서 세 차례 나오는 '다라쉬' 동사 중에 맨 처음에 나온 것은 아마도 '탐구하다/조사하다/연구하다' 란 뜻으로 쓰인 것 같다. 4절에서는 금령을 어긴 어떤 사람이 피를 먹으면 그 사람의 '네페쉬' 속에 다른 동물의 피가 들어가게 될 것이라고 말씀한다. 하나님께서는 네페쉬를 조사하여 다른 생물의 피가 들어 있는지 여부를 조사하겠다고 하신다. 그렇다면 '피를 찾는다' 는 말은 두 가지의 의미로 이해될 것이다. 첫째로 피를 먹었는지 여부를 점검하는 검사 활동과 둘째로 타자를 때려서 피를 흘리게 했을 경우 하나님께서 친히 피의 복수자가 되어 폭행자를 벌하시는 심판 활동, 이 두 가지를 의미하는 것으로 보인다. 5절 원문의 구조를 분석해 보자.

5ㅈㅅ절	워아크 에트-디머켐 러나프쇼테이켐 에드로쉬
5ㅈㅎ-ㅎㅈ절	미야드 콜-하야 에드러쉐누 우 미야드 하아담 미야드 이쉬 악히브
5ㅎㅎ절	에드로쉬 에트-네페쉬 하아담

밑줄 친 동사구는 모두 '다라쉬' 동사구로서 1인칭 미완료 형태를 보인다. 두 번째 동사구 '에드러쉐누' 에는 3인칭 대명사가 접미사 '누' 로 붙어 있다. '내가 그것을 찾을 것이다' 라고 할 때 그것은 무엇을 가리키는가? '네페쉬' 인가 '담 '인가? 네페쉬는 여성이고 담은 남성이다. 그러므로 모든 생물의 손에 피가 묻어 있는지 없는지를 조사해 본다는 뜻이다. 목자가 사자의 손아귀에서 어린양을 빼내어 구하듯이 하나님께서도 폭행자의 손아귀에서 피를 보시고 친히 그 피의 복수자가 되어 주신다.

창세기 9장 6절에 동사 '샤파크' 가 처음으로 나온다. 이것은 양동이에 담은 물을 쏟아붓는 장면을 묘사한다. 명사형 '쉐페크' 는 물을 붓는 장소를 가리키며(레 4:12), '샤파카' 라고 여성형이 되면 남성의 성기를 가리킨다.(신 23:2) 남성의 성기에서 정액이 나오기 때문에 그렇게 된 것 같다. 동사는 113회 나온다.

액체를 붓는다는 뜻으로 '라와', '나사크', '나파크', '야아크'의 동의어들이 있다. '나사크'나 '나파크'와는 달리 '샤파크'는 주물을 거푸집에 붓는 것을 묘사하지 않는다. 물을 붓는 모습을 묘사할 뿐이다. 제단에 피를 붓는 동작을 가리켜서 '야차크'가 레위기 8장 15절에 쓰였는데, 출애굽기 29장 12절에는 '샤파크'가 쓰였다. '야차크'는 피를 흘리는 모습을 묘사하지는 않는다.

땅에 물을 붓는다.(출 4:9; 삼상 7:6) 기드온은 바위 위에 국물을 부었다.(삿 6:20) 집 안에서 긁어내 흙을 성 밖의 지정한 장소에 부어야 한다.(레 14:41) 물로 피를 흘리기도 한다. '샤파크'는 피를 흘리는 것을 가리켜서 가장 자주 쓰인다. 제단에 피를 붓는 의식이 있었다. 제의적 의미보다는 보통 사람이 피를 흘리는 모습을 묘사하는 경우가 더 많이 나온다. 우리의 구절 창세기 9장 6절도 이 경우에 해당한다.(신 21:7; 왕하 24:4; 습 1:17; 겔 22:3; 사 59:7)

하나님께서 바닷물을 불러 모아서 지면에 쏟아 부으신다.(암 5:8; 9:6) 제단에 물을 붓는 전제奠祭를 묘사하는 경우에 주로 동사 '나사크'도 쓰지만 '샤파크'도 사용한다. 사무엘은 미스바에 모인 백성과 더불어 '물을 길어다가 야훼 앞에 붓고 종일 금식하였다.'(삼상 7:6) 전제에서 물을 붓는 행위는 혼신의 힘을 다하여 야훼를 섬기려고 영혼의 모든 것을 쏟아붓는 것을 상징하는 행위다. 전제를 하나님께 드리는 것이 아니라 이방신들에게 드리는 것을 묘사하는 구절도 있다.(사 57:6) 토성을 쌓고 허무는 작업에 동사 '샤파크'가 쓰이기도 한다.(삼하 20:15; 사 37:33; 렘 6:6; 겔 4:2) 공병대工兵隊가 흙을 바구니에 담아 일정한 지점까지 들고 와서 흙을 붓는 동작을 가리킨다.

이 동사가 비유법에 쓰일 때 하나님이 진노를 퍼붓는 동작을 가리킨다.(사 42:25) 요한계시록에서도 이러한 비유를 많이 사용한다. 지나가는 행인에게 음란함을 퍼붓는다는 표현도 있다.(겔 16:15; 23:8) 성령이 사람 위에 퍼부어지면 그 사람은 완전히 변화를 받아 거듭나게 된다.(욜 2:28-29[3:1-2]; 슥 12:10; 겔 39:29)

창 9:6ㅈ을 직역하면 다음과 같다. '사람의 피를 흘리는 자는 그 사람과 더불어 자신의 피를 흘릴 것이다.(또는 흘린다)' 두 번째 동사구 '이샤페크'는 '샤파크'의 3인칭 단수 미완료이므로 그 주어는 전상반절의 '쇼페크 담 하아담=사람의 피를 흘리는 자'가 된다. 개역은 '다른 사람의 피를 흘리면 그 사람의 피도 흘릴 것이니'라고 했는데 무슨 뜻인지 애매하다. 새번역은 '누구든지 사람을 죽인 자는 죽임을 당할 것이다'라고 의역했다. NKJV는 Whoever sheds man's blood, by man his blood shall be shed라고 했고 NRSV는 Whoever sheds the blood of a human, by a human shall that person's blood be shed라고 했다. 이 문장은 하나님은 사람의 행한 대로 갚으시는 분이심을 의미한다.

창 9:6ㅎ은 남의 피를 흘린 자가 자기도 피를 흘리게 되는 이유를 키-절로 설명하고 있다. 키절은 직역하면 '왜냐하면 그분은 하나님의 형상대로 사람을 지으셨기 때문이다'가 된다. 이 구절의 '버첼렘 엘로힘'이란 표현은 창세기 1장 26-27절에서 전치사구까지 그대로 따온 것이다. 창세기 1장에서 우리말로 '하나님의 형상대로'라고 번역하였는데 창세기 9장 6절에서도 그대로 반복해 주어야 마땅하다. 개역개정은 '이는 하나님이 자기 형상대로 사람을 지으셨음이니라'라고 옮겼는데 주어를 3인칭 대명사가 아니라 하나님으로 명기하였다. 여기서는 '하나님의 형상'이란 구절을 '자기의 형상'이라고 바꾸어 주었다.

새번역은 이 이유절을 앞으로 빼내어 '사람은 하나님의 형상대로 지음을 받았으니' 라고 옮겼는데 '아사' 동사가 사역형으로 바뀌어 번역되었다.

사람이 '하나님의 형상대로' 창조되었다는 창세기 1장 26-27절의 뜻이 무엇인지를 창세기 저자가 여기서 해설하려는 의도가 엿보인다. 사람이 하나님의 형상이기 때문에 그 사람을 폭행하거나 죽여서는 안 된다는 뜻으로 풀이한 것이다.

창세기 9장 7절에 다시 축복문이 반복되면서 소단락을 마무리한다. 이 문장에 '너희들은' 이라고 상대를 분명하게 지명하여 부르는 수법이 이채롭게 느껴진다. 이 축복문에 네 가지 동사들이 다 한꺼번에 언급되어 앞의 문장들을 종합한다. 이로써 하나님의 새 언약이 지니는 복된 성격을 보여 주고 있다.

창 9:8-17

위에서 문단 구조를 분석해 보았듯이 창 8:20-22은 창 9:8-17과 서로 상응한다. 전자에서는 제단을 쌓고 향기를 맡으신 야훼께서 진노를 푸시고 다시는 저주로써 모든 생물을 멸하지 않겠다고 약속하신다. 후자에서는 언약을 세운다는 표현을 명기하면서 언약의 증거로 무지개를 구름 속에 두셨다고 한다. 일종의 무지개 기원론이라고 할 수 있다.

창 9:8-17에는 하나님의 말씀이 8-10절, 11-16절, 17절에 세 차례 나온다. '버리트' (언약/계약)란 단어가 창세기 6장 18절에 처음 나온 이래 이 문단에서 무려 여섯 차례나 반복된다. 그래서 창세기 1-11장의 토라 서론 문단에서 이 단어는 총 일곱 차례 반복된다. 창세기 6장 18

절에서는 하나님께서 노아와 언약을 세우겠다는 계획을 말씀하셨는데, 이 대목에서 '버리트' 란 단어를 사용했다.

창 8:20-22의 문단에서 번제로 제사를 지내는 장면이 나오는데, 이것은 마치 시내 산에서 이스라엘 백성이 처음으로 하나님과 언약을 맺고 하나님 앞에 언약 체결의 제사를 지내는 출애굽기 24장 3-8절의 장면과 흡사하다. 하지만 노아 계약에서는 언약 제의를 먼저 지내고 난 다음에 나중에 야훼 하나님께서 그 언약을 말씀으로 마무리하시는 것으로 표현되어 있다. 노아 계약의 순서는 다음과 같이 정리된다.

1. 계약 제안: 하나님께서 계약을 맺는다고 약속하심(창 6:18)
2. 신 현현: 홍수를 일으켜 죄를 심판함(창 7-8장)
3. 계약 체결 예식: 노아가 번제를 드림(창 8:20-22)
4. 계약 체결 선언: 하나님의 축복(창 9:8-10)

창세기 9:8-10의 말씀을 꼼꼼히 살펴보자. 8절은 먼저 하나님은 노아와 그 아들들과 계약을 맺으신 것으로 진술한다. 이어서 9절은 '너희들' 과 언약을 맺는데 그 후손들과도 언약을 맺는다고 확대해서 적용하고 있다. 9절 서두에 '아니' 라는 1인칭 주어를 동사보다 앞세우고 이어서 감탄사인 '힌네' 를 내세워서 하나님 자신이 언약의 주체임을 무척 강조하고 있다.

동사는 '쿰' 을 사용했다. 계약을 세운다는 뜻이다. 다른 본문에는 동사 '카라트' 가 사용될 때도 있다. 이 동사를 쓰면 계약을 자른다는 뜻이 된다. 계약을 세우는 것과 계약을 자르는 것은 같은 뜻이지만 아마도 계약을 자른다는 표현은 D의 용어이고 계약을 세운다는 표현은

P의 용어일 것이다. 이 문단에 신명을 '엘로힘' 이라고 부르는 것으로 보아 P의 솜씨임에 분명하다. P는 토라의 최종 저자다.

창세기 9장 10절은 계약의 대상이 사람에 그치지 않고 모든 생물에게 미치는 것임을 밝힌다. 모든 살아 있는 목숨, 곧 새와 길짐승 등 방주에서 나온 모든 생물과 계약을 세우는 것으로 보도한다. 이 구절에 반복법이 두드러진다.

'콜-네페쉬 학하야 아쉘 이트켐' '너와 함께 있는 모든 살아 있는 목숨들'
'콜-하야트 하아레츠 에트켐' '너와 함께 있는 땅의 모든 생물들'
'콜 하야트 하아레츠' '땅의 모든 생물들'

세 차례 되풀이하는 이 반복구들 사이사이에 '새' 와 '길짐승' , 그리고 '방주에서 나온 모든 것' 이란 보다 상세한 표현들이 끼어 있다. 그러므로 10절은 하나님께서 노아와 그 자손으로 대변되는 인류뿐만 아니라 자연의 모든 생명을 무척 아끼고 사랑하신다는 폭넓은 생명 존중의 사상을 강조하고 있다. 하나님이 계약을 세운 대상은 사람을 포함한 이 땅의 모든 생명체인 것이었다.

창세기 9장 11절에서 동사 '쿰' 을 통하여 '언약을 세운다' 는 표현이 반복된다. 곧 이어 '카라트' 라는 단어를 사용하여 하나님께서 '모든 육('바사르')을 다시는 홍수로 멸하지('카라트') 않겠다' 고 약속하신다. 개역은 '자르다' 란 뜻의 동사 '카라트' 를 '멸하다' 라고 번역했다. 이 동사는 '계약을 자르다' 란 표현에도 사용된다. 여기서는 P가 입수한 D초본에서 '카라트' 동사가 이미 사용되고 있었기 때문에 P는 좀 색다르게 동사 '쿰' 을 사용하여 '계약을 세우다' 라고 자신의 전문용어를 개발했을지도 모른다. 언약의 내용은 다시는 홍수로 땅을 멸하지 않겠다는 무지개 약속이다.

동사 '샤하트'가 '땅을 멸할 홍수('마불 러샤헤트 하아레츠')'란 표현에 동원되었다. 이 표현은 아래 15절에서 '모든 육체를 멸하는 홍수'란 표현과 평행된다. 여기도 동사 '샤하트'가 사용되었다. 이 동사는 창세기 6장 11-12절에서는 땅이 부패한 상태를 묘사하지만, 6장 13, 17절에서는 땅을 멸한다는 뜻으로 쓰였다. 이 단어도 토라 서론 문단에서 딱 일곱 차례 나타난다. 여기서 하나님의 첫 번째 언설은 끝난다.

창세기 9장 12절은 하나님의 두 번째 언설을 연다. 여기에 창세기 1:14; 4:15에 이미 사용된 '오트'란 단어가 등장한다. 1장 14절에서는 '징조'라고 번역되었고 4장 15절에서는 가인에게 '표'를 주었다고 번역했다. 징조와 표라고 번역된 단어가 여기서는 '증거'라고 번역되었다. 동일한 원어는 가능한 한 동일한 번역어로 번역해 주면 독자들에게 도움이 될 것이다. '오트'란 단어에 대해서 『토라 서론 I』 해당 구절을 찾아보라.

창세기 9장 13절에 '이것은 '오트'다'라고 소개하면서 무지개라는 단어를 문장 서두에 앞세웠다. 무지개는 하나님과 사람과 모든 생물 사이에 계약을 맺었음을 영원토록 표시할 것이다. 무지개는 '케쉐트'다. 13절은 '나의 무지개'라고 표현하여 창조주 하나님을 은근히 강조한다. 여기서 계약의 상대자가 땅임을 강조한다. 하나님은 땅에서 창조 사역을 계속 진행하시는데 새 계약을 세우시되 땅과 세우신다. 특기할 사항은 무지개를 구름 속에 두었다는 점이다.

창세기 9장 14절은 구름이 몰려와서 구름이 땅 위에 있게 되면 무지개가 구름 속에서 나타날 것이라고 한다. NKJV는 14절 전반절을 종속절로, 후반절을 주절로 해석했지만, NRSV는 14절 전체를 15절에 잇닿은 종속절로 해석했다. 이와 같이 개역도 14절을 종속절로 이해하여 '~구름 속에 나타나면'이라고 번역했다. 전반절에 동사는 '아난'의 피엘형으로 구름이 몰려오는 모양을 가리킨다. '워하야 버~'란 구문은 '~할 때'라고 번역할 수 있다. 주어는 명사 '아난'인데 구름이란 뜻이다. 직역하면 '구름이 땅 위에 피어날 때'라고 할 수 있다. 후반절의 동사는 '보다'란 뜻의 동사 '라아'의 수동태다. 우리말로 '보여진다'란 표현은 없고 '보이다/드러나다/나타나다'라고 말해야 맞다. '무지개가 구름 속에 나타날 것이다.' 구름이 땅에서 뭉게뭉게 피어오르면 홍수의 참상이 저절로 떠오르고 소름이 돋을 것이다. 바로 이때 구름 가운데 무지개가 나타나면 사람은 하나님께서 다시는 멸하지 않겠다고 약속해 주신 그 언약을 기억하고 비로소 안도의 한숨을 쉬게 된다.

창세기 9장 15절은 하나님께서 무지개 표시를 보고 언약을 기억하신다고 말한다. 무지개는 사람이 보고 안심할 뿐 아니라 하나님이 보시고 언약을 기억하신다. 여기에 동사 '자카르'가 쓰였는데 이것은 창세기 8장 1절에 처음으로 나왔다. 하나님께서 노아와 그 식구를 기억하시고 홍수의 물이 줄어들게 명하신다. 창세기 9장 15절에서는 무지개를 볼 때마다 계약을 기억하시고 다시는 홍수로 생물, 곧 모든 육체를 멸하는 일은 없을 것이라고 말한다. 16절은 15절의 말씀을 되풀이한다. 무지개가 구름 속에 있게 되면 하나님께서 보시고 영원한 언약을 기억하시겠다는 약속의 말씀이다.

이와 같이 창 9:12-16은 하나의 소단락이다. 이 단락의 문체가 보여 주는 특징은 언약을 '하나님과 사람 사이에, 그리고 모든 육체 사이에', 그리고 '땅에게' 주신 것으로 표현한다는 점이다. 동사 '나탄'과 전치사 '베인 ~ 우베인 ~'(between ~ and ~)를 쓴다는 점이다. 8-11절에서는 '언약을 세우다'라고 표현하면서 동사 '쿰'과 목적격 조사 '에트'를 쓰고, 이어서 명사 '버리트'의 다음에도 목적격 조사 '에트'를 쓴다는 점이다. 8-11절의 말씀에는 하나님께서 언약을 세우신 주체라는 언약의 일방성이 강조되어 있다. 하지만 12-16절의 말씀에는 '~ 사이에'라는 말로 양자의 계약 관계가 강조되어 있다. 언약은 하나님과 피조물 사이에 영원한 것으로서 무지개가 그 증거가 된다.

창세기 9장 17절은 세 번째 베푸신 하나님의 언설이다. 12절에 이미 나온 '이것은 언약의 증거이다'란 상투어를 되풀이하면서 전치사 '베인 ~ 우베인 ~'(과 ~ 사이에 ~)를 사용하여 계약의 양자를 다시 강조한다. 또한 동사 '나탄' 대신에 '쿰'을 사용하여 계약의 주인이 하나님이심을 강조한다. 이 한 구절 속에 8-11절의 말씀과 12-17절의 말씀이 모두 녹아 있다. 17절 끝에 파투카가 찍혀 있음으로 미루어 볼 때, 17절까지 노아 홍수의 이야기가 대단원의 막을 내리고 있다고 간주해야 할 것이다.

노아 시대의 대홍수 심판은 계약 체결 이야기로 마무리되고 있다. 이 사실은 심판 이전에도 계약이 있었는지 아니면 노아 계약이 최초의 계약인지 하는 의문을 품게 한다. 이 의문을 풀려면, 우선 계약이 하나님과 피조물의 관계를 나타내는 수단이란 점에 착안해야 할 것이다. 비록 '버리트'라는 명사가 창세기 6장 18절에 처음 등장하지만, 노아 이전에는 사람이 하나님과 어떤 관계를 맺고 있었는지를 살펴보아야 할 것이다.

사람은 하나님의 피조물이며 남자와 여자로 창조되었다.(창 1:27) 사람은 하나님의 계속 창조에 동참하는 동역자로 창조되었다.(창 2:5) 사람은 에덴에 살면서 하나님과 더불어 땅을 위해 일하는 사역을 감당한다.(창 2:15) 하나님은 땅을 섬김으로써 다스리는 존재로 부름을 받았다. 사람은 하나님의 동역자인데 그 증거로 선악을 알게 하는 나무를 에덴동산의 중앙에 자라게 하셨다.

에덴동산의 창조 이야기는 하나님과 사람 사이의 관계를 매우 일방적인 것으로 묘사하고 있다. 하나님께서 만드시고 하나님께서 관계를 설정하셨으며 사람은 그 관계에 충실해야 심판을 받지 않을 것이다. 하와와 아담이 선악을 알게 하는 나무에서 열매를 따서 먹음으로써 사람 측에서 관계를 깨뜨려 버렸다. 하나님께 불순종한 인간에게 폭력의 도성 문명이 생겨났다. 강자들은 약자들을 억압하고 착취했으며 문명은 자연을 훼손했다. 땅에는 폭력이 넘치게 되었다.

태초에 창조주 하나님이 사람과 계약을 맺으신 것이다. 하나님과 사람 사이의 계약은 순종의 관계다. 하나님에 대한 순종의 관계를 깨뜨린 인간의 귀결은 노아 홍수로 인한 멸망이었다. 이런 맥락에서 노아 계약은 새 언약으로 계약 갱신의 주제를 포함하고 있다. 새 언약은 다시는 멸망시키지 않겠다는 하나님의 약속을 담고 있다. 본디 계약은 하나님으로부터 오는 명령에 기초한 일방적 계약이었다. 쌍방성을 띤 것처럼 보이는 계약도 자세히 보면 순종을 전제하는 것으로 일방 계약이다.

노아 계약의 이야기를 다 읽고 나면 이제부터 인류에 부패한 일은 사라졌구나 하고 안도의 한숨을 내쉴 것이다. 노아와 그 식구 이외의 모든 인간은 멸종되었기 때문에 흠이 없이 온전한 의인 노아와 그 식구만이 남게 되었다. 하나님과 아름다운 관계를 유지하면서 이제부터 의로운 역사를 지어갈 것이라는 기대에 부풀게 된다. 이제부터 죄짓지 않는 삶의 이야기가 펼쳐졌으면 좋겠다는 소망이 한껏 부풀어 오른다. 하지만 곧이어 18절부터 이상한 이야기가 펼쳐진다.

8. 노아의 타락(창 9:18-29)

대홍수의 심판으로 땅의 부패는 근절되었고 사람은 의인 노아를 통해서 새로운 역사의 장을 열게 되었다. 무지개 언약의 표징으로 하나님의 새 창조가 시작되었다. 밝은 미래가 기대되었다. 그러나 창세기 9장 18절부터 갑자기 이야기가 어두운 논조를 띠고 펼쳐진다. 노아가 자식을 저주함으로써 이 땅에 다시 죄인이 등장하고 죄인이 역사를 주도하기 시작한다. 대홍수의 심판이 발휘한 효과는 금방 사그라지고 말았다. 하나님은 왜 이렇게 허무한 심판을 내렸을까? 홍수 이야기의 짜임새를 살펴보면서 이 질문에 대답해 보기로 한다.

노아의 톨레도트의 짜임새

6:9-12	6:13-22	7:1-5	7:6-8:19	8:20-22	9:1-17	9:18-29
의인 노아	심판 고지	구원 고지	홍수 심판	구원 성취	언약 체결	농자 노아
가	나	다	중앙	다′	나′	가′

창세기 6장 9절에 노아의 '톨레도트'란 말이 나온다. '이것이 노아의 족보니라.' '톨레도트'는 그 사람의 일대기를 의미한다. 노아가 태어나서부터 죽을 때까지의 일생을 이야기한다. 결혼하고 자녀를 낳고 여러 가지 사건을 경험하다가 마지막에 사망한다.

위의 표를 보면 노아의 톨레도트를 일곱 가지의 소문단으로 나누어서 이야기했음을 알 수 있다. 중앙의 문단은 물론 대홍수 이야기다. 그 양편으로 노아의 가족과 일부 동물을 구원하시는 하나님의 은총 이야기가 배치되어 있다.(다-다′) 그리고 '나' 문단에서 하나님의 심판 계획을 노아에게 알려주시는 장면을 다룬다. 하나님께서 방주를 지으라고 명령하시자 노아는 그 명령을 준행한다. '나′' 문단은 하나님께서 다시는 세상을 물로 심판하지 않겠다고 언약하시면서 복 주시는 장면을 묘사한다. '나' 문단과 '나′' 문단은 심판과 구원이라는 상반된 주제로 서로 대응하고 있다. '가' 문단은 노아가 흠 없는 의인이었다는 진술로써 노아의 톨레도트를 개진하기 시작하는데, '가′' 문단은 흠 없는 의인의 심상과는 달리 노아가 술에 취해서 실수한 결과 불경한 자녀 함을 저주하고 부모를 경외한 셈은 축복하는 우를 범하는 장면을 그리고 있다. '가' 문단과 '가′' 문단 역시 상반된 주제로 앞뒤에서 서로 대응하고 있다.

이제 '가′' 문단을 마지막으로 묵상할 때가 왔다. 이 문단은 맨 앞의 문단과 상응하는 위치에 놓여 있기 때문에 무엇보다도 먼저 노아에게 초점을 맞추어야 할 것이다. 지금까지 주석가들은 함의 저주와 셈의 축복이라는 부분에 비중을 두었다. 그러나 가장 중요한 핵심은 노아의 타락에 있음을 놓쳤다. 죄를 소멸한 대홍수의 심판 직후에 죄가 다시 창조세계에서 기승을 부리게 된 까닭은 무엇인가? 노아와 그 가족이 타락했기 때문이다. 결론부터 말하자면 의인이었던 노아가 홍수 이후에 육의 사람으로 타락하게 되었고 그 때문에 술을 많이 마시다가 알코올중독자가 되었다고 나는 본다. 노아는 이웃이 다 죽고 혼자 남은 고통스러운 현실을 믿음으로 온전히 이겨 내지 못했다.

의인은 없나니 한 사람도 없다. 아브라함과 이삭과 야곱, 이스라엘의 열두 조상들, 모세와 여호수아와 열두 사사들, 그리고 사울과 다윗과 솔로몬 등 신앙의 위대한 조상이 모두 하나같이 하나님 앞에서 완전한 의를 성취하지 못했다.

아브라함은 아내 사라를 누이라고 속였다. 사라의 압박에 못 이겨 하갈과 이스마엘을 쫓아냈다. 만년에는 아내 사라와 별거하다가 그녀가 죽은 후에는 그두라를 후처로 얻어 많은 아들들을 낳았다. 그들 중에서 이스라엘의 원수들을 생산하는 우를 범하였다.

이삭은 세상에서 영웅이 되어 번영하고 있는 이스마엘에게 열등감을 느낀 나머지 그에 필적할 만한 영웅의 풍모를 갖춘 맏아들 에서를 편애하고 가문의 미래를 걸었다. 그 반면에 쌍둥이 둘째 야곱은 종용한 성품이었기에 그를 미워하였다. 야곱에게서 자신의 못난 모습을 보았기에 그러한 아들을 멀리하고 부정하고 핀잔을 주고 미워한다. 아버지의 편애는 자기중심성에서 출발하기 마련이다. 이리하여 아버지 이삭의 편애는 아들들 사이에 서로 반목하는 원인을 제공했다. 더구나 육식으로 만든 별미를 좋아하는 식도락 때문에 별미를 만들어 주는 사냥꾼 에서를 편애했다.

편애의 피해를 받으며 자라난 야곱도 자식을 편애했다. 아버지의 죄는 자식에게로 계대된다. 뿐만 아니라 야곱은 하나님의 약속을 믿지 않고 우상을 섬기는 죄를 범했다.(창 35:1-3) 야곱은 라헬을 사랑한 나머지 자녀들 중에서도 라헬에게서 얻은 요셉을 더욱 사랑했다. 요셉을 편애함으로써 자녀들 사이를 갈라놓았다.

요셉은 하나님의 은혜로 이집트의 총리가 되었으나 이집트 제사장 보디베라의 딸 온과 결혼할 수밖에 없었으며 이집트의 종교를 신봉하지 않을 수 없는 권력자 총리대신의 비운을 감당해야 했다. 그는 기근을 이용하여 이집트의 농민들이 소유한 농토를 전매하여 파라오에게 갖다 바침으로써 파라오의 제국 권력을 더욱 강화하였다. 최고의 권력자 요셉은 영웅의 삶을 살았기 때문에 네피림과 같이(창 6:3) 겨우 110세에 사망하고 말았다.

모세마저도 광야의 끝자락 가데스 므리바에서 야훼를 거역함으로써 가나안 땅에 들어가지 못하고 비스가 산에서 죽었다. 여호수아는 기브온 주민에게 속아서 가나안 원주민을 다 추방하는 데 실패했으며 후일 사사 시대에 이스라엘이 타락하는 빌미를 제공했다. 사사들도 하나같이 불완전했으며 죄 많은 삼손은 장엄한 최후를 맞이했다. 사울은 말할 것도 없고 다윗과 솔로몬도 흠이 많은 삶의 여정을 보여 준다. 의인은 없나니 한 사람도 없음을 역사는 보여 준다.

그러나 노아만은 아무런 흠도 없이 완전한 삶을 살았던 것처럼 보인다. 그러나 불행히도 노아마저도 만년에 타락하고 말았다. '가′' 문단에 노아의 불완전한 행태가 연출된다. 노아의 실수로 인하여 인류의 역사에 다시금 죄의 역사가 기승을 부리게 되었다고 창세기 저자는 저술하고 있다. 어떤 점이 그런가? 이제부터 이런 관점에서 본문을 꼼꼼히 읽어 가도록 하자.

창 9:18-29

29절 끝에 파투카가 있으므로 문단을 18-29절까지 묶는 것이 좋겠다. 18-19절은 정황을 알리는 구절로서 문단을 열고 있고 28-29절은 노아의 언약기를 마무리하는 구절로서 문단을 닫고 있다. 그러므로 이 문단은 세 부분으로 구분할 수 있다.

가. 창 9:18-19 상황설정: 셈과 함과 야벳의 번성

중앙. 창 9:20-27 노아가 실수하여 함을 저주함

가'. 창 9:28-29 상황의 마무리: 노아의 죽음

18절은 방주에서 나온 노아의 세 아들, 셈과 함과 야벳을 소개하는데 후반절에서 특별히 함을 소개한다. 함은 가나안의 조상이라고 소개한나. 이 소개문은 함이란 인물을 주요 인물로 다루겠다는 뜻을 암시한다. 함에게 무슨 일이 벌어지는가?

19절의 후반절 '이들에게서 인류가 퍼져 나와서 온 땅에 퍼져나갔다' 란 문장에 매우 생소한 단어 '나파츠' 가 처음으로 등장한다. 그 의미는 산산이 부서져 흩어지는 움직임을 가리킨다. 새번역은 '퍼져 나갔다' 라고 번역했다. 영어로 된 히브리어 사전에는 scatter/ disperse/ overspread로 정의되어 있다. 명사형으로 '네페츠' 는 이사야서 30장 30절에만 단 한 번 나오는데 맹렬한 폭풍우의 위력을 가리킨다. 다른 명사형 '마파츠' 는 에스겔서 9장 2절에만 한 번 나오는데, 새번역은 '부수는' 연장이라고 번역했고 개역은 '죽이는' 무기라고 번역했다. 또 '마페츠' 가 예레미야서 51장 20절에 단 한 번 나오는데 '무기' 라고 번역되어 있다. 이 동사의 기본 되는 의미는 '부수어 흩어 버리다' 란 뜻이다(왕상 5:9; 단 12:7) 개역은 땅에 '퍼지니라' 라고 번역했고 NKJV는 the whole earth 'was populated', NRSV는 the whole earth 'was peopled' 라고 번역했다. 칠십인역은 '디아스페이로', 불가타는 *disseminatum*이라고 번역했다. 영어 번역이 원어의 의미를 좀 약화시킨 것으로 느껴진다. 칠십인역에서 우리는 디아스포라 공동체로 온 땅에 흩어진 포로민의 운명을 느낄 수 있다.

19ㅎ절은 음역하면, '우메엘레 나프차 콜-하아레츠' 다. '우멜엘레' 는 '그리고 이들로부터' 란 뜻이고, '나프차' 는 '흩어졌다' 는 말이고,

'콜-하아레츠'는 '온 땅'이란 뜻이다. 이 문장의 주어는 '온 땅'이다. 동사 '나프차'는 여성명사 '하아레츠'의 지배를 받는다. 동사의 주어가 노아의 아들들이 될 수 없다. 땅이 갈가리 찢어져 흩어졌다는 뜻이다.

또 전치사 '민'은 소격所格, locative이나 탈격脫格, ablative으로 볼 수 없고 '~ 때문에'라는 원인격原因格, causative으로 이해해야 할 것이다. 영어로 by reason of ~/ because of ~이 될 것이다. 이런 이유로 문장을 직역하자면, '이들 때문에 온 땅이 갈가리 찢어졌다'가 될 것이다. 이것은 창세기 6장 11절의 '온 땅이 하나님 앞에 부패하여'란 표현과 6장 12절의 '하나님이 보신즉 땅이 부패하였으니'란 표현에 상응하는 표현이 될 것이다. 이 문장들은 인간의 폭행으로 말미암아 온 땅이 울퉁불퉁하게 파여졌다는 의미다. 이에 상응하게 대홍수의 심판이 끝난 뒤에 노아의 아들들로 인하여 온 땅이 또 다시 가리가리 찢어지게 되었다는 뜻으로 이해하면 될 것이다.

창세기 9장 20절이 매우 중요하기 때문에 원문을 더욱 깊이 묵상해 보기로 하자. 전반절만 원문을 음역하면 '와약헬 노아흐 이쉬 하아다마'가 된다. '와약헬'은 접속사 '와우'와 동사 '할랄'의 히필형이 결합된 어구다. 동사 '할렐'은 '시작하다'란 뜻이다.(창 4:26, 호팔형; 창 6:1, 히필형) '노아흐'는 노아를 가리킨다. 노아가 주어다. 그리고 '이쉬 하아다마'는 노아의 동격으로서 직역하면 '흙의 사람'이란 뜻이다. 이 문장을 직역하자면, '노아가 흙의 사람이 되기 시작했다'가 된다.

개역은 이 문장을 '노아가 농사를 시작하여'라고 번역했고, 새번역은 '처음으로 밭을 가는 사람이 되어서'라고 번역했다. NKJV는 Noah began to be a farmer 라고 했고 NRSV는 Noah, a man of the soil, was the first to ~라고 했다. NRSV는 노아와 '이쉬 하아다마'를 동격으로 보았기에 매우 정확한 번역이라 할 수 있다. 이 문장을 농사를 시작했다든가 밭을 갈았다든가 농부가 되었다든가 하는 식으로 의역하면 원문의 의미를 잘 전달하지 못한다. 그러면 원문의 의미는 무엇인가?

창세기 9장 20절의 '아다마'는 창 2:5, 15; 3:23; 4:2, 12에 사용된 '아다마'가 전달하는 신학의 의미를 그대로 계대하고 있으며 이로써 일정한 사상의 고리를 형성하고 있다. 다시 앞의 용례들을 검토해 보자.

사람은 하나님의 계속 창조에 동참하는 하나님의 일꾼으로 창조되었다.(창 2:5) 사람이 에덴동산에 살면서 온 창조세계(땅)의 흙을 잘 지키고 보살피는 사명을 감당해야 한다.(창 2:15) 선악을 알게 하는 나무의 열매를 따먹고 자기중심주의에 빠진 사람은 에덴동산에 살 자격을 상실한다. 그래서 선악과를 먹은 사람은 추방된다. 추방된 이후로 사람은 자신의 육신을 구성하고 있는 흙을 위해서 일하는 자기중심주의의 삶을 살게 되었다.(창 3:23) 그 결과 아담의 아들 가인은 부모의 범죄를 계승하여 자신의 물질을 이루는 흙을 위해서 일하는 존재가 되었다.(창 4:2) 범죄를 저지른 가인이 자신의 육을 만족시킬 목적으로 아무리 흙에 노동력을 투여해도 흙은 만족할 만한 소출을 내지 않게 되었다. 겨우 먹고 살 정도로 소출을 낼 뿐, 충분하게 생산하지 않게 되었다.(창 4:12) 타락한 가인의 후예는 도성을 짓고 폭행을 휘두르며 인간 중심의 문명을 이루다가 마침내 하나님의 진노를 샀다. 결국 이들은 노아의 홍수로 다 멸망당하고 말았다. 노아로부터 새 계약의 시대가 동터 올랐지만, 노아도 마침내 가인과 같이 '흙의 사람'이 되고 말았다. 이것이 '이쉬 하아다마'가 뜻하는 의미다. 이것을 한문으로 번역하면 '토인土人'이 된다.

노아는 당대에 흠 없이 온전한 의인이었다. 노아는 창세기 6장 9절에서 '이쉬 처다카'로 표현되어 있다. 또한 7장 1절에도 이어서 '이쉬 처다카'라고 반복하여 표현되었다. 노아는 '의인'이었다는 규정이다. 그러나 의인 노아가 노아 홍수 이후에 9장 20절에서는 '이쉬 하아다마'로 변질되었다. '이쉬 하아다마'는 '땅의 사람' 곧 '토인'이 되었다는 말이다. 의의 사람이 흙의 사람이 되었다는 것에는 분명 모종의 말놀이가 깔려 있다.

'이쉬 처다카' -- 의의 사람 ----- 창 6:9; 7:1
'이쉬 하아다마' - 흙의 사람 ----- 창 9:20

이것은 명백히 대조법이다. 홍수 이전에는 당대의 의인이었던 노아가 홍수 심판 이후에는 물질을 섬기는 육적 존재, 곧 '흙의 사람' 또는 '토인'으로 전락했다는 뜻이다. 이것이 노아가 죄인으로 전락하는 과정이다. 노아 홍수 이후에 창조세계에는 죄가 없어져야 했는데 늙은 노아를 통해서 창조세계에 다시 죄가 스며들어 오게 된 것이다. 노아가 어떻게 하였기에 심판 이후에 죄가 다시 시작되었는가? 노아의 죄는 무엇인가?

모든 사람이 멸망을 당하는 것을 목격한 노아에게 생의 좌절이 찾아 왔을 것이다. 모든 이웃이 죽고 자기 혼자만 생존한 상황에서 인간적 연민, 중심의 괴로움, 그리고 혼자 남은 자의 슬픔에 시달렸을 것이다. 모든 생물을 멸한 하나님의 심판에서 하나님의 잔인함과 공포를 동시에 느끼고 하나님을 원망하는 마음도 조금은 생겨났을지도 모른다. 이러한 소외된 감정으로 인해서 노아의 눈은 점점 하나님의 눈을 벗어나 다른 관점을 지니게 되었을 것이다.

노아는 인간 중심의 눈으로 세계를 바라보기 시작하였다. 노아는 좌절감에 시달리고 고독에 몸부림치면서 점점 창조주 하나님의 크고 넓은 보편의 바다에서 멀어져 갔다. 하나님과의 소통이 단절되기 시작한 것이다. 고독한 사나이 노아는 포도원을 가꾸어서 포도주를 만들어 마시고 잔뜩 취하게 되었다. 술로서 외로움과 소외감을 달래 보려는 심사였을 것이다. 여기서 사람의 죄가 노아에게서 다시 독버섯처럼 솟아오르기 시작한 것이다.

20후반절에 '심다' 란 뜻의 동사 '나타' 는 앞에서(창 2: 8) 이미 처음으로 나왔다. 야훼 하나님께서 에덴동산을 창설하셨을 때 이 동사로 묘사하였다. 야훼께서 에덴동산을 만드신 것과 마찬가지로 이번에는 노아가 포도원을 만들었다. 여기에 '케렘' 이란 명사가 처음으로 등장하는데 포도원을 가리킨다. 동사 '카람' 은 포도나무를 가꾸는 행위를 가리킨다. 명사 '케렘' 은 성서에서 90회도 더 언급된다. 곡물과 포도와 기름이 가나안의 주요 농산물이었다. 아비가일에 다윗에게 바치려고 가져온 공물 중에 포도주 두 가죽 부대와 건포도 백송이가 들어 있었다.(삼상 25:18; 참조. 삼하 16:1) 포도즙틀을 밟는 작업은 하나님의 심판 행위에 비견되기도 한다.(사 63:3; 계14:19) 가나안의 포도 재배는 소출량이 많기로 유명하였다.(민 13:23) 포도를 깡그리 따지 말고 가난한 사람들을 위하여 남겨 두어야 한다.(레 19:10) 나봇의 포도원이 탐이 나서 아합은 죄를 범했다.(왕상 21:1) 이스라엘은 하나님의 포도원이기에(사 5:1ㄸ; 렘 12:10) 주께서 친히 가꾸신다. 그러나 거기에 소출이 나빴다.(사

5:7) 포도원은 천년 시대에 풍요와 평화의 상징이다.(사 65:21; 암 9:13)

창세기 9장 21절은 노아가 포도원을 개원한 결과를 진술한다. 노아는 포도원에서 일하였으나 영의 사람으로 일하지 않고 '흙의 사람'으로 일했다. 그 결과 노아는 포도주를 만들어서 잔뜩 마시고 취하여 인사불성人事不省의 상태에 빠지고 말았다. 21절에 '마시다'란 뜻의 동사 '샤타'와 '포도주'란 뜻의 명사 '야인'과 '취하다'란 뜻의 동사 '샤카르'와 '벌거벗다'란 뜻의 동사 '갈라'가 처음으로 나온다. '야인' 앞에 전치사 '민'이 붙어 있어서 동사 '샤타'를 '퍼마시다'라고 번역하는 것이 좋겠다. '포도주를 퍼마시고 만취하였다'라고 번역하면 그 어감이 잘 살아난다. 개역과 새번역은 그냥 '포도주를 마시고 취하여'라고 건조하게 번역했다. 만취한 노아는 자신의 천막 한가운데 벌거벗은 채 누워 잠이 들었다.

벌거벗은 상태를 묘사하는 동사로 '갈라'가 쓰였는데 '벗기다/벗다'란 기본 뜻이 '제거하다/포로로 끌려가다'란 뜻으로 발전한다. 전자의 의미로는 주로 신체의 기관에 관련되어 쓰인다. 귀를 벗긴다는 관용어는 단순히 알게 된다는 것을 의미한다.(삼상 9:15, '갈라 에트-오젠') 사울은 요나단에게 모든 일을 다 알려 주는 사이다.(삼상 20:2) 요나단은 다윗에게 사사건건 다 일러 주었고(삼상 20:12-13), 다윗에 관해서 사울에게 밀고하는 자는 한 사람도 없었다.(삼상 22:8) 제사장들도 다윗의 존재를 밀고하지 않았다.(삼상 22:17) 보아스는 가까운 친척에게 숨기지 않고 다 알려 주었다.(룻 4:4) '갈라'는 노아가 하체를 드러내 놓고 잠에 골아 떨어졌다는 뜻이다.

눈이 열린다는 표현에도 이 동사를 쓴다.(민 24:4, '갈라 에이나임') 야훼께서 사무엘과 다윗에게 미리 알려 주시고(삼상 9:15; 삼하 7:27) 욥기의 엘리후 연설에서도 이런 경우가 있다.(욥 33:16; 36:10) 이 용어는 하나님의 계시를 가리키는 전문용어가 되었다. 하나님은 사람에게 꿈으로나 환상으로 자신을 드러내 보이신다. 하나님께서는 자신이 행하려는 일의 비밀('소드')을 예언자에게 드러내 보이지 않고서는 무슨 일을 행하심이 결코 없다.(암 3:7; 참조. 잠 20:19) 하나님께서 발람에게 계시하시자 발람의 눈이 열렸다.(민 24:4, 6) 하만과 모르드개가 쓴 조서가 모든 백성에게 반포되어 그 내용이 알려졌다.(에 3:14; 8:13) 동사 '갈라'의 수동태 분사형이 쓰여서 봉인되지 않은 문서를 가리킨다.(렘 32:11, 14)

니팔형으로 쓰여서 가린 것이 벗겨져 사물이나 몸이 드러난 상태를 가리킨다. 제단에 계단을 놓아서 사람의 벌거벗은 것이 드러나서 안 된다.(출 20:26; 사 47:3) 치마가 들려서 알몸이 드러난다.(렘 13:22) 야훼의 콧김에 세상의 기초가 드러난다.(삼하 22:16 = 시 18:16) 알려지게 되거나(사 23:1) 하나님의 말씀이 계시되는 것을 의미하기도 한다.(단 10:1) 다윗이 언약궤를 옮기면서 벌거벗은 것을 미갈이 비난하였다.(삼하 6:20) 요나단이 블레셋 군대 앞에서 자신의 모습을 드러내 보였다.(삼상 14:8) '사망의 문이 네게 나타났느냐' 고 야훼께서 욥에게 묻는다.(욥 38:17) 하나님께서 야곱에게 자신을 나타내 보이셨다.(창 35:7; 참조. 창 28장) 하나님의 사람이 엘리에게 나타나 조상에게 나타난 하나님을 기억하라고 촉구한다.(삼상 2:27) 실로에서 하나님께서 말씀으로 사무엘에게 자기를 나타내셨다.(삼상 3:21; 참조. 삼상 3:7)

그래서 마침내 동사 '갈라'는 하나님의 계시하시는 행동을 나타내기도 한다. 하나님께서 이스라엘에게 축복과 경고의 말씀을 계시해 주신다.(신 29:28) 야훼의 영광이 모든 육체에게 계시될 것이다.(사 40:5; 56:1) 고난 받는 야훼의 종을 통하여 하나님의 행하시는 사역이 인류에게 계시된다.(사 53:1) '갈라'가 전문용어는 아니지만 하나님의 계시를 가리켜서 자주 사용되고 있는 점은 특기할 만하다.

피엘형으로 쓰이면 평소에는 덮개로 덮어 가린 물건에서 덮개를 벗겨서 드러내는 행위를 가리킨다. 발람의 눈꺼풀을 벗겨 눈이 밝아져서 갑자기 천사를 보게 된 일이나(민 22:31), 율법에 나타난 놀라운 일을 보게 되는 일이 있다.(시 119:18) 예레미야가 야훼께 호소하면서 야훼의 보복을 보게 될 것이라고 고백한다.(렘 11:20; 20:12) 야훼께서 평화와 진실을 이스라엘에게 나타내 보이실 것이다.(렘 33:6) 야훼의 의로우심도 드러내 보이실 것이다.(시 98:2) 도망자들이 발각되지 않도록 해야 한다.(사 16:2) 한담하는 자는 남의 비밀을 결국 누설하게 된다.(잠 11:13; 25:9) 에서의 은신처가 드러날 것이다.(렘 49:10) 하나님은 어두운 가운데 있는 은밀한 것을 드러내신다.(욥 12:22) 사마리아는 심판을 받을 때 그 땅의 기초가 드러날 것이다.(미 1:6) 죄가 드러날 것이다.(욥 20:27; 애 2:14; 4:22) 룻은 보아스가 누운 곳에 들어가 그의 발치의 이불을 들고 눕도록 지시를 받는다.(룻 3:4, 7)

성결법이나 신명기 법에서 성행위를 가리켜 '수치를 드러내다'는 표현을 쓸 때 동사 '갈라'를 자주 사용한다.(레 18장; 20장; 신 22:30[23:1]; 27:20) 덮개나 가리개를 걷어서 드러내는 행위를 가리킬 때도 있다. 여자의 치마를 들어 속살을 드러낸다.(사 47:3; 나 3:5) 야훼께서 유다가 덮었던 가리개를 벗기신다.(사 22:8) 누가 레비아탄의 겉가죽을 벗길 수 있느냐.(욥 41:13[5]) 이 경우 수치스럽다는 관념을 내포한다.

성결법에서 쓰인 의미와 유사하게 예언자들도 이스라엘의 벌거벗은 것을 드러낸다는 표현을 써서 이스라엘이 야훼를 저버리는 행위를 규탄한다. 이와는 반대로 야훼와 이스라엘이 오히려 불신의 이방 나라의 벌거벗을 것을 드러내어 수치를 당하게 하기도 한다.(호 2:12; 겔 16:36) 니느웨가 수치를 당할 것이며(나 3:5), 바벨론이 수치를 당할 것이다.(사 47:3)

덮개를 제거한다는 기본 의미에서 발전하여 땅에서 인민을 제거함으로써 포로로 끌려가는 것을 가리켜서 동사 '갈라'가 포로로 끌려가는 모습을 그리기도 한다. 에스겔이 포로의 행장을 하고 끌려가는 모습을 연출한다.(겔 12:3) 땅의 기쁨이 제거되어 소멸되었다는 표현도 있다.(사 24:11) 욥의 친구 소발은 욥의 가산이 다 없어지는 것을 탄식한다.(욥 20:28) 단순히 '떠나다'란 뜻으로 쓰이기도 한다.(잠 27:25; 호 10:5)

포로로 끌려가다는 의미로 쓰인 구절이 칼형으로는 스무 군데쯤 나오고 히필형으로는 서른아홉 번쯤 나오며 일곱 번은 호팔형으로 나온다. 아모스와 예레미야가 심판을 고지할 때 이 단어를 쓴다.(암 1:5; 5:5, 27; 6:7; 7:11, 17; 렘 13:19; 20:4; 22:12; 27;20; 참조. 애 1:3; 사 5:13) 야훼께서 이스라엘을 포로로 끌려가게 만드신다.(렘 29:4, 7, 14; 겔 39:28; 암 5:27; 애 4:22; 참조. 왕하 17:11) 하지만 보통은 이스라엘이나 유다가 이 동사의 주어로 나온다. 이스라엘이 땅에서 쫓겨나는 사건은 가나안인들이 이스라엘에게 쫓겨난 과거의 행적과 견주어 비교된다.(왕하 17:11) 신명기에는 이 동사가 나오지 않는 대신에 '멸망하다'란 뜻의 동사 '아바드'가 쓰인다.(신 4:26; 11:17)

명사형 '골라'는 여성명사로서 쓰여 41회 나온다. 대부분 유다 왕국의 바빌론 포로를 가리킨다. 또 다른 명사형 '갈로트'는 15회 나오는데 포로민 집단을 가리킨다.(사 20:4; 45:13; 렘 24:5; 28:4; 29:22; 40:1; 암 1:6, 9; 욥 1:20) 또 여호야긴의 포로 생활의 기간을 가리키기도 한다.(왕하 25:27; 렘 51:31; 겔 1:2) '우리가 사로잡힌 지' 란 표현도 에스겔서에 나온다.(겔 33:21; 40:1)

이상과 같이 동사 '갈라' 의 개념을 살펴보았다. 창세기 9장 21절에 사용된 동사는 가렸던 덮개나 옷을 벗어서 하체가 드러난 모양을 묘사하는 것으로 보인다. 노아는 포도주에 만취하여 자기 천막에 벌거벗은 채 알몸으로 누워 자고 있었다. 그런데 이 대목에서 노아의 아내가 등장하지 않는 것이 수상하다. 노아의 아내는 이름도 거명되지 않고 있으며 노아의 일대기에서 아무런 역할도 맡지 않고 있다. 익명의 여인으로서 그 거대한 방주를 짓는 남편 노아를 묵묵히 내조하는 아내로 나온다. 그녀에게서 셈과 함과 야벳이 태어났다.

노아가 '외로울 제' 아내는 노아에게 무슨 위로가 되었을까? 여자가 항상 함께 있어도 남자는 외로워한다. 여자는 사람의 존재에서 정수를 뽑아내어서 만든 존재다. 정수를 빼내어 갔기에 남자는 여자 없이 살 수 없는 존재다. 이런 의미에서 여자는 남자의 '에쩨르' 다. 개역은 이것을 '돕는 배필' 이라고 번역하였지만 좀 곤란한 번역이다. 노아는 일생을 같이 하였던 익명의 아내와 단 둘이만 남았다. 친구도 선배도 후배도 다 죽고 없어졌다. 마을 사람들도 이웃 도성의 사람들도 다 사라지고 없다. 이제 정치도 경제도 사회도 문화도 다 사라지고 말았다. 노아에게 짙푸른 고독이 쓰나미처럼 밀려왔다. 노아는 이 외로움을 아내와는 나눌 수 없었다. 아내는 사나이의 고독을 짐작할 수 있으나 함께 질 수는 없다. 자식을 먹이고 입히는 일에 너무나 분주한 실존이 아내다. 아내는 현실에서 생존하는 문제로 항상 바쁘다. 노아의 고독은 지금과 같이 위급한 상황에서 어쩌면 사치로 비쳤을지도 모른다. 소외당한 노아는 아내에게서도 점점 멀어져 갔다. 노아는 술로 세월을 달래는 방법을 터득하게 되었다. 포도주를 만들어낸 것이다. 매일 술로 아픔을 달래다 보니 어느새 알코올중독에 빠져들고 만 것이다. 주사를 부리기 시작했다. 마침내 그는 벌거벗고 잠이 들었는데 아내는 그 꼴을 방치해 두었다. 무슨 이야기일까? 노아의 주사가 잦아지자 아내는 남편의 잦은 술버릇을 방치하기 시작했다는 말이다. 모진 세월이 아내의 사랑을 잃어버리게 만들었다.

노아의 둘째 아들 함이 천막에 우연히 들어왔다가 아버지의 벌거벗은 곳을 보게 되었다. 함은 바깥으로 나가서 두 형제에게 아버지의 벌거벗은 모습을 말해 주었다. 22절에서는 이러한 함의 행위를 불경한 것으로 문제 삼고 있다. 여기에 '선언하다/말하다' 란 뜻의 동사 '나가드' 가 쓰였는데, 이 동사는 창세기 3장 11절에 처음으로 나와 야훼께서 아담에게 이렇게 물었다. '누가 너의 벗었음을 네게 알렸느냐?' (창 3:11) 여기서 '알렸느냐' 는 원어로 '나가드' 동사의 히필형이 쓰였다. 누가 네가 말해서 알게 했느냐란 뜻이다. 창세기 9장 22절에 이 동사가 두 번째 등장했다. 상황도 비슷하다. 아담이 벌거벗은 모습과 노아가 벌거벗은 모습이 평행을 이룬다. 아담은 선악과를 먹고 갑자기 자신의 벌거벗은 모습을 깨닫게 되어 무화과나무 잎으로 치마를 엮어 몸을 가렸다. 야훼께서 오시자 아담은 동산 나무 사이에 숨었다.

노아도 무지개 언약을 맺고 술에 취해서 벌거벗었다. 그는 만취하여 수치도 모른 채 천막에 누워서 잠이 들었다. 둘째 아들 함은 아버지의 수치를 보고 가려 주지 않고 그냥 나와서 셈과 야벳에게 아버지가 벌거벗은 채 자고 있다는 사실을 알려 주었다. 흉을 보았다든지 비난했다는 동사를 쓰지 않고 그냥 매우 중립적인 의미로 '말했다' 고만 표현했다는 점이 이채롭다.

또 함은 가나안의 조상이라고 명기하고 있는데 여기에는 하나님을 믿지 않고 거역하는 가나안족의 기원론을 제시하려는 저자의 의도가 돋보인다. '누가 말해 주었느냐?' 는 창세기 3장 11절의 물음이 함의 타락과 은근히 연결된다. 함이 집 바깥으로 나가서 동네방네 떠들고 다녔다는 9장 22절의 진술과 묘하게 어우러지고 있다. 이로 인해서 함은 아버지 노아에게 저주를 받는 불행을 당한다. 이 저주로 인해서 대홍수 이후에 죄인이 사라지고 새 출발하려는 창조세계의 역사에 다시 죄가 독가스처럼 파고 스며들어 왔다.

창세기 9장 22절에 '벌거벗음/나체' 란 뜻으로 '에르와트' 란 단어를 처음으로 사용했다. 이 동사의 기본형은 '아라' 인데 두 가지 의미가 있다. 하나는 '벌거벗기다/벗기다' 란 뜻이고 또 하나는 '비우다/부어버리다' 란 뜻이다. 후자의 의미로 쓰일 경우에는 죽음을 비유하여 '목숨('네페쉬')을 비우다' 라고 표현하기도 한다.(사 53:12; 시 141:8) 사람이 타락한 후에 벌거벗은 알몸은 수치의 대상이 되고 말았다. 성행위가 악하기 때문이 아니라 사람의 마음이 죄로 물들었기 때문이었다. 따라서 창세기 3장 7절 이후에 알몸은 죄의 악한 결과로서 수치의 상징이 되고 말았다. 예배할 때 알몸이 드러나서는 안 된다.(출 20:26; 참조. 28:42) 수치를 드러내는 알몸은 행악자들에게 내리는 심판의 표지다.(사 3:17; 합 3:13; 습 2:14; 애 4:21; 겔 16, 22, 23장) 예루살렘이 멸망한 것은 여성이 벌거벗겨 강간을 당하는 성폭행에 비유된다.(시 137:7)

동사 '아라' 는 니팔형으로 쓰여 성령이 우리 위에 퍼부어지는 것을 묘사한다.(사 32:15) 벌거벗다는 의미가 퍼붓다는 심상으로 연결된 것이다. 리브가는 물동이를 비웠다.(창 24:20) 한 관리가 상자를 비웠다.(대하 24:11) 야훼의 종이 자신의 목숨을 쏟아 부어서 죽었다.(사

53:12; 참조. 시 141:8)

창세기 2장 25절에는 '벌거벗음' 을 나타내기 위해서 '아롬'이란 단어를 썼고 3장 7절 이하에서는 '에이롬'이란 단어를 사용했다. 이 두 단어를 파생한 기본형은 '우르' 로서 '벗기다/드러내다' 를 뜻한다. '우르' 는 하박국서 3장 9절에만 나온다. 이것은 위에서 살펴본 동사 '아라' 의 다른 형태로 보인다. '에이롬'은 열 번 언급되는데 영적으로나 육적으로 벌거벗은 상태를 가리킨다. 아담과 하와가 벌거벗었다고 묘사한 것은 단순히 성적인 수치심을 의미하는 것이 아니라 하나님 앞에 드러난 죄의식을 지칭한다. 이 단어로써 물적으로나 영적으로 피폐해진 예루살렘을 의인화하여 표현하기도 한다.(겔 16:7, 22, 29; 23:29; 신 12:29) 의인은 벗은 자에게 옷을 준다.(겔 18:7, 16) '아롬'이란 단어는 나체를 가리키지만(창 2:25; 삼상 19:24; 사 20:2; 미 1:8), 또한 감추어 둔 것이나 변장한 것을 드러내는 노출을 가리킨다.(욥 26:6) 주의 심판 날에는 용사들 중에 마음이 굳센 자라 할지라도 벌거벗고 도망친다.(암 2:16)

이 단어는 상징적인 의미를 전달하기도 한다. 아담과 하와가 벌거벗었으나 부끄러워하지 않았다고 말함으로써 무죄한 상태를 묘사한다.(창 2:25) 이사야는 벌거벗고 거리를 걸음으로써 아시리아에 패배한 이집트인들이 포로로 끌려가는 모습을 시현하였다.(사 20:2-4) 사울이 사무엘 앞에 벌거벗고 누웠다는 표현은 나체로 있었다는 뜻이라기보다는 성령의 능력에 취하여 왕의 옷과 칼을 벗어 놓았다는 의미일 것이다.(삼상 19:24) 그 덕분에 다윗은 안전하게 도망칠 수 있었다.

가난한 자가 벌거벗은 것은 억압과 착취를 당하여 헐벗은 상태를 가리킨다.(욥 24:7, 10; 사 58:7) 가난한 자의 겉옷을 담보물로 잡아서는 안 되며, 그것을 이불로 덮어야 하기 때문에 밤이 되기 전에 돌려주어야 한다.(출 22:25-27) 야훼께서는 음행한 여자를 갓난아기와 같이 벌거벗겨서 벌하실 것이다.(호 2:3) 욥이 고난을 당하여 한탄하기를 모태에서 알몸이 나왔은즉 알몸이 그리로 돌아가리라고 말하였다.(욥 1:21) 스올은 하나님 앞에서 벌거벗은 상태로 놓여 있다.(욥 26:6; 참조. 시 139:7-8; 잠 15:11; 암 9:2) 삶의 영역뿐 아니라 죽음의 영역에 대해서도 환히 알고 계시며 다스리신다. 벌거벗은 상태를 가리키는 '아라' 는 피부나 가죽을 가리키는 '오르' 란 단어와 모양이 비슷하다는 점이 눈에 띈다.

노아가 벌거벗은 모습을 보고 함이 밖에 나가서 떠들었다는 점이 9장 22절이 제시하는 함의 죄다. 이것이 죄가 됨은 십계명에 네 부모를 공경하라는 계명에 어긋난다. 함의 경솔함은 아버지를 업신여겼다는 것에 더하여 밖으로 나아가 아버지의 흠을 잡고 흉을 보았다는 데 더 큰 잘못이 있다.

창세기 9장 23절은 셈과 야벳의 반응을 기술한다. 셈과 야벳은 함과는 달리 겉옷을 들고 어깨에 메고 뒷걸음쳐 들어가서 아버지의 하체를 덮어 가렸다. 이 구절에서 처음 나오는 단어가 두 가지 나온다. '겉옷' 을 가리키는 단어 '시믈라' 와 '어깨' 란 뜻의 '쉬켐' 이란 단어가 그것들이다.

'시믈라' 는 보통의 옷을 가리킨다. 애통하면 옷을 찢고 가슴을 치며 아파한다.(창 44:13; 수 7:6) 요셉이 형제들에게 옷을 여러 벌 선물로 주었다.(창 45:22) 아버지 야곱이 자기를 편애하여 자기에게만 채색옷을 지어 입히신 과거에 대해 형들에게 속죄하는 의미를 담고 있다. 남자가 여자의 옷을 입으면 안 된다.(신 22:5) 광야에서 이스라엘은 옷이 해어지지 않았고 발이 부르트지 않았다.(신 8:4) 이 단어 외에 옷을 가리키는 단어로는 '베데드' 가 있는데 훨씬 많이 언급된다. '쉐쉬' 란 단어는 면으로 지은 옷을 가리키고 '탁하쉬' 는 가죽옷이며 '커토네트' 는 튜닉처럼 통으로 아래와 위가 터진 겉옷이다. '시믈라' 가 쓰인 구절은 다음과 같다. 창 9:23; 35:2; 36:36-37; 37:34; 41:14; 44:13; 45:22; 출 3:22; 12:34-35; 19:10, 14; 22:26; 신 8:4; 10:18; 21:13; 22:3, 5, 17; 수 7:6; 삿 8:25; 룻 3:3; 삼상 21:10; 삼하 12:20; 대상 1:47-48; 잠 30:4; 사 3:6-7; 4:1; 9:4.

'쉬켐' 은 '어깨' 란 뜻인데 동사 '샤캄' 에서 나온 명사로 추정할 수 있지만 확실하지는 않다. 동사는 '일찍 일어나다' 란 뜻으로 '아침에' 란 말과 함께 연결되어 자주 쓰이며(창 21:14), 이른 아침의 새벽이슬을 가리키기도 하고(호 6:4; 13:3), 늦게 자는 것(시 127:2)과 저녁(삼상 17:16)과 대조되는 말로도 쓰인다. 창세기 19장 2절에서는 '일찍 일어나서 길을 떠나라' 는 뜻이라기보다는 '어서 속히 출발하라' 는 말로 이해해야 할 것이다. 여하튼 이 동사의 용법은 따로 공부해야 할 것이다.

명사형 '쉬켐' 은 단순히 어깨 부위만을 가리키는 것이 아니라 등짝의 윗부분까지를 포함한 부위를 가리킨다. 창세기 48장 22절의 한글 역본들에 의하면, 야곱이 요셉에게 '나는 네게 네 형제보다 세겜 땅을 더 주었다' 라고 말한다. 이것을 KJV는 I have given you one "portion" above your brothers라고 번역했고, RSV는 이것을 one mountain slope라고 번역했으며 NRSV는 one portion more than 이라고 수정했다. JB와 스파이저(앵커 바이블, 358)는 한글 역본들과 마찬가지로 Shechem이라고 번역했다. 어깨와 세겜의 관계는 무엇인가? 식탁에서 어깨 부위의 고기는 고급으로 여겨졌고 요즈음 말로는 계란의 노른자와 같은 귀한 부위였다. 세겜은 요셉의 매장지로서 어깨 부위와 같은 소중한 땅을 요셉에게 주었다는 의미가 될 것이다. 뿐만 아니라 어깨에 무엇을 걸쳤다는 것은 자랑스럽게 내보이며 권위를 주장한다는 뜻도 있다.(사 9:6; 22:22; 욥 31:36)

세겜 땅은 에발 산과 그리심 사이에 위치한 에브라임 땅에 속해 예루살렘 북쪽으로 64킬로미터 가량 떨어져 있다. 세겜이란 이름이 어깨란 뜻의 단어에서 나온 것은 이와 같이 지정학적으로 중요한 요충지였음을 의미한다. 세겜 성은 그리심과 에발의 두 산들로 둘러싸인 산록 지역을 다스렸는데 이 산록을 산의 어깨로 여겼을 것이다.

셈과 야벳이 옷을 취하여 자기들의 두 어깨 위에 걸치고 뒷걸음으로 벌거벗은 아버지에게 다가가서 얼굴을 돌린 채로 보지 않고 아버지를 덮어 주었다. 9장 23절의 묘사는 매우 자세하다. 알몸을 뜻하는 단어 '에르와트'를 두 번이나 반복하고 뒤쪽의 방향을 뜻하는 단어 '악호라니트'도 두 번이나 반복하여 아버지의 알몸을 보지 않고 덮어 주었음을 힘주어 강조한다.

아담은 자신이 벗었음을 깨닫고 수치를 느끼고 무화과나무 잎사귀로 치마를 엮어 성기를 가렸으며 하나님이 오시자 몸을 나무 사이에 숨겼다. 스스로 자신의 수치를 가린 아담을 보시고 측은히 여기신 하나님은 나중에 사람에게 가죽옷을 지어 입히셨다. 가죽옷은 죄악의 결과였음을 은근히 암시한다. 노아는 당대의 완전한 의인이었지만 아담의 죄까지 벗어 버리지는 못했다. 흙의 사람이 된 이래 노아는 더욱 예민하게 수치를 느꼈던 것 같다. 자기의 나체를 보았다고 해서 둘째 아들을 저주하는 데까지 나아갔던 것이다. 아들을 저주하는 아버지의 정신이 정상이라고 볼 수 없다.

창세기 9장 24절은 노아의 분노를 진술한다. 술이 깬 후에 노아는 함이 행한 사실을 알고 분노했다. '깨어나다/일어나다' 란 뜻의 동사 '야카츠' 가 처음으로 등장한다. '야카츠' 와 같은 뜻으로 '키츠' 가 있는데 이 두 동사의 관계는 알 수 없다. 잠에서 깨어난 사람을 가리켜 사용된다.(창 28:16; 41:4; 삿 16:14; 왕상 3:15) 노아는 '포도주에서 깨어났다' 라고 표현한다. 경건한 사람은 늘 깨어서 하나님의 임재를 느낀다.(시 17:15; 139:8) 고대 근동의 신화들을 보면 신들은 잠을 자는 한계를 지니고 있어서 소리쳐서 깨워야만 일어나는 장면이 여러 군데 나온다.(참조. 왕상 18:27) '그 때에 주께서 잠에서 깨어난 것처럼 ~ 일어나서' (시 78:65) 죄인이 회개하지 않아도 잘 사는 것을 보고 야훼께서 주무신다고 탄식하는 구절도 있다. 하지만 후일에 깨닫기를 '너를 지키시는 자가 졸지 아니 하시리로다. 이스라엘을 지키시는 이는 졸지도 아니하시고 주무시지도 아니하시리로다' 라고 노래했다(시 121:3-4) '야카츠' 가 쓰인 구절은 다음과 같다. 창 9:24; 28:16; 41:4, 7, 21; 삿 16:14, 20; 왕상 3:15; 18:27; 시 78:65; 합 2:7.

술에서 깨어난 노아는 둘째 아들 함이 그에게 행한 짓을 알게 되었다. 이때 동사 '야다' 가 쓰였는데 이것은 에덴동산에 있는 '선과 악을 알게 하는 나무' 라는 용어에 쓰인 동사다. 흙의 사람이 된 노아는 자기를 모욕한 함의 행위가 자신에게 해롭다는 느낌을 예민하게 느낀 것이다. 노아는 자기중심주의에 빠졌다. 이것을 성서는 '이쉬 하아다마' 라고 표현한 것이다. 노아는 오로지 자신의 관점으로 주변 관계를 이해하고 대처하기 시작했다. 심지어 자기의 아들의 잘못을 용납해 주기는 커녕 그를 저주하는 데까지 너무 멀리 나아갔다.

창세기 9장 25절에 '아루르' 라는 단어로써 저주하는 행위를 표현한다. 이 단어는 3장 14, 17절에 두 차례 나왔다. 하나님께서 뱀을 저주하시고 사람의 죄로 인하여 흙을 저주하셨다. 아담과 하와는 하나님이 친히 저주하지 않으셨다. 아담은 저주 받은 흙으로 구성된 육을 부여 안고 살아야 했으며 자신의 질료를 이루는 저주 받은 흙을 위해서 자신의 노동력을 투여하면서 살아야 하는 존재로 전락하고 말았다.(창 3:23) 하나님은 친히 만드신 아담과 하와를 저주하여 죽는 데까지 이르게 하지는 않았다. 하나님의 모든 심판은 자로 잰 듯 철저히 배려한 사랑의 교육과정이다. 사람을 마침내 구원하여 원래의 모습으로 회복하려는 하나님의 피나는 노력의 정책이 심판인 것이다. 그러나 자기중심의 생각에 빠져서 노아는 사랑을 잃어버리고 수치심에 떨며 화가 난 나머지 자신의 몸에서 난 아들을 저주하고 말았다.

노아의 저주문에 동사 '아바드'가 등장하며 명사 '아바딤'이 등장하고 있는 점이 이채롭다. 이 동사는 아담의 창조 때부터 타락 때까지 주제를 연결하고 있으며 가인의 후예로부터 새 언약의 노아에 이르기까지 줄기차게 주제를 잇고 있는 단어다. 창 2:5, 15; 3:23; 4:2, 12; 9:20에 이어서 지금 9:25로 이어지고 있는 것이다. 지금까지는 줄곧 동사 '아바드'가 사용되었지만 이제는 명사형으로 단수 '에베드'와 복수 '아바딤'이 한꺼번에 나와서 고대 노예제의 사회체제를 맹렬하게 비판하며 그 악한 사회의 근원을 존재론으로 파헤친다.

개역개정은 이 문장을 '가나안은 저주를 받아 그의 형제의 종들의 종이 되기를 원하노라'라고 번역했다. '저주를 받아'란 번역은 '원하노라'란 번역과 연결해야 완전해진다. 즉 '저주를 받기를 원하노라'란 뜻이다. 이것이 히브리어 '아루르'의 의미다. 이 단어는 다음 절에 '축복하다'란 뜻의 '바루크'란 단어와 대조를 이룬다. '바루크'는 태초의 창조기에 세 차례나 나온 단어다. 다섯째 날 동물을 창조하시고 저들이 땅에서 번성하라고 복을 주셨다.(창 1:22) 여섯째 날 사람을 창조하시고 저들의 번영을 축복해 주셨다.(창 1:28) 일곱째 날 하나님이 안식일을 축복하시고 거룩하게 제정하셨다.(창 2:3) 그 후 창세기 5장에 아담의 족보에 이 단어가 쓰여서 하나님께서 사람을 남자와 여자로 창조하시고 축복해 주셨다고 기록되어 있다.(창 5:2) 노아 홍수가 끝났을 때 하나님은 노아와 그 세 아들을 '생육하고 번성하여 땅에 충만하라' 고 축복해 주셨다.(창 9:1) 그런데 이렇게 하나님이 축복하신 아들을 노아가 저주했다.

창세기 9:26-27은 셈과 야벳에게 노아가 베푼 축복문이다. 축복의 내용은 하나님 야훼께서 셈의 하나님이 되신다는 것이다. '셈의 하나님 여호와를 찬송하리로다' 란 축문이 바로 그런 뜻이다. 가나안 함은 셈과 야벳을 섬기는 노예가 될 터인데 이와는 달리, 셈은 야훼를 하나님으로 섬기고 야훼는 셈의 하나님이 되실 것이며, 막내 야벳은 셈의 장막에 동거하면서 가나안을 노예로 부리며 살게 될 것이라는 것이다. 독자들은 이 저주와 축문의 내용에서 아무런 문제점도 느끼지 못하는가? 자기 아들을 저주하는 노아에게서 아무래도 석연치 않은 냄새가 풍긴다. 이 점은 나중에 다시 논하기로 하고 우선 단어의 뜻부터 정확하게 찾아보고 이해하려고 노력하자.

창세기 9장 25절에서 함은 종들의 종이 되기를 원한다고 저주를 받는다. 이 어구는 노예들 중의 노예가 된다는 뜻이다. 예컨대 왕 중 왕이란 표현과 같은 수사법으로서 '노예 중 노예' 라고 번역해도 될 것이다.

창세기 9장 27절에 처음 나온 단어는 '문을 열다' 는 뜻의 동사 '파타' 인데 이것은 미완료형으로 문장 앞에 나와 발음이 '야프트' 가 되어 마치 '야벳' 이란 이름과 말놀이를 벌이고 있다는 인상을 준다.

동사 '파타' 는 '넓다' 란 뜻도 되는데, 매우 미숙하고 단순한 사람이 유혹에 쉽게 넘어가서 무엇이 옳고 그른지를 잘 분별하지 못하는 사람을 표현하기도 한다. 삼손의 아내가 삼손의 비밀을 알아내려고 남편을 유혹한다.(삿 14:15-16) 이때 동사 '파타' 의 피엘형이 '유혹하다' 란 뜻으로 쓰였다. 여자를 유혹하는 남자도 있다.(출 22:15) 미숙한 자는 죄인들의 꼬임에 넘어가기 쉽다.(잠 1:10) 야훼의 법을 준행하지 않는 자는 유혹에 빠져 결국 망하기 십상이다.(대하 18:19-21)

이 단어에 '속이다' 란 뜻도 있다. 이스라엘은 풍부한 중에 속임을 당하여 다른 신들을 섬기는 일이 없도록 주의해야 한다.(신 11:16) 증거도 없이 이웃에게 불리하게 위증하는 자는 입술로 속이는 것이다.(잠 24;28) 예레미야는 아무 성과도 없이 살았다고 실망하면서 하나님이 자신을 속였다고 푸념을 널어놓았다.(렘 20:7-9) 예언자가 속임을 당하여 엉뚱한 예언을 할 때도 있다.(겔 14:9, 개역- '유혹을 당하여')

동사 '샤칸' 은 '거주하다' 란 뜻으로 창세기 3장 24절에 처음 나온 이래 여기에 두 번째로 나왔다. 하나님은 에덴 동편에 두 그룹을 거주시켜서 생명나무로 가는 길을 차단하였다. 야벳은 셈의 천막에 거주하면서 얹혀 살 운명이다.

창세기 9:25-27의 저주문과 축복문에 셈족 중심의 민족주의 냄새가 진하게 풍겨 나오고 있다. 셈은 데라로 이어지며 데라에게서 아브람과 이삭과 야곱의 혈통이 이어지며 마침내 유대 나라가 성립되기 때문이다. 그러나 이것을 단순히 민족주의나 혈연주의로 간주해서는 안 된다. 오늘날 셈 민족주의가 반감을 사고 있는데 이것은 유대인들이 성서를 오해하여 셈을 자신의 민족이나 혈통을 특수화하는 것으로 오용하기 때문이다. 이들 잘못 인식하는 시온주의자들로 인해서 하나님의 거룩한 성서가 일반에 오해되고 심지어는 증오의 대상으로 전락하기도 한다.

그러나 성서는 민족주의나 인종주의를 옹호하는 책이 아니라는 사실은 요지부동으로 확고하다. 실제로 성서는 노아의 축복문과는 다르게 역사가 진행되었음을 보여 준다. 창세기에 보면 이집트 제국과 블레셋 국가가 땅에서 번성하고 있다. 출애굽기에 보면 함의 후손인 이집트 족속이 대제국을 이룩하고 땅을 지배하고 있다. 민수기에 보면, 가나안 족속들이 땅을 점령하고 높은 성벽을 건축하며 지배자로 군림하였다. 셈이 주인이 되기는커녕 함의 종이 되어 노예살이를 하는 처지임을 오경은 보여 준다. 여호수아가 가나안을 정복하였으되 하나님께서는 가나안의 함족을 노예로 부리지 말고 다 추방하라고 명하셨다. 다윗이 가나안에서 왕으로 등극하여 천하를 통일하여 다시 셈이 함을 다스리게 되었다.

하지만 다윗과 솔로몬의 왕국은 노예제도로 인해서 하나님의 노여움을 산다. 하나님의 통치 하에서 어떻게 함이 셈의 노예가 되며 셈이 함을 노예로 부릴 수 있단 말인가? 하나님은 이런 노예제도를 아주 싫어하신다.(출 21:1-7) 그러므로 창세기 9:25-27의 축복문과 저주문은 육경의 차원도 넘어서 구경의 차원으로 이어지며 신명기 학파의 솜씨라고 단정할 수 있을 것이다. 그러나 이 저주와 축복이 실행되지 않는다는 점에서 노아의 말은 종말론적 성격을 지니고 있다고 보는 것이 더 낫다. 마지막 날에 하나님의 나라를 바라보면서 노예로 살던 디아스포라의 염원이 이루어질 것이다. 그래도 가나안 함에 대한 노아의 저주에는 많은 문제가 있어 보인다.

야벳에 대한 축복은 다소 소극적이다. 야벳은 셈의 천막에 빌붙어서 사는 축복을 누린다. 천막('오헬')에는 야발이 처음으로 거주하였는데(창 4:20), 야발의 천막에 이어 노아의 천막이 나오며(창 9:21) 이어서 셈의 천막이 등장한다(창 9:27) 셈 중심의 사상이 표현되고 있으나 이것은 민족주의나 인종주의를 표방한다기보다는 피억압민의 해방을 갈구하는 종말론적 희망을 나타낸다고 보아야 옳다.

창세기 9:28-29는 9:18-19에 상응하는 부분이다. 이야기의 흐름을 진척시키는 요소다. 이 부분은 노아의 연대기를 표시한다. 노아는 350년을 더 살아서 950세로 천수를 다 누렸다. 앞에서 19절에는 노아의 세 아들이 온 땅에 퍼졌다는 자손 축복이 언급되어 있다. 자손의 번성과 장수의 축복을 다 누린 노아는 그야말로 흠 없이 완전한 의인이었다. 그러나 성서의 말씀은 의로운 인간을 찬양하는 데 초점을 두지 않고 인간의 죄인 됨을 드러내는 데 초점이 있다. '의인이 없나니 하나도 없다' 는 시편의 말씀이 여기서도 적용된다.

노아에게 잘못이 있었다. 노아는 여전히 흙으로 지어진 존재의 물질적 한계를 벗어나지 못했다. 마음의 비탄과 혼자 남은 외로움을 다스리지 못했기에 하나님 나라의 복음을 온전히 누리지 못했다. 아담으로부터 계대한 죄의 수치심을 이기지 못하여 급기야 작은 아들 함을 저주하는 데까지 나아갔다. 이 때문에 함을 통하여 인류에 다시 죄악의 역사가 열렸다. 오경 저자는 창세기 10-11장의 족보와 이야기를 통해서 바로 이 점을 증언한다.

창 9장 29절의 문장은 노아의 수명과 죽음을 보도한다. 수명은 '콜-여메이-노아흐' 라고 하여 '노아의 모든 날들' 이라고 직역할 수 있다. 그리고 문장의 맨 끝에 '그는 죽었다' 라고 맺는다. '터샤 메오트

샤나 왁하미쉼 샤나'는 950세란 뜻이다. '터샤'는 9를, '메오트'는 100을, '하미쉼'은 50을 가리키며, '샤나'는 '해/년/살/세'을 뜻한다. 창세기 11장 10절에 의하면 셈이 100세 되던 해가 홍수 후 2년이니까 8장 13절은 노아가 601세 되던 설날에 홍수가 그쳤다고 보도한다. 그러니까 노아가 603세 되던 해에 셋이 100세 되었다. 셋은 600세에 죽었으니 노아는 셋이 347세 되던 해에 사망하였다는 셈이 나온다. 셋은 노아 탄생을 원년으로 치면 노아 이후 1103년에 사망하였으며 놀랍게도 노아 후 1068년에 죽는 아브라함보다 더 오래 사는 셈이 된다. 이러한 난해한 결과는 나중에 창세기 11장을 주석할 때 다시 거론하기로 한다.

노아의 만년에 죄가 다시 고개를 쳐들었고 그 아들들에게서 죄의 역사가 다시 출범하였다. 이것이 창세기 9:18-29 문단이 보여 주는 신학의 요지다. 그 결과 창세기 10장과 같은 족보가 나온다.

Ⅷ. 두 부류의 인간

(창 10:1-32)

창세기 10장 1절은 족보의 서문이며 10장 32절은 족보의 결문인데 이 두 구절은 셈과 함과 야벳의 족보 앞뒤에 놓여 있다. 여기에 '톨레도트'란 단어가 반복되며 이러한 반복법을 통하여 족보 문단을 포괄법으로 감싸고 있다.(inclusio) 1절은 '엘레 톨레도트'로 시작한다. '톨레도트'는 한 사람이 태어나서부터 죽을 때까지의 이야기를 엮어 놓은 일대기다. 노아의 아들 셈과 함과 야벳의 이야기가 노아의 톨레도트에 포함된다.

1후반절에 홍수 이후에 노아의 세 아들들에게서 아들들이 태어났다는 말로 셈과 함과 야벳의 일대기를 이야기하기 시작한다. 이 노아의 일대기는 막내 동생인 야벳의 족보로부터 시작되며 그 다음에 둘째인 함의 족보, 그리고 마지막으로 맏아들인 셈의 이야기로 진행되는데 이 순서는 막내부터 시작한다. 족보에는 군데군데 이야기가 포함되어 있다. 야벳의 이야기는 2-5절, 함의 이야기는 6-20절, 셈의 이야기는 21-32절까지 펼쳐진다. 이 중에 함의 이야기가 차지하는 분량이 가장 많다.

1. 야벳의 일생: 보통 사람의 행복

야벳의 일대기(창 10:1-5)

야벳의 아들은 모두 일곱이다. 고멜과 마곡과 마대와 야완과 두발과 메섹과 디라스가 그들이다. 아담은 세 아들을 낳았다. 그러나 아벨은 가인에게 살해당하여 두 아들만 남았다. 살해당한 아벨 대신에 하나님은 셋을 주셨다. 가인은 죄인의 조상이 되었고 셋은 하나님의 백성의 조상이 되었다. 하지만 셋의 후예들은 번성하지 못하고 한 대에 한 명씩 계대하여 생존하였다. 그러다가 노아에 이르러서 셈과 함과 야벳의 세 아들로 번성하기 시작한 것이다. 노아 홍수로 인하여 죄인들이 다 멸망당했을 때 노아의 조상들 중에 홍수로 죽은 자는 아무도 없었다. 최장수자 므두셀라가 969세로 죽은 직후에 홍수가 터졌으며, 그 이전에 라멕은 777세를 살고 먼저 죽었다. 이러한 모양은 이 책의 말미에 수록해 둔 부록 창세기 연표를 참조하라. 므두셀라는 노아가 600세 되던 해 곧 홍수가 터지던 해에 죽었다는 점은 창세기 저자의 의도를 보여 준다. 의인의 가계에서 심판을 받고 멸망당한 사람은 한 사람도 없었다는 뜻이다.

노아의 새 언약에서 생육하고 번성하라고 축복하신 하나님의 축복이 이루어져서 셈과 함과 야벳의 대에 이르러서는 자식들이 많이 나기 시작한다. 야벳의 아들이 일곱이며 함의 아들이 넷이며 셈의 아들이 다섯이다. 야벳의 아들에게서 여러 나라 족속들이 갈라졌고 야벳의 후손은 각기 자기들의 언어와 혈통을 따라 바닷가에 정착하였다.

이들로부터 여러 나라 백성으로 나뉘어서 각기 언어와 종족과 나라

대로 바닷가의 땅에 머물렀더라.(창 10:5)

창세기 10장 5절에 '나뉘어서'는 동사 '파라드'의 번역어다. 이는 창세기 2장 10절에 처음 나왔던 단어로서 에덴동산에서 강이 네 줄기로 갈라져 나오는 것을 묘사한 바 있다. 이 단어는 10장 32절에도 나오는데 '그 땅의 백성들이 나뉘었더라'라고 표현한다. 새의 날개가 갈라진 모양을 묘사하기도 하고(겔 1:11; 참조. 욥 41:17), 친밀한 사이의 사람들이 서로 헤어지는 것을 가리키기도 하며(창 13:9, 11, 14; 룻 1:17; 삼하 1:23), 사람들이 흩어지는 것을 가리킬 때도 있다.(창 10:5, 32; 25:23; 신 32:8)

이 동사는 잠언에 다섯 번 나오는데 친한 친구 사이를 갈라놓는다는 뜻으로 쓰인다.(잠 16:28; 17:9; 18:1, 18; 19:4) 야곱이 자기의 양을 라반의 양과 따로 구분하여 두었다.(창 30:40) 모세의 장인 호밥의 자손 헤벨은 겐 족속이었는데 동족을 떠나 따로 독립하였다.(삿 4:11) 엘리야가 승천할 때 불수레와 불말이 엘리사와 엘리야의 사이를 갈라놓았다.(왕하 2:11) 호세아는 남자들이 창녀들과 함께 있으려고 떠나가는 모습을 비유로 들었다.(호 4:14, '키-헴 임-하조노트 여파레두'; 개역-남자들도 창기와 함께 나아가며) 느헤미야는 백성들을 그 가문별로 나누어 성벽에 배치하였다.(느 4:13) 유대 민족이 여러 민족 사이에 흩어져 거하는 것을 가리킨다.(에 3:8) 먹을 것이 없으면 암사자의 새끼들이 흩어진다.(욥 4:11) 레비아탄의 비늘은 너무나 단단히 맞물려 있어서 절대로 나눌 수가 없다.(욥 41:17[9]) 고난당하는 자의 뼈가 다 어그러졌다.(시 22:15) 행악자들은 다 흩어지고 말 것이다.(시 92:9[10])

한 가족이라 할지라도 여러 지방에 흩어져 사는 것은 고대부터 행해지는 관행이었음을 본문은 일깨워준다. 이 진술로써 디아스포라 유민들은 많은 위로를 받았을 것이다. 이스라엘이 꼭 예루살렘에 모여 살아야만 하는 것은 아니다. 유다 왕국이 멸망한 것을 기화로 이스라엘 하나님의 백성은 온 세계로 흩어져서 방방곡곡에 마을을 세우고 정착하게 되었다. 이것은 하나님이 예정하신 뜻대로 이루어진 일이며 인류의 조상들이 이미 행해 왔던 오랜 관행이었던 것이다. 이 족보를 읽다가 디아스포라 유민들은 많은 위로를 받았을 것이다.

창세기 10장 5절에 '이예'란 단어가 처음 나오는데 해변을 가리킨다. '이예'는 복수 명사이고 단수 명사는 '이'다. '바닷가'라고 번역되어 있다. 가나안의 해변 지역은 지중해 연안이며 야벳의 아들의 이름 "고멜과 마곡과 마대와 야완과 두발과 메섹과 디라스요, 고멜의 아들은 아스그나스와 리밧과 도갈마요, 야완의 아들은 엘리사와 달시스와 깃딤과 도다님"은 모두 이 연안 지역에 정착한 족속이나 지명이었을 것이다.

또 '혀'를 가리키는 '라숀'이란 명사도 여기에 처음으로 나온다. '라숀'은 히브리어 성서에 117회나 나온다. 사람이 하나님과 소통하는 기관으로 주신 혀가 악을 행하는 도구로 변질하였다는 문제의식을 이 명사는 보여 주고 있다.

신체의 기관으로서의 혀를 가리키는 구절은 몇 구절 되지 않는다. 기드온의 정병을 고를 때 혀로 물을 핥아 마신 자는 제외되었다.(삿 7:5) 젖먹이가 목말라서 혀가 천장에 붙은 고난을 예레미야애가는 묘사한다.(애 4:4) 백성의 지도자들이 말소리를 낮춘 것은 그들의 혀가 입천장에 붙었기 때문이다.(욥 29:10; 시 137:6; 겔 3:26) 또 동물의 혀를 가리켜서 개나 뱀이나 악어의 혀를 거론하는 구절도 있다.(출 11:7; 욥 20:16;

41:1) 지리학적 의미에서 사해로 들어가는 땅을 혀라고 표현하기도 한다.(수 15:2, 5; 18:19; 사 11:15) 또는 혀의 모양으로 생긴 금장식을 언급하기도 한다.(수 7:21, 24)

하지만 혀를 잘못 놀리지 말라는 경구도 있나.(시 52:2, 4) 에돔 사람 도엑이 혀를 잘못 놀렸기 때문에 사울이 아히멜렉의 제사장 가문을 살육하게 되었다.(삼상 22:7이하) 그러나 혀를 적절하게 잘 놀려서 죄를 사하시는 야훼의 공의를 노래함으로써 복을 받은 사례도 있다.(시 51:14; 126:2)

혀를 잘못 놀려서 악한 일들이 많이 생긴다. 거짓말하는 혀는 잘린다.(잠 10:31) 혀가 파괴한다.(잠 17:4) 아첨한다.(시 5:9) 혀 밑에 잔해와 해악이 있다.(시 10:7) 거만하다.(시 12:4) 타인을 해친다.(시 52:2[4]) 혀는 속이며 망령된 말을 한다.(잠 6:17; 21:6; 26:28; 시 78:36; 120:2-3; 미 6:12) 혀에 비유되는 표현은 독사의 혀(시 140:3), 활이나 화살(렘 9:3, 8, 7), 날선 검(시 57:4; 64:3; 호 7:16), 면도칼(시 52:2) 등이 있다. 혀는 무기로 사용된다.(렘 18:18) 생사가 혀의 권능에 달려 있기도 하다.(잠 18:21) 이처럼 혀를 사악하게 사용하는 일은 하나님을 거역하는 일이다.(호 7:16) '또 다른 혀' 라고 하면 이방에서 잡혀 온 포로들의 언어를 가리킨다.(사 28:11; 참조. 렘 5:15)

거짓 예언자들의 혀를 야훼께서 치신다.(렘 23:31) '평화, 평화!' 라고 외치는 혀는 인기에 영합한 것이다.(렘 23:16ㄸ) 그러나 그들이 꾼 꿈은 실제의 예언과 빗나간다.(렘 23:28ㄸ) 각 사람의 말이 야훼의 중벌이 될 것이다.(렘 23:36ㄸ) 모세는 혀가 둔하다고 자평하였다.(출 4:10) 아론의 혀가 모세의 혀 대신에 주어진다. 스데반은 말에 힘이 있었다.(행 7:22) 의인의 혀는 순은과 같이 귀하다.(잠 10:20) 현자의 말을 들으면 건강해

진다.(잠 12:18) 현자는 지식을 적절히 활용한다.(잠 15:2)

덕스러운 여인의 혀는 지혜롭고 친절하다.(잠 31:26) 사람의 혀에 있는 생각이나 대답이나 무슨 말이든지 하나님께서 모르시는 것은 없다.(시 139:4; 잠 16:1-2; 삼하 23:2) 야훼의 날에 이스라엘의 남은 자 중에 속이는 혀는 없어질 것이다.(습 3:13) 그날에 벙어리의 혀도 기뻐 외칠 것이다.(사 35:6)

야벳의 후예들이 지중해 연안이라는 한 지역에 살았지만 이들이 모두 다른 말을 사용했음을 알 수 있다. 창세기 10장 5절에 처음으로 나온 단어는 '고임' 인데 이것은 단수 명사 '고이' 의 복수형으로 이방 민족이나 나라나 인민을 가리킨다. 창세기 10장 5절에 이 단어가 두 차례나 나온다. 이 용어를 정확하게 정의하기란 매우 어렵다. 그 기본 되는 의미는 한 단체의 사람들이나 어떤 몸체의 특정한 크기나 분량을 가리킨다. 이와 동의어는 백성이란 뜻의 '암' 인데 '고임' 과 평행법으로 쓰이는 경우가 잦다. '암' 은 주로 이스라엘 백성을 가리키고 '고임' 은 열방의 이방 민족을 가리키는 경우가 많다.

창세기 10장 5절에서 '고임' 은 지역에 따라 한정된 집단의 사람들을 가리킨다. 하나님이 아브라함에게 이집트에 대해서 말씀하실 때 '고임' 이란 단어를 쓴다. 엘리사가 시리아를 가리켜 '고임' 이라 했다.(왕하 6:18) 하지만 이 단어가 아브라함의 자손들을 가리키기도 한다.(창 12:2; 17:20; 21:18) 영역이나 정치체제나 민족의식이 뚜렷한 집단을 가리킨다. 모세는 이스라엘을 가리켜 구별된 '고임' 이라 칭하였다.(출 33:13, '이 '고임' 은 당신의 '암' 입니다') 정치적 민족의식을 지닌 이스라엘 민족('고임')은 현명하고도 똑똑한 백성('암')이다.(신 4:6-7) 다른 민족이 볼 때 이스라엘은 명백히 독립된 한 민족으로 인정된다.(시

83:4) 성서는 모세 시대에나 여호수아 시대에나 이스라엘은 벌써 하나의 어엿한 민족으로 존재했다고 강조한다.(수 3:17; 4:1; 5:6) 따라서 예레미야 시대에도 그랬고 포로기에도 여전히 민족으로 존속하였다고 강조한다.(렘 31:36)

'고임'은 복수형으로 쓰일 때 영어 역본에서는 nations(창 10:31; 삿 2:23; 사 61:11), 또는 people(슥 12:3, KJV)로 번역되기 마련이다. 영어의 nation이나 people의 개념을 우리말로 옮기기도 매우 어렵다. 민족을 가리킬 수도 있고 국가를 가리킬 수도 있으며 인민이나 국민이나 백성이란 말로 번역할 수 있기 때문이다. 히브리어 원문에 보면 복수형 '고임'은 가나안 주변에 사는 사람들을 가리킨다. 이스라엘이 가나안에 진입하여 쫓아내야 할 대상은 바로 이들 정체와 종족 의식과 영역을 두루 갖춘 집단들이었다.(신 4:38; 수 23:13; 삿 2:21, 23) 아브라함에게서 펴져 나온 여러 종족들도 '고임'이다.(창 17:4-6) 사라도 '고임'의 어머니가 될 것이었다.(창 17:16) 아브라함의 자손이 하나님의 계약 백성으로 정치적, 인종적 정체 의식을 확고히 가지고 발전함에 따라 이방인들은 계약 바깥에 있는 불신의 '고임'으로 표현되어 갔다.

하지만 이스라엘은 그런 경우에도 여전히 복수 연계형 '고이'라고 표현되기도 하므로 꼭 그렇다고 정의하기란 어렵다.(수 3:17) 이방인들이 이스라엘을 '고이'라고 칭한다.(신 4:6) 이스라엘은 계약이 있고 구원이 있으며 할례가 있는 거룩한 나라('고이')다.(수 5:8) 할례 받지 않은 민족은 어김없이 '고임'으로 표현되고 있다는 사실은 분명하다.(렘 9:25)

가나안의 민족들은 하나같이 사악하고(신 9:4-5), 가증하며(신 18:9; 대하 33:2), 우상을 만들어 섬긴다.(왕하 17:29) 이 민족들이 하나님을 거역하여 일어서고 계약의 백성을 억압하지만 야훼께서는 저들을 일축하시고(시 59:8) 파멸로 심판하신다.(시 10:16) 모세를 위시한 예언자들은 이스라엘이 계속 '고임' 인 채로 살아가다가는 저들 이방 민족처럼 파멸을 면치 못할 것이라고 경고한다.(신 32:28; 사 1:4; 말 3:9)

이들 이방의 '고임' 에 희망이 아주 없다고 단정하면 안 된다. 이들이 회개하면 아브라함에게 베푸신 언약의 축복에 참여할 수 있다. 계약의 백성 이스라엘은 하나님의 백성이지만 이들을 통하여 '고임' 이 장차 하나님의 축복을 받도록 예정되어 있다.(창 12:1-3) 그 사이에 하나님께서는 이들 '고임' 을 이용하여 교만하고 패역한 이스라엘을 징벌하신다.(렘 4:7; 합 1:5ㄸ) 그러나 언젠가는 이들이 이스라엘로 하여금 영광을 받게 하는 역할을 할 것이다.(사 60:10ㄸ; 학 2:6ㄸ) 이들도 메시아를 기다리다가 빛 가운데로 인도될 것이다.(사 11:10; 42:6) 시온 산으로 가는 행렬에 '고임' 도 참여하며 이러저러한 종족에서 나온 자녀도 행진을 따라올 것이다.(시 87:4)

따라서 근본에 있어서 하나님의 백성은 단 하나밖에 없다. 혈연과 지연과 언어의 차이를 너머서 믿음으로 하나가 되는 백성 하나밖에 없다. 이들이 히브리어 성서에서 언약의 백성이며 '암' 이다. 언약의 백성으로 말미암아 '고임' 이 하나님에게 복을 받았다. 야벳의 후손이 언어가 다른 민족들로 나뉘었지만, 세계 곳곳에 흩어져서 하나님의 백성으로 살았다.

'미쉬팍하' 는 창세기 8장 19절에 처음으로 나왔고 여기서 두 번째로 나온다. 거기서는 방주에서 그 종류대로 나온 동물들을 가리킨다.(창 8:19) 즉 동물을 종별로 분류한 것을 가리킨 것이다. 이것이 사람에게 적용될 때에는 사람의 혈통에 따른 문중을 가리킨다. 영어로는

tribes라고 할 수 있겠으나 우리말로는 보다 더 정확한 개념을 파악한 후에 번역어를 정하여 일관되게 번역해 주면 좋을 것이다.

여성 노예를 가리키는 '쉬팍하' 란 단어가 이 단어와 동종의 언어라는 설도 있으나 확실하지 않다. '미쉬팍하' 는 영어로 family란 개념에 딱 맞는다고 한다. 혈연으로 맺어진 친척 집단을 가리킨다. 우리말로 '가족' 이라 하면 직계에 한정하는 매우 좁은 개념이 되기 때문에 박동현("'네 형제가 가난하게 되어' - 레위기 25장의 희년 연구")은 '문중門中' 으로 번역하자고 제안했다. 이 단어는 부족이나 민족의 하위 개념으로 쓰일 때도 있다. 기브롯핫다아와에서 모세는 백성이 문중 별로 울고 있는 소리를 듣고 모세가 기분이 나빴다.(민 11:10, 개역-백성의 온 종족들이; 새번역-각 가족별로) 여리고 성을 함락하고 범죄한 아간이 제비 뽑아 색출될 때 유다 지파가 먼저 뽑혔고 이어서 세라의 문중이 뽑혔고 마침내 삽디의 가족(베이트)이 뽑혔다.(수 7:16-18) 사실 여호수아기 7장 17절에는 '미쉬팍하' 가 세 번이나 나와 유다 문중과 세라 문중을 다 함께 지칭하기 때문에 이처럼 개념의 범주를 나누기가 어렵다. 사사기 18장 19절을 보면 '한 사람의 집' 이란 표현이 '한 지파, 한 종족' 이란 표현과 대조법으로 나오고 있다.

이상의 관찰을 토대로 창세기 10장 5절을 직역해 보자. '이들에서부터('메엘레') 해변에서('이예') 그들의 땅 안에서('버아르초탐'), 각각 자기의 언어에 따라('이쉬 릴쇼노'), 그들의 민족들 안에 있는 문중 별로('러미쉬팍호탐 버고이헴'), 민족들('하고임')이 나뉘어졌다('니프러두').' 이 말씀의 요지는 야벳에게서 퍼져 나온 '고임' 이 바닷가에서 정착하고 살았음을 지시하는 데 있다. 그런데 문제는 '각각 자기의 언어에 따라' 란 표현이 이 뒤에 나오는 11장 1절의 진술, 곧 '온 땅의 언어가 하나요, 말이 하나였더라' 란 진술과 연대순으로는 모순이 된다는 점이다. 10장 20절에 함의 족속이 각각 다른 언어들을 사용했으며, 10장 31절에도 셈의 자손이 각각 다양한 언어들을 사용했다고 진술되어 있어 그 당시에 온 땅이 하나로 통일되어 있었다는 11장 1절의 진술과 어긋난다. 어떻게 이해해야 하나?

우선 창세기 10장의 족보가 창 11:1-9의 바벨탑 이야기와 연대순으로 배열된 것이 아니라는 점을 이해해야 할 것이다. 문단의 짜임새를 교차법으로 만들어 내는 솜씨에서 각 문단의 위치가 현재와 같이 배치되었다고 보아야 할 것이다. 이야기 문체로 되어 있는 바벨탑 이야기 부분은 목록 문체로 되어 있는 두 가지 족보 부분들에 의하여 앞뒤로 감싸여 있다. 창 10:1-11:26의 전체 문단의 짜임새는 아래와 같이 표현할 수 있다.

창 10:1-32	창 11:1-9	창 11:10-26
족보 I	바벨탑 이야기	족보 II

중앙에 바벨탑 이야기를 둘러싸고 양편에 족보 명단이 펼쳐져 있다. 창세기 10장의 셈의 족보는 욕단의 아들들까지 끝나고 새로운 셈의 족보가 11장 10절부터 다시 제시되고 있다. 그러므로 창세기 10장과 11장을 연대 순서로 읽어서는 곤란하다. 언어가 나누어지기 전에 본디 인류는 한 언어를 사용했었는데, 노아의 아들들의 세대들을 거쳐서 후손으로 내려갈수록 언어가 다양하게 갈라지는 현상이 있었다. 이 현상의 원인론을 바벨탑 이야기는 제시하고 있는 것이다. 창세기 11장 6절의 '이 무리가 한 족속이요 언어도 하나이므로 이같이 시작하였으

니' 란 표현이 11장 7절의 '우리가 내려가서 그들의 언어를 혼잡하게 하자' 란 표현으로 이어지면서 창세기 10장과 11장의 두 족보에 나타나는 다양한 종족과 다양한 언어의 유래를 설명하고 있다.

2. 함의 일생: 영웅의 숙명

함의 일대기(창 10:6-20)

함의 아들들은 '쿠쉬'와 '미츠라임'과 '푸트'와 '커나안', 네 명이다. '구스'의 정확한 발음은 '쿠쉬'다. 구스는 칠십인역에 '에티오피아'라고 번역되어 있다. 이집트어로 구스는 이집트의 동남부 지역, 곧 현대의 누비아와 수단과 에티오피아 지역을 가리킨다. 또 어떤 구절에 의하면 페르시아 제국에 있어서 인도로부터 에티오피아에 이르는 광범한 지역을 가리키기도 한다.(에 1:1; 8:9) 또 포로민이 구스 지역 너머에서부터 돌아올 것이라는 구절도 있다.(사 11:1; 습 3:10; 참조. 사 18:1)

이스라엘은 야훼가 보기에 구스 족속과 같다는 구절도 있다.(암 9:7) 구스를 남부 아라비아의 쉬바와 연결시킨 구절도 있고(사 43:3; 45:14 등), 구스 족속이 부유한 상인이었다고 진술하는 구절도 있으며(욥 28:19; 사 45:14), 모세의 아내가 구스 여자였다는 구절도 있다.(민 12:1) 십보라는 미디안 여인이기 때문에(출 2:21), 민수기 12장 1절의 구스 여자는 미디안 여자 십보라를 가리킨다고 보는 주장이 유력하다. 더구나 하박국 3장 7절에 '쿠샨'이 '미디안'과 평행법으로 나온다는 점에 근거하여 구스를 미디안과 동일시하는 주석가들이 많다.

이 모든 점으로 미루어 구스가 아라비아에 속한 한 지역일 것이라고도 본다. 더구나 요셉을 사서 이집트에 팔아넘긴 약대 상인이 미디안 족속이라는 진술은 구스 족속이 부유한 상인이었다는 진술과 맞아떨어진다. 더구나 창세기 10장 6절의 문맥에서 구스는 미츠라임과 가나안과 나란히 나온다는 점에서 구스가 이스라엘을 대적한 미디안 족속일 것이라는 관찰이 유력하게 보인다.

만약 구스를 미디안으로 간주한다면 민수기 12장 1절의 구스 여인이 십보라를 가리킨다고 보아야 한다. 하지만 TWOT는 이러한 주장이 잘못된 것이라고 일축하면서 에티오피아어가 셈어에 속한다는 점을 들어 구스는 에티오피아일 것이라고 주장한다. 그러나 창세기 10장 6절은 구스가 함족속이라고 진술하기 때문에 TWOT의 주장은 무리가 있다. 창세기 2장 13절에 의하면 구스의 위치는 메소포타미아 동쪽 카사이트 제국이 있었던 산악 지대인 것으로 판단된다. 스파이저가 그렇게 주장했다. 기혼 강은 동쪽에서 티그리스 유프라테스 유역으로 흘러 들어가는 강으로 보인다.

하지만 예언서에 보면 에티오피아는 이집트와 동의어로 평행법을 이루는 경우가 많다.(사 20:3-5; 겔 30:4; 나 3:9) 이 말은 주전 750년에서 663년 사이의 기간에 에티오피아가 이집트를 지배한 사실을 암시하는 듯하다. 테르하카는 누비아인 파라오로서 산헤립의 서쪽 진출을 막으려 했으나 실패하였다.(왕하 19:9; 사 37:9) 주전 663년에 이집트는 누비아의 지배로부터 독립했다.(렘 46:9; 겔 25:4, 5, 9) 역대지하 14장 9절이 언급하는 에티오피아의 세라 군대를 지지하는 고고학적 증거가 없어서 사실을 판명할 수 없다.

창세기 10장 6절에 기명된 구스가 이집트(미츠라임)와 가나안과 붓과 나란히 나온다는 사실은 구스가 이스라엘을 대적한 원수 관계에 있는 어떤 종족임을 암시한다. 에티오피아는 이스라엘의 원수가 아니었다. 미디안이 이스라엘을 늘 괴롭힌 이방 족속으로서 철천지원수다. 또한 구스 족은 시날 땅에서 도성 문명을 구축하는 것으로 창세기 10장에 나온다. 시날 땅은 바빌로니아 지역을 가리키므로 구수를 에티오피아로 볼 수가 없다. 나는 구스가 미디안을 가리킨다고 본다.

붓은 '푸트' 라고 발음된다. 붓은 BDB 사전에 의하면 아프리카의 리비아 족속이라고 한다. 그러나 무슨 근거로 그렇게 간주하는지 분명하지 않다. 예언서는 '푸트=붓' 를 '파라스=페르시아' 와 '쿠쉬=구스' 와 '루드=룻' 과 함께 나란히 언급한다.(렘 46:9; 겔 27:10; 30:5; 38:5), 여기에 '미츠라임=이집트' 이 함께 언급되는 구절도 있다.(나 3:9) 특기할 사항은 여기에 페르시아가 나란히 언급된다는 점인데 이로 미루어 붓과 구스는 아마도 페르시아와 바빌로니아 제국이 발흥한 메소포타미아 지역을 가리키는 것으로 추정된다. 그렇게 되면 아프리카 북부의 이집트와 가나안 땅과 수메르 문명의 지역을 모두 합쳐서 함의 권역으로 간주하고 있다고 이해할 수 있을 것이다.

창세기 10장 7절을 보면 구스의 권역을 짐작할 수 있다. '하윌라' 는 창세기 2장 11절에 에덴에서 발원하여 흐르는 네 강들 중의 하나로 언급되었다. 에덴 지역은 아마도 티그리스 유프라테스 상류 지역을 가리키는 것으로 보이기 때문에 구스의 권역을 수메르 문명권으로 보는 것이 타당할 듯하다. '스바' 란 지명은 분명 남부 지역을 가리키는데 홍해의 서해안에 있는 아둘라 만에 접한 지역일 것 같다고 BDB 사전이 제시한다. '스바' 는 '시바' 와 나란히 언급되며 주의 날에는 이 지역의 왕들이 다시스의 왕들과 함께 야훼께 조공을 바치러 올 것이다.(시 72:10) 그날에 야훼께서 이집트를 스바와 시바와 더불어 이스라엘에게 주실 것인데(사 43:3), 이집트는 동방과 남방으로 표시되어 있고 스바와 시바는 서방과 북방으로 지시되어 있음으로 미루어(사 43:5-6), 스바와 시바가 수메르 지역을 가리킨다고 짐작할 수 있겠다. 이런 추정은 '하윌라' 의 위치와도 잘 어울린다. '라아마' 는 '삽다' 와 '삽드가' 와 더불어 함의 다섯 아들에 속한다. 라아마의 두 아들 중 한 사람이 '시바' 다.

그러므로 이 계보는 스바가 시바의 삼촌임을 제시한다. 개역과 새번역에 둘 다 '스바'라고 번역했으나 공동번역에는 '스바'와 '세바'라고 다르게 표기하여 원문의 발음을 살려 주었다. 시편 72편 10절에서 개역은 '스바'와 '시바'라고 다르게 번역해 주었는데, 새번역은 스바를 '아라비아', 시바를 '에티오피아'라고 번역했다.

창세기 10장 8-12절까지 구스의 권역을 소개하며, 13-14절은 미츠라임(이집트)의 권역을 소개하고 15-19절까지 가나안의 권역을 소개한다. 여기에 붓의 권역은 생략되었다. 구스의 권역을 소개하면서 니므롯에 대한 전설과 시날 땅과 바벨 성과 아시리아와 니느웨와 레센 성을 언급한다. 이들 신화와 지명들은 모두 수메르 지역을 가리키므로 구스가 메소포타미아 지방을 가리킨다고 보는 편이 더 적절하다.

구스가 다섯 아들을 낳고 마지막으로 니므롯을 더 낳았다. 니므롯은 미가서 5장 6절에 아시리아와 평행법으로 나오므로 같은 지역의 사람을 가리키는 것으로 보인다. BDB 사전에 니므롯은 구스의 아들이며 영웅이자 사냥꾼으로 묘사되어 있다. 이는 바빌로니아의 한 왕으로 니느웨 성을 건설한 자로 보인다고 한다. 그러나 창세기 10장 12절에는 니므롯이 레센이라는 큰 성을 건설했다고 되어 있다. 니므롯이 다스린 나라는 바빌로니아와 아시리아, 곧 수메르 지역이었다고 보도하고 있는 것이다.

니므롯은 창세기 4-6장의 가인의 후예들에 대한 보도와 매우 유사한 문학적 연관성을 보여 주고 있다. 창 6:1-4의 네피림이 하나님의 아들들과 사람의 딸들 사이에 태어난 거인족 용사들이었다는 진술은 창 10:8-9의 니므롯은 용감한 사냥꾼으로서 세상에 나타난 첫 용사였다는 진술과 너무나 흡사하다. 용사를 가리키는 '깁보르'는 창 6:4에

먼저 나왔기 때문에 NKJV처럼 he began to be a mighty one on the earth라고 번역하는 편이 더 낫다. 처음으로 나타난 용사라고 번역하면 창 6:4과 모순을 일으킨다. 대홍수 심판 이후에 처음으로 나타난 용사라고 이해하면 모를까. '니므롯은 땅 위에서 용사로 등장하였다' 라고 번역하는 것이 더 낫다.

또 가인이 최초로 에녹 성이란 성을 건설한 후에, 노아의 대홍수로 멸망을 당한 후에 다시 니므롯이 레센이라는 더 큰 성을 건설했다. 성의 규모가 점점 더 커져 가는 상황을 묘사한다. 레센 성은 니느웨와 갈라 사이에 위치하고 있었다고 보도하는데, 여기서 니느웨란 아시리아 제국의 수도였음을 자연스레 상기하게 된다.(창 10:11) 함의 아들 구스의 자손 중에서 용사 니므롯이 등장하여 바벨 성을 건설했다는 진술은 함에게서 바빌로니아 제국도 생겨났다는 말이다.

아시리아는 북 왕국을 멸망시켰고 바빌로니아는 남 왕국을 멸망시켰다. 함이 셈의 종이 된 것이 아니라 셈이 오히려 함의 종이 된 역사를 보여 준다. 언제 함이 셈의 종이 되었던가? 그것은 여호수아의 가나안 정복이나 다윗-솔로몬 제국을 가리키는 언급임에 틀림없다. 함은 가나안의 대명사로 언급되었으니만치, 가나안을 정복한 사건을 창세기 9장 25-26절은 지시한다고 볼 수 있다.

창세기 10장 13-14절은 미츠라임의 권역을 제시한다. 미츠라임은 이집트를 가리킨다. 미츠라임에게서 블레셋도 생겨났다는 진술도 후대에 첨가되어 들어왔다. 이 모든 족속들이 이스라엘을 공격한 원수들이다.

함의 자손은 이제 마지막으로 가나안의 자손을 보여 준다. 가나안의 아들은 열한 명으로 시돈, 헷, 여부스, 아모리, 기르가스, 히위, 알가, 신, 아르왓, 스말, 하맛이다. 여기에다가 가나안의 권역이 더 표시되는데 시돈, 그랄, 가사, 소돔, 고모라, 아드마, 스보임, 라사다. 출애굽기 23장 23절에 가나안 여섯 부족이 아모리, 헷, 히위, 가나안, 여부스, 브리스로 언급되고, 신명기 7장 1절에는 여기에 기르가스가 포함되어 일곱 부족이 언급된다. 창 10:15-19의 목록에는 브리스가 빠지고 대신에 기르가스가 언급되어 있다. 소돔과 고모라와 아드마와 스보임은 하나님의 심판을 받은 도성들로서 신명기가 언급하는 대표적인 멸망의 도성들이다. 이처럼 창세기 10장의 족보는 오경에서 펼쳐질 파노라마의 바탕을 깔아 주는 역할을 하고 있는 셈이다.

창세기 10장 18절에 동사 '푸츠'가 처음으로 나온다. '흩어지다'란 뜻이다. 이 동사는 나중에 바벨탑을 쌓는 목적으로서 흩어지지 말자고 맹세하는 장면에서 다시 나온다. 하지만 하나님께서 이들을 온 땅에 흩으셨다.(창 11:8-9) 이와 비슷한 뜻의 동사 '나파츠'는 창세기 9장 19절에서 오경에 단 한 번 나와서 땅이 갈가리 찢어지는 모양을 묘사한 바 있다. 그와는 달리 '푸츠'는 인류가 온 땅에 흩어지는 양상을 묘사한다.

동사 '푸츠'는 64회 나오는데 오경에는 열 번 나온다.(창 10:18; 11:4, 8-9; 49:7; 출 5:12; 민 10:35; 신 4:27; 28:64; 30:3) 레위인은 폭력을 휘둘렀기 때문에 벌을 받아 이스라엘 백성들 사이에 흩어져 살게 될 것이다.(창 49:7) 파라오가 백성에게 짚을 주지 않으니 백성이 이집트 전역에 흩어져서 곡초 그루터기를 수집하였다.(출 5:12) 법궤가 이스라엘 백성 앞에 진행하면 야훼께서 적군들을 흩으실 것이다.(민 10:35) 이스라엘은 야훼께 벌을 받아 민족들 사이로 흩어질 것이다.(신 4:27; 28:64; 30:3) 이중 37회가 예언서에 나온다. 에스겔서에 18회, 예레미야서에

10회 나온다. 군대나 원수의 해산을 가리기도 한다.(민 10:35; 시 68:1; 삼상 11:11; 14:34; 왕하 25:5; 렘 52:8) 양이 흩어지는 모양을 묘사하기도 한다.(렘 10:21; 23:1; 겔 34:5-6, 12; 슥 13:7) 길 잃은 양을 가리킨다기보다는 위험이 닥쳐왔을 때 뿔뿔이 흩어지는 양떼를 묘사한다. 목자는 흩어지는 양을 안돈安頓시키고 위험을 제거할 의무가 있다. 목자가 없는 양은 너무나 불쌍하다.

이스라엘이 이 동사의 주어가 되는 경우에 흩어지는 양떼에 비유된다.(왕상 22:17; 대하 18:16) 이스라엘뿐만 아니라 이스라엘의 원수 이집트까지도 뿔뿔이 해외로 흩어진다.(겔 29:12-13; 30:23, 26) 주께서 이스라엘을 흩으셨다는 표현은 거의 예언서에만 나온다.(겔 20:23; 22:15; 28:25) 오경에 나오는 신 4:27; 28:64; 30:3과 역대기 사가의 느 1:8에 나온 경우는 예외의 경우다. 하나님께서 동사의 주어가 되고 이스라엘이 동사의 목적어로 나오는 경우에 이 동사는 항상 사역형으로 쓰인다. 하나님의 백성을 흩어지게 하는 주체는 아시리아나 바빌로니아가 아니라 하나님 자신이다. 저들은 단지 하나님의 도구에 불과할 따름이다. 이처럼 '푸츠'의 개념을 정리할 때 가나안 족속이 흩어져 나간 것도 다 하나님의 예정하신 뜻에 따른 이동이었다. 그 지역은 바로 아래 10장 19절에 명기되어 있는데, 시돈과 그랄과 가사와 소돔과 고모라와 아드마와 스보임은 하나같이 성서에서 악한 도성으로 묘사되어 있다.

3. 셈의 일생: 하나님 중심의 복된 삶

창세기 10:21-31은 셈의 자손들을 적은 목록이다. 셈의 족보는 지금까지의 족보와 상당히 다른 모양새를 취하고 있다. 이 족보는 함의 족보와는 달리 도성이나 권역에 대한 언급이 전혀 없다. 셈은 '에벨 온 자손의 조상' 이라는 언급으로 시작한다. 21절의 '에벨' 이란 이름은 동사 '아바르' 에서 나온 이름인데 이 동사는 '물을 건너다' 란 뜻으로 '히브리' 란 이름을 파생했다. 에벨은 히브리인의 조상이었음을 암시한다.

동사 '아바르' 에는 수많은 미묘한 뜻이 내포되어 있다. 기본이 되는 뜻은 '지나가다pass' 다. 이 동사는 550번이나 나온다. TWOT는 이 동사를 네 가지 범주로 나누어 설명한다.

(1) 그저 지나가는 동작: 아브라함은 천사들에게 음식을 잡수시고 지나가시라고 부탁한다.(창 18:5) 단순히 '가다' 를 뜻할 때도 있다.(출 38:26; 신 2:14; 욥 13:13)

(2) 한 장소에서 다른 장소로 이동하는 동작: 이스라엘이 요단 강을 건너간다.(신 27:3; 수 1:2) 야곱이 라반에게 도망할 때 강을 건너간다.(창 31:21) 모세가 아모리 왕 시혼에게 청하기를 이스라엘로 하여금 그의 땅을 지나가게 해 달라고 한다.(민 21:22) 미가는 사자가 숲을 가로질러 건너듯이 이스라엘의 남은 자들이 이방 땅을 가로질러 지난다고 말한다.(미 5:8) 히필(사역)형으로 사용될 때 한 사람이 다른 사람을 움직이도록 만드는 것을 뜻한다. 하나님께서 '루아흐' 로 하여금 땅을 가로질러 지나가게 하셨다.(창 8:1; 32:24; 민 32:5) 자기 자녀를 불 위로 지나가게 해서는 안 된다.(신 18:10)

(3) 비유법으로 사용된다. 솔로몬의 부는 탁월하여 어느 누구의 부도 뛰어 넘는다.(pass beyond) 유다와 이스라엘의 사악함은 끝이 없어서 모든 족속을 뛰어넘는다.(렘 5:28) 사람이 죽으면 이승을 지나간다.(욥 30:15; 잠 22:3) 돈이 통용되는 것을 가리키기도 한다.(창 23:16) 물물교환으로 물건을 거래한다.(겔 27:9)

(4) 영적 의미가 있다. 계약을 범하는 것을 가리킨다. 간음함으로써, 우상을 섬김으로써 율법의 경계를 넘어간다.(신 17:2) 모세는 이스라엘에게 하나님이 세워 주신 언약 속을 들어가라고 적극 권면한다.(신 29:12[11]) 발람은 '나는 야훼의 말씀을 범할 수 없습니다' 라고 말할 때 '아바르' 동사를 쓴다.(민 22:18)

이 동사에서 '에베르' 라는 명사가 나왔다. 명사는 특정한 장소를 가리킨다.(사 47:15) 다윗이 잠든 사울에게서 물병과 창을 가지고 가서 멀리 떨어진 산꼭대기에 서서 아브넬에게 외쳤을 때 '산꼭대기' 를 '건너편' 이라고 표현한다. 여기에 '하에베르' 란 명사를 사용했다.(삼상 26:13)

전치사로 사용될 때 두 사물의 상호 관계를 가리킨다. 야훼의 계명은 지키지 못할 만큼 어렵거나 너무 멀리 있는 것이 아니며 하늘에 있거나 바다 건너편에 있는 것도 아니다. 따라서 이 전치사는 하나님의 말씀이 언제나 가까이 현존하고 있음을 가리킨다. 솔로몬 성전의 석류 이백 개가 기둥머리 곁에 줄지어 있다.(왕상 7:20)

부사로 쓰일 때도 있다. 에스겔은 살아 있는 생물이 날아다니는 것을 묘사할 때 날개가 일제히 앞으로 향했다고 말한다.(겔 1:9, '엘-에베르 파나이브') 느헤미야는 강 건너편에 있는 총독들에게 간다.(느 2:11) 그는 수사에 있으면서 땅을 가로질러 예루살렘으로 건너간다고 말하는데,

유프라테스 강 건너편을 '아베르-나하라' 라고 불렀다고 한다. 또 '에베르' 는 요단 강 동편을 가리킨다.('메에베르 하요르덴') 화자의 위치에 따라 어떤 경우에는 요단 서편을 가리킨다.(신 3:20, 25; 11:30; 수 9:1; 22:7) 아람어로 '아바르-나하라' 라고 하면 유프라테스 강 서편의 페르시아 속주들을 가리킨다.(스 4:10) 신명기 1장 1절에 '요단 저쪽('버에베르 하야르덴')' 이란 표현이 있는데 모세가 말씀을 전할 때 이스라엘이 서 있던 위치를 알려 주는 부사의 용례다. 광야에 있거나 가나안 땅에 있을 때 그 위치에 따라서 요단 강 동쪽 지역을 가리키거나 서쪽 지역을 가리킨다.(신 3:8, 20)

요약하자면 '에베르' 는 명사, 부사, 전치사로 사용된다. 화자의 위치에 따라서 그 가리키는 지역이 달라진다. 번역할 때 전체의 문맥을 세심하게 고려하여 번역해야 한다. 어떨 때는 어떤 지역 전체를 가리킬 때도 있고 그 지역의 변두리를 가리키기도 하며 어떨 때는 강변을 가리키기도 한다.(사 9:1[8:23], 요단 저쪽 이방의 갈릴리) 한 구절에서 두 차례 쓰여서 각기 다른 반대편을 가리킬 때도 있다.(민 32:19; 수 9:1, 10) 신명기에서는 1장 1절만 제외하면 나머지는 모두 특정한 지명을 가리킨다.(신 4:41, 46-47; 11:30)

BDB 사전에 의하면 '이브리트=히브리인' 이란 말이 동사 '아바르' 에서 나왔으며, 'A지역으로부터 B지역으로 건너온 사람들' 을 뜻한다고 본다. 본토인이 아니란 뜻이다. 그러나 KB 사전은 이런 해석을 받아들이지 않는다. '이브리트' 를 '아피루' 와 동일시하려는 시도들도 있었다. 아피루는 주전 이천년기에 기록된 문서들 중 아마르나 문서에 나온다. 그러나 이러한 주장을 입증할 증거는 빈약하다.

성서는 '이브리트' 가 셈의 아들 중 한 사람인 '에베르' 란 이름에서 파생된 것임을 보여 준다.(창 10:21; 11:14, 16) 아브라함은 셈의 후손으로 에벨의 직계 후손이다.(창 11:26) 창세기 11장에 바벨탑 이야기를 가운데 놓고 셈의 족보가 둘로 갈라져 보도되는데, 11장 10절 이하의 족보에서는 아브라함으로 이어지는 혈통만을 다룬다. 여기에 에벨이 14, 15, 16절에 기명되어 있다. 히브리인이란 말은 창세기 14장 13절에 처음 나오는데 아브라함을 지칭한다. 히브리인은 이집트인과 블레셋인과는 전혀 어울리지 않는 사람들이다.(창 39장-출 10장; 삼상 4-29장)

그러나 이스라엘이 아닌 사람들이 이 단어를 사용했을 때 하나님의 선민이란 개념을 사용하지는 않는다. 오히려 다소 조롱 어린 말로 사용한다. 예컨대, 이민자라든가 나그네라든가 강 건너온 자들 따위로 표현하여 경멸스럽게 말했다. 이스라엘 자신은 자기를 가리켜서 이 단어를 좀처럼 사용하지 않았다. 그러므로 히브리인이란 개념은 이스라엘을 포괄한 더 넓은 범위의 개념이라고 할 수 있겠다.

셈이 에벨 온 자손의 조상이란 말은 셈의 계보가 히브리인의 계보로 이어진다는 것을 특기한 존평이다. 셈을 함의 형이라고 표현하지 않고 '야벳의 형'이라고만 지적한 것도 의미가 있다. 셈의 아들은 다섯 명이다. 여기에 '앗수르'가 포함되어 있다. 앗수르는 이스라엘을 멸망시킨 아시리아 제국의 족속을 대표한다. 구아시리아는 구바빌로니아와 카사이트 제국에 이어 주전 1300년 경 수메르 지역을 지배했던 제국이었다. 그 후에 주전 8세기에 다시 신아시리아가 수메르 지역과 가나안 지역을 제패했다. 더욱 이상한 것은 창세기 25장에 아브라함의 자손으로도 기명되어 있다는 사실이다.(창 25:3)

셈의 계보를 잇는 아들로서 셋째 아들 아르박삿과 막내아들 아람이 기명되며 나머지 엘렘과 앗수르와 룻은 거명되지 않는다. 아람은 네

명의 아들을 두었고 아르박삿은 셀라와 에벨의 두 아들을 두었는데 계보는 에벨을 통해서 이어진다. 소위 작은 역사 고백문에 의하면(신 26:5-9) 이스라엘의 조상은 방랑하는 소수의 아람 사람이었다고 한다. 족보에 의하면 아람은 에벨의 삼촌이 된다. 이렇게 본다면 유랑하는 아람 사람은 나그네로 떠돌며 살던 에벨('히브리인')과 동일한 삶을 살았다고 하겠다. 아브라함이 하란으로 며느리를 구하러 늙은 종을 보내었고 이삭이 며느리를 구하려고 야곱을 하란으로 보냈다. 하란은 밧단아람이라고도 불렸다. 아브라함의 아버지 데라는 우르를 떠나 하란으로 이주한 이민자였으며, 그 후손은 하란 곧 밧단아람에 정주하여 살았다. 창세기 10장의 족보는 이러한 이야기들의 내력을 제공해 주고 있는 것이다.

에벨은 벨렉과 욕단이란 두 아들을 두었는데 창세기 10:21-31의 족보에서는 욕단의 자손들까지만 다루고 진술을 중단한다. 벨렉의 후손은 창세기 10:10-26의 족보에서 다시 다루며 아브라함에 이르는 혈통을 제공한다. 욕단은 열세 명의 아들을 두었는데 이들은 모두 동쪽 산지에 거주하였다고 한다. 벨렉은 창세기 10:16-18에 다시 등장한다. 창세기 10장에 셈의 계보는 두 편으로 나뉘어 수록되어 있는데 그 사이에 바벨탑 이야기가 끼어 있다. 셈의 자손들이 살아갔던 당시의 시대와 사회의 풍조를 바벨탑 이야기가 알려 주고 있다.

'그들이 거주하는 곳은 메사에서부터 스발로 가는 길의 동쪽 산이었더라.' 30절의 이 번역이 애매하기 때문에 원문을 다시 살펴보자. 욕단의 아들이 거주하는 지역은 메사에서 시작하여 서파르를 거쳐서 동쪽의 산에 이르는 전 지역이란 뜻이다. 메사와 서파르가 어디인지 지금은 알 수 없다. 그러나 모압 왕이 남긴 메사 비문이 출토된 것으로 보아 아마도 모압 지역을 가리키는 것이 아닐까 싶다.

아무튼 셈족의 족보는 함족과는 달리 정주한 지역에 대한 상술이 없다. 도성을 건설했다는 언급이 없으며 세상이 알아주는 영웅이 나왔다는 언급도 없다. 셈의 후손은 땅에 정주하지 못하고 이곳저곳을 떠돌아다니는 유랑민이었음을 족보의 저자는 넌지시 암시하고 있다고 볼 수 있다.

창세기 10장 31절은 셈의 족보에 대한 결문이고 10장 32절은 노아의 족보 전체에 대한 결문이다. 그러므로 10장 32절은 10장 1절의 서문과 상응하여 창 10:1-32 전체 문단을 마감하고 있다. 셈 족보의 결문에서 언어에 따라 나누어진 상태가 진술되었다. 그러나 바로 다음 구절 11장 1절에서 '온 땅의 언어가 하나요' 라고 진술하여 바벨탑 이야기를 풀어 나가고 있다. 이러한 모순은 이야기를 연대순으로 읽지 않고 교차법의 짜임새로 읽는다는 것을 전제하고 있음을 앞에서 이미 논한 바 있다. 바벨탑 이야기는 언어가 나누어진 현실의 원인을 밝히는 원인론으로 주어진 것이다.

IX. 문명 이야기: 바벨 도성

(창 11:1-9)

창세기 11장 9절 끝에 파투카가 있어 1-9절이 하나의 문단임을 마소라 학파는 지시한다. 내용상 적절한 구분으로 보인다. 그런데 1절과 9절의 진술이 엇갈린다. 1절은 온 땅의 언어가 하나였다고 진술하는 반면에 9절은 온 땅의 언어가 혼잡하게 되었다고 진술하고 있다. 이처럼 상반된 처음과 끝의 진술을 볼 때 일정한 저자의 의도가 읽힌다. 언어가 여러 갈래로 갈라져서 다양하게 분화됨으로써 인류가 민족과 민족, 종족과 종족 사이에 소통이 단절된 원인을 진술하고 있다. 이런 소통 단절의 현상을 죄의 결과라고 저자는 제시하려는 의도를 우리는 읽을 수가 있다.

소통은 라틴어로 *communio*다. 그리스어로는 '코이노니아'다. 사귐, 교제, 교통 따위로 번역할 수 있을 것이다. 하나님과의 소통이 단절된 상태를 가리켜 성서는 죄라고 규정한다. 선악을 알게 하는 나무의 열매를 먹었기 때문에 하나님과 소통이 끊어져 버렸다. 사람이 자기중심주의에 빠져 버린 것이다. 마치 자폐증 어린아이와 같이 자기 속으로 빠져 들어 하나님의 부름에 응답을 하지 못하게 된 것이다. 이것이 바로 죄인의 모습이다. 그러므로 소통의 문제는 인류의 구원의 문제와 직결되는 주제다. 이제부터 이야기 자체를 찬찬히 살펴보도록 하자.

1. 소통 communion

창 11:1

여기에 처음으로 나오는 단어는 '사파' 다. 이것은 입술, 말, 해안, 강가, 가장자리, 테두리, 측면, 경계선 등 다양한 뜻으로 쓰인다. 보통은 신체의 말하는 기관을 가리킨다. 입술은 말이 나오는 대문이다. 따라서 입술은 정직과 거짓의 대문이고 의와 사악의 대문이며 지혜와 우매의 대문이다. 그래서 지혜문학에 이런 표현이 나온다. '의인의 입술은 여러 사람을 교육한다.'(잠 10:21) '거짓 입술이 말 못하는 자가 되게 하소서.'(시 31:18) 말은 입술에서 나오기 때문에 환유법으로 쓰여 언어나 외국어 자체를 가리키기도 한다. '그날에 이집트 땅에 가나안 방언을 말하며(사 19:18)' 이와 유사한 단어로 앞의 창세기 10장 5절에 처음 나왔던 '라숀' 이 있다.

입술은 입의 가장자리다. 그래서 '사파' 는 어떤 사물의 가장자리나 경계선을 가리키기도 한다.(출 26:4; 28:26) 해변가의 육지 쪽 언저리를 가리키기도 한다.(수 11:4, 바다의 입술 위에 있는 모레처럼)

1절은 단어 '엑하드' 를 사용하여 '하나' 라는 개념을 전달한다. 전반절에 나온 '엑하드' 는 구성형이고 후반절에 나온 '악하딤' 은 복수 절대형이다. 이 단어는 960회 나온다. 토라 서론인 창세기 1-11장에 열두 번 쓰이는데 그 번역의 사례는 다음과 같이 다양하다.

'첫째' 날(창 1:5)/ '한' 곳으로(창 1:9)/ '첫째의' 이름은(창 2:11)/ 그 갈빗대 '하나' 를 취하고(창 2:21)/ 둘이 '한' 몸을 이룰지로다(창 2:24)/ 우리 중 '하나' 같이 되었으니(창 3:22)/ '하나' 의 이름은 아다요(창 4:19)/ 그 달 '초하룻' 날에(창 8:5, 13)/ '하나의' 이름을 벨렉이라 하였으니(창

10:25)/ 언어가 '하나' 요 말이 '하나' 였더라(창 11:1)/ 이 무리가 '한' 족속이요 언어도 '하나' 이므로(창 11:6)

이처럼 다양한 번역이 어떻게 가능한지 한 번 상세하게 살펴보기로 한다.

'엑하드' 란 단어는 명사로나 형용사로나 부사로도 사용된다. 그 뜻은 '통합되다' 란 뜻의 '약하드' 와 '처음/머리' 란 뜻의 '로쉬' 와 동일하다. 특히 한 달의 초하루를 가리킨다.(창 8:5, 13) 단일성 속에 다양성이 있음을 인정하지만 통일성을 더 강조하는 개념이다.

어떤 한 개인을 가리킬 수도 있고(삿 13:2), 축복은 단 한 차례밖에 못함을 가리킨다.(창 28:38) 솔로몬만이 야훼가 택하신 왕이다.(대상 29:1) 유일무이하게 독특하다는 개념도 전달한다.(삼하 7:23; 겔 33:24) 심판이 갑작스럽게 들이닥치거나 축복이 갑자기 쏟아지는 것을 묘사하여 '하루 사이에' 라고 표현할 때 이 단어를 쓴다.(사 10:17; 47:9; 66:8)

부사로 쓰면 '한 번/한 차례' 란 뜻이 된다.(왕하 6:10) 하나님은 다윗 왕조가 영원하리라고 한 번 맹세하였다.(시 89:35) 야훼는 조금 있으면 한 번 더 하늘과 땅을 진동시킬 것이다.(학 2:6) 야훼의 행동을 가리켜 하루 사이에 일어난다고 하면 그 일이 매우 빠르게 발생한다는 뜻이다.(사 9:14; 슥 3:9) 때로는 '한 사람 같이' 란 표현이 '한꺼번에' 란 의미로 쓰인다.(민 14:15) 미디안을 한 사람 치듯 하리라고 하면 너무나 쉽게 승리를 거둔다는 뜻이다.(삿 6:16) 모든 백성이 일제히 일어났다고 하면 모두가 한 통속이 되어 범죄를 저지른다는 뜻이다.(삿 20:8; 삼상 11:7) 한 어깨로 하나님을 섬긴다는 표현은 어깨 걸고 단결한다는 뜻이다.(습 3:9, 개역-한 가지로) 시내 산에서 모세의 말에 온 백성이 한 소리로 응답했다는 뜻은 온 이스라엘이 야훼와 언약을 맺었다는 뜻이다.(출 24:3)

한 단위로 통일되어 있다는 개념도 있다. 성막의 휘장이 갈고리로 서로 연결되어 하나의 단위가 되도록 만들어야 했다.(출 26:6, 11; 36:13) 아담과 하와는 한 몸이 되었다.(창 2:24) 세겜 사람들은 야곱의 딸과 혼인하여 한 민족이 되기를 바랐다.(창 34:16) 이스라엘의 분단된 왕국은 언젠가는 통일될 것을 에스겔은 두 개의 막대기로 상징했다.(겔 37:17) 유다와 에브라임은 다시 한 번 한 왕을 옹립한 한 나라가 될 것이다.(겔 37:22) 아브라함은 만민의 한 조상으로 고백되었다.(사 51:2; 말 2:15)

이 단어가 특히 중요하게 쓰인 구절은 신명기 6장 4절의 쉐마 본문이다. '이스라엘아, 들으라, 우리 하나님 여호와는 오직 유일한 여호와이시니 ~.' 이 구절에서는 일치 속에 다양성을 신학으로 표현하고 있다. '하나'는 단수형이지만 삼위일체를 나타낸다고 하는 학자도 있다. 하지만 구약성서에서 이 구절은 한 분이신 하나님을 말하며 이스라엘은 오직 야훼만을 섬겨야 함을 강조한다.(신 5:9; 6:5; 참조. 약 2:19; 고전 8:5-6) 스가랴서도 이 본문을 한 하나님을 사랑하고 충성하자는 뜻으로 이 단어를 사용한다. '여호와께서 천하의 왕이 되시리니 그날에는 여호와께서 홀로 한 분이실 것이요 그의 이름이 홀로 하나이실 것이라.'(슥 14:9) 한 분 하나님께서 모든 사람을 창조하셨다.(욥 31:15; 말 2:10) 하나님은 지혜의 유일한 원천이시다.(전 12:11)

통일성 속의 다양성이란 개념도 있다. 단수형 '엑하드'가 복수형 '악하딤'로 쓰인다는 것이 이 점을 말해 준다. '몇 날 동안 그와 함께 거주하라'고 할 때 '몇 날'은 복수형 '악하딤'으로 표현된다.(창 27:44; 29:20; 단 11:20)

창세기 11장 1절에는 단수형과 복수형이 함께 쓰인다. 단수형은 단수 명사 '사파'(언어)를 수식하고 복수형은 복수 명사 '더바림'(말들)을 수식한다. 전반절의 단수형은 '같다'는 뜻으로 보고, 후반절에서는 '단일한' 언어라는 뜻으로 이해하면 될 것이다. 이와 같은 경우로는 출 12:49; 민 15:16; 에 4:11이 있다. 바벨탑을 쌓기 이전에는 인류가 모두 동일하게 단일한 언어로 말하고 있었다는 것이다.

창 11:2

2절에 동사 세 가지가 나온다. 첫째는 '나사'이고 둘째는 '마차'이고 셋째는 '야샤브'다. 동사 '나사'는 이 구절에 처음으로 나온다. 그 뜻은 '당겨서 뽑다/출발하다/나아가다/떠나가다/여행하다'다. 이 동사의 기본 의미는 '천막의 말뚝을 뽑다'다. 즉 천막을 걷고 길을 계속 가는 것을 뜻한다.(사 33:20; 참조. 삿 16:3) 성서에 160회 정도 나오는데 이 중 80%가 오경에 몰려 있다. 민수기에만 거의 100회 정도 나온다. 히브리인들이 정착 이전에 반유목민으로 살면서 여기저기 유랑했던 고대의 삶을 반영하는 동사라고 하겠다. 사막을 여행할 때 매일 아침마다 천막의 말뚝을 뽑고 천막을 걷어야 출발할 수 있었다. 여기서 이 동사는 '출발하다'란 뜻을 지니게 되었다.(민 10:6) 민수기 33장에만 이 동사가 출발하다란 뜻으로 42번 나온다. 여행하다란 뜻으로 가끔 중언법重言法으로 나온다.(신 1:7, '퍼누 우서우'; 2:24) 야곱은 가나안 땅을 '여행하였다.'(창 35:16; 46:1) 이스라엘이 엘림을 떠나 신 광야로 나아갔다.(출 16:1) 르비딤에서 떠나 시내 광야로 향했다.(출 19:2) 40년 후에 백성은 장막을 떠나 요단 강을 건넜다.(수 3:14) 출발하다는 뜻이 발전하여 '앞으로 나아가다'란 뜻이 되기도 한다. 홍해가 출애굽의 길을 가로 막았을 때 하나님께서 모세에게 '이스라엘 자손에게 명하여 앞으로 나아가게 하라'고 말씀하셨다.(출 14:15) 구름이 장막에서 걷히면 이스

라엘은 진행하였다.(출 40:36-37)

또 '떠나다/돌아가다' 란 뜻도 있다.(창 37:17) 산헤립이 예루살렘의 포위를 풀고 니느웨로 물러갔다.(왕하 19:36) 여호람 왕과 그 군대가 퇴각하였다.(왕하 3:27)

또 '여러 기착지를 거쳐서 여행하다' 란 뜻도 있다. 이스라엘이 시내 광야로 향했을 때 신 광야에서 여러 기착지들을 거쳐서 나아갔다.(출 17:1) 여기에는 '그 노정대로 행하여' 라고 번역되어 있다.(민 10:12; 33:1-2) 이 개념은 아브람이 하란을 떠나 네겝으로 나아갔을 때 나타난다.(창 12:9; 참조. 창 11:2) 목자들이 가축 떼를 이끌고 이곳저곳으로 돌아다닌다.(렘 31:24)

'나사' 의 사역형은 '떠나게 하다' 란 뜻이다. 이스라엘을 홍해에서 이끌어 냈다는 표현에 나온다.(출 15:22) 야훼께서 동풍을 불게 하셨고(시 78:26; 참조. 14:21) 자기 백성을 양떼처럼 이끌고 광야를 인도하였다(시 78:52) 히필형에 '치우다/제거하다' 란 뜻도 있다(왕하 4:4) 희망이 나무처럼 뽑혀 제거된다(욥 19:10) 채석장에서 돌을 그 자리에서 떠서 들어낸다(왕상 5:17[31]; 전 10:9) 그래서 '맛사' 란 동명사는 '돌을 깸/돌을 떠냄' 을 의미한다(왕상 6:7)

창세기 11장 2절에 명사 '비크아' 가 처음으로 나온다. 이것은 골짜기, 평원을 뜻한다. 기본 개념은 단단한 물질을 억지로 쪼개어 벌어진 틈새를 가리킨다. 쪼갠 결과 그 내용물이 쏟아진다(사 58:8) 병아리가 알을 깨고 나온다(사 34:15; 59:5) 포도주 부대가 찢어진다(수 9:4, 13) 새벽이 하늘을 찢는다(사 58:8; 참조. 메사 비문 1.15)

일상생활에서 나무를 패거나(창 22:3; 삼상 6:14) 돌을 쪼개는 작업을 가리킨다.(시 141:7) 땅바닥이 갈라지는 경우도 있다.(민 16:31) 솔로몬의 등극할 때 온 백성이 피리를 불며 환호하자 땅이 갈라질 듯하였다.(왕상 1:40) 야훼께서 오실 때 땅이 갈라질 것이다.(미 1:4; 슥 14:4)

동사 '바카'가 함께 쓰여 전쟁 상황을 표현하기도 한다. 군대가 성벽을 부수고 돌파하는 모습을 묘사한다.(왕하 25:4; 대하 21:17; 겔 30:16) 포로나 어린이들을 높은 곳에서 바위 위로 내동댕이쳐서 찢어 죽게 만든다.(왕하 8:12; 대하 25:12) 임신부의 배를 가른다.(왕하 15:16; 암 1:13) 태초에 시내를 내시고 분천을 만드신 분이(시 74:15) 시내 광야에서 다시 물을 내실 것이다.(시 78:13; 사 48:21) 그분은 지혜로 심연을 가르셨는데(잠 3:20) 노아의 시대 때 다시 그렇게 하셨다.(창 7:11) 창조주께서 홍해를 가르시고 백성을 인도하실 때 다시 실력을 행사하셨다.(출 14:16; 사 63:12) 『에누마 엘리시』의 창조 서사시를 보면, 마르두크가 깊음의 신 티아마트의 사지를 찢어서 천지를 만들었다고 한다. 이 아카드어 이야기와 성서의 이야기에 무슨 연관성이 있는지 밝히기는 어렵다.(참조. 시 74:12-17; 사 51:9-11) 어쨌든 하나님의 창조는 '무로부터의 창조'이지 신들의 전쟁에서 이루어진 것이 아니다.

이 단어에서 반 세겔을 가리키는 '베카'란 명사가 나왔다. 반으로 갈라진 세겔이란 뜻이다.(창 24:22; 출 28:26) 솔로몬의 금 방패를 달아보니 각각 삼 '미나'나 나갔다.(대하 9:16; 왕하 10:17) 1미나는 150세겔이므로 300베카에 해당한다.

또 골짜기, 평원을 뜻하는 '비크아'란 단어도 나왔다. 본디 산과 들 사이에 갈라져 V자로 형성된 협곡을 가리켰다. 므깃도 골짜기(슥 12:11)는 남쪽의 갈멜 산기슭과 북쪽의 갈릴리 고지대 사이에 형성된 골짜기다. 단순히 저지대를 가리키는 '에메크'와는 다른 개념이다.

바벨 도성 이야기에서 '비크아'는 골짜기나 협곡이란 개념보다는 아무래도 산으로 둘러싸인 보다 넓은 평원 지대를 가리킨다고 간주해야 할 것이다. 왜냐하면 꽤나 큰 성을 건설하고 망대를 지었기 때문에 부지가 상당히 넓은 곳이 필요했을 것이다. 이 평원은 '쉰아르' (=시날) 땅에 있었다.

이 구절에 '앉다/거주하다' 란 뜻의 동사 '야샤브' 가 세 번째로 나온다. 가인이 놋 땅에 거주하였다.(창 4:16, 새번역-'놋 땅에서 살았다') 가인이 에녹 성을 쌓은 후에 낳은 그 자손 야발은 천막에 거주하였다.(창 4:20, 새번역-장막을 치고 살면서) 그리고 노아의 후손들이 시날 땅에 거류하였다.(창 11:2, 새번역-자리를 잡았다) 개역이 '거류하였다' 고 번역한 것은 창 4:16, 20에서 '거주하였다' 고 번역한 것과 다르다.

우리말 사전에 '거주居住하다' 는 '일정한 곳에 자리를 잡고 머물러 살다' 라고 정의되어 있고, '거류居留하다' 는 '1. 임시로 머물러 살다/ 2. 남의 나라 영토에 머물러 살다' 라고 정의되어 있다. 새번역은 4장 16절에 각주를 달고 '떠돌아 다님' 이라고 해석을 덧붙였다. 창세기 4장 12, 14절에는 가인이 땅에서 '피하며 유리하는 자가 되리라' ('나 와 나드', 새번역-쉬지도 못하고 떠돌아다니게 될 것이다)는 벌을 받았다고 기술되어 있기 때문에, 새번역이 그러한 각주를 달아 놓은 듯하다. 4장 16절에서 가인이 '놋 땅에 거주하였다' 고 번역하면 4장 12, 14절의 '나와나드' 란 표현과 모순된다. 하지만 동사 '야샤브' 가 확실히 정주하는 것을 가리키는 개념인지 아닌지 확인해야 4장 16절의 번역을 확정할 수 있을 것이다.

동사 '야샤브' 는 성서에 1,090회나 나온다. 이 동사는 야훼 하나님의 지상 거주를 가리켜서는 사용되지 않는다. 이 경우 동사 '샤칸' 은 보통 하늘에 거하시는 하나님을 가리킨다. 지상에 거하는 경우에 성막을 가리키는 명사 '미쉬칸' 이 쓰인다. 이 명사는 동사 '샤칸' 에서 파생한 명사다. 동사 '야샤브' 는 사람의 경우에 쓰인다. 어떤 물건 위에 앉는 동작을 가리키거나, 어떤 곳에 머물러 남아 있는 경우를 가리키거나, 어떤 집이나 도시 같은 장소에 거주하는 경우에 이 동사를 쓴다.

재판장이 재판석에 착석하는 동작이나(출 18:14; 시 9:4; 사 10:13), 왕이 보좌에 앉는 동작을 가리킨다(왕상 1:35, 46) 활이 여전히 튼튼하여 쓸 만하다고 말할 때도 이 동사를 쓴다.(창 49:24) 또 하나님께서 사람이 거주하게 하려고 땅을 만드셨다.(사 45:18) 거주민을 의미할 경우 대체로 칼 분사형으로 쓴다.(사 6:11; 13:20; 렘 4:7; 17:6; 겔 26:20; 습 2:8)

동명사형 '모샤브' 는 많은 좌석들이 모여 있어 사람들이 많이 앉을 수 있는 장소를 가리켜서 보통 총회석상이나 연회장을 가리킨다.(삼상 20:18, 25; 겔 28:2; 왕상 10:5; 시 1:1; 107:32) 또는 도시나 부족이 거하는 정착지나 가옥을 가리키기도 한다.(창 10:30; 27:39; 민 15:2; 출 12:20; 레 25:29) 시온은 야훼의 거처다.(시 132:13)

그런데 특이한 사항은 명사 '토샤브' 가 '게르' 란 단어와 함께 쓰인다는 점이다. '게르' 는 낯선 땅에 정주하여 사는 이주민을 가리킨다면 '토샤브' 는 낯선 땅에 임시로 거류하는 이방인을 가리킨다고 본다. 아브라함이 가나안에 '토샤브' 로 거류하였다.(창 23:4) 하나님께서 보시기에 이스라엘인은 땅에 잠시 거하는 거류민이다.(레 25:23, 35; 시 39:12; 대상 29:15) 거류민은 품꾼과 동의어다.(출 12:45; 레 22:10; 25:40) 거류민은 유월절 음식을 먹지 못하며 그 자녀를 노예로 매매하면 안 된다.(레 25:45) 그 대신 거류민은 도피성으로 피할 수 있다.(민 35:15) 아무래도 거류민 '토샤브' 는 나그네 '게르' 보다는 덜 자유로운 처지에 있었다.

창세기 4장 12, 14절은 '땅에서 피하며 유리하는 자가 되리라' 는 형벌이 가인에게 내린 것으로 보도한다. 그런데 4장 17절에 가인이 에녹성을 쌓았다고 보도한다. 성을 쌓는다는 것은 어떤 지역에 정주하여 사는 것을 의미한다. 사실 4장 16절에는 가인이 '에덴 동쪽 놋 땅에 거주하였다' 고 보도한다. 여기에 동사 '야샤브' 를 사용했다. 바로 앞의 문맥에서 가인은 땅에서 벌벌 떨면서 이리저리 방랑해야 하는 형벌을 받았다고 보도해 놓고, 바로 뒤에서 가인이 놋 땅에 정주하면서 에녹성을 쌓았다고 보도하는 것은 앞뒤가 맞지 않는다.

가인은 4장 14절에서 '주께서 지면에서 쫓아내셨다' 고 푸념한다. 이때 '지면' 의 원어는 '알 하아다마' 인데 직역하면 '그 흙 위에서' 가 된다. 정관사 '하' 는 추방당한 지역이 에덴동산을 가리키는 것으로 보인다. 그러므로 에덴동산에서 추방당한 때부터 가인과 그 후예들은 어디에 정주하든지 간에 땅에서 갈등하는 인간관계 속에서 자기를 해치는 적들을 피하려고 전전긍긍하며 방어에 몰두하는 불행한 삶을 살 수밖에 없다. 성을 짓고 정주하려고 해도 적군이 쳐들어오며 결국 성은 멸망의 비운을 당한다. 세상의 모든 성들이 흥망성쇠의 긴 역사를 겪었다. 바벨탑을 쌓은 자들도 마찬가지 운명이었다. 그들은 소통의 구조에 문제가 생기고 다투다가 마침내 자중지란自中之亂이 나서 흩어지고 말았다.

2. 문명의 창달

창 11:3

3절에서 동사는 복수형인데 주어는 단수다. '서로 말하되' 라는 표현에서 주어는 단수 '이쉬=사람' 이고 동사는 복수형 '와요므루=그들이 말하였다' 이며 간접목적어는 '엘-레에후' 다. '레에후' 는 이웃이나 친구를 가리키는 명사 '레에' 에 3인칭 단수 소유격 '후' 가 붙어서 '자기의 이웃에게' 란 뜻이다. 직역하면 '각 사람이 각기 자기 이웃에게 말했다' 가 된다. 히브리어 문장을 보면 주어가 단수인데도 그 동사가 복수로 나오는 경우가 허다하다. 3절 문장의 경우는 사람들의 각각을 가리켜서 단수형을 사용했기 때문에 그 동사를 복수형으로 받은 것 같다.

3절에는 새로 나오는 단어가 많다. '하바', '라반', '러베나', '사라프', '서레파', '헤마르', '호메르' 무려 일곱 가지나 된다. 하나하나 따져 보면서 그 개념을 정립하자.

'하바' 는 '주다/~에게 돌리다' 란 뜻의 동사 '야하브' 의 명령형이다. 이의 동의어는 '나탄' 인데 칠십인역에서는 '디도미' 로 번역된다. 명령형 '하바' 는 '자!' 내지는 '오라!' 란 청유법으로 쓰이는데 칠십인역에서는 '듀테' 로 번역된다.(사 1:18) 그 기본 의미는 '주라!' 다. 창세기 29장 21절에 '나에게 나의 아내를 달라' 란 의미로 쓰이고 신명기 1장 13절에 '인정받는 자를 택하라' 란 어구에 동사로 쓰인다. 여기에 선택이나 추천의 관념이 들어 있다. 사무엘기하 11장 15절에 '우리야를 맹렬한 싸움에 앞세워 두라' 는 구절에 이 동사를 쓴다. 이것이 청유형으로 쓰여 '자!' 라고 번역할 수 있다. '자! 벽돌을 굽자.' 4절에도 '자! 성읍과 탑을 건설하자' 란 표현이 나온다.

'라반' 은 '닐버나 러베님' 이란 문장에 나오는 명사다. '닐버나' 는 기본형 '라반' 이 1인칭 복수형의 모양을 취한 꼴이다. 그리고 '러베님' 은 단수형 '러베나' 의 복수 명사다. '라반' 은 무슨 뜻의 동사이며 '러베나' 는 무엇을 가리키는 명사인가? 이 둘은 발음이 비슷하다.

동사 '라반' 은 셈어에서 본디 흰색 계통의 색깔을 가리키는 말이었다. 흰 눈, 깟씨 같이 흰 만나, 희뿌연 달빛, 뽀얀 요구르트 색깔, 레바논 산정을 덮고 있는 흰 눈이나 뿌연 석회암 바위산을 가리킨다. 히브리어에서 '라반' 이 형용사로 쓰이면 '희다' 란 뜻이다.(창 30:35, 37; 출 16:31; 레 13; 슥 1:8; 6:3)

신학의 의미를 전달하는 경우는 많지 않다. 나병이 걸려 피부에 생기는 흰 반점의 색깔은 부패와 죽음을 의미한다. 스가랴가 환상으로 본 백마는 요한계시록의 백마와 마찬가지로 군대의 정복을 가리킨다. 전도자는 흰 옷을 즐겨 입으라고 권하는데, 이는 방탕하지 말라는 의미다.(전 9:7-9) 창세기에서 흰색은 번영과 풍요를 상징하기도 한다.(창 49:12)

하지만 창세기 11장에서 '라반' 은 전혀 달라서 '벽돌을 만들다' 를 뜻한다. 이 동사에서 '러베나' 란 명사가 파생했다. 동종의 명사와 동사가 쓰여서 '벽돌을 만들다' 란 뜻이다. 이 단어는 인간의 노력이 얼마나 허망한가를 의미한다. 바벨탑 이야기에서 이 단어는 인간의 노력이 허무함을 노래한다. 에브라임은 사마리아의 무너진 벽돌을 다듬은 돌로 다시 쌓을 것이다.(사 9:9) 히브리인은 이집트에서 벽돌을 만드는 노역을 당했다.(출 5:6-14) 유다가 아무리 힘써 방어해도 성벽은 쉽게 함께 무너져 버리고 말 것을 경고하면서 에스겔은 벽돌을 사용했다.(겔 4:1, 토판) 하나님의 보좌에 사파이어로 만든 벽돌이 바닥재로 깔려 있

다.(출 24:10; 참조. 겔 1:26)

'사라프'는 '불에 태우다'란 뜻이다. 여기에 '서레파'란 동명사형이 동종 동사의 목적어로 나오는데 구워서 구운 제품을 만들어 낸다는 뜻이다. 벽돌을 만들고 구워서 구운 벽돌을 만들어 내자는 것이다. 이렇게 제작한 구운 벽돌은 매우 단단하여 돌 대신에 건자재로 사용되었다.

또한 '헤마르'가 '호메르' 대신에 건자재로 사용되었고 한다. 헤마르는 아스팔트나 역청을 가리키는 반면에, 호메르는 진흙과 같은 건자재다. 구운 벽돌을 쌓을 때 진흙을 접착제로 사용하지 않고 모르타르를 사용하였다. 건축술에 커다란 진보가 있었음을 의미한다. 이처럼 발달한 기술로 그들은 자기들을 위하여 '성'을 쌓았다.

창 11:4

함의 자손들은 시날 평원에 정착하여 성읍과 탑을 건설하자고 서로 합의하였다. 성읍은 '이르'이고 탑은 '믹돌'이다. 에녹 성을 최초로 쌓은 사람은 가인이었으며, 함의 자손들이 여러 곳에 니느웨와 같은 성읍들을 건설하였다. 특히 레센 성이란 대도시를 건설하였다. 이어서 이들은 바벨 성을 건축한다. 아담이 타락한 이후에 나타난 최초의 문명사적 징후로서 도성을 건축하는 주제는 토라 서론의 처음부터 끝까지 관통하고 있다. 도성이란 주제는 오경의 통주제通主題, overarching theme임에 틀림없다.

'믹돌'은 무엇인가? 동사 기본형 '가달'에서 나온 명사다. '가달'은 '성장하다/위대해지다/찬양하다/위대한 일을 하다'란 뜻이다. 동명사형 '고델'은 '위대함'이란 뜻의 남성명사이고 '거둘라'는 여성명사다. '가돌'은 형용사다. 여기서 탑을 가리키는 명사 '믹달' 내지는 '믹돌'

이 나왔다. 본뜻은 '크다' 란 뜻에서 나온 '믹돌' 은 성곽 중에서도 가장 큰 구조물이었다. 이것은 특별히 가장 높이 쌓는 망대를 지칭했을 것이다. 얼마나 높이 쌓아 올리려고 하였든지, 그 망대의 꼭대기를 하늘 속으로 들어가도록 쌓아 올리려고 하였다. 그렇게 함으로써 이름을 내려고 하였다. 그 목적은 온 땅에 흩어지지 않게 하려는 데 있었다.

흩어진다는 뜻의 동사는 '푸츠' 인데 이미 위의 창세기 10장 18절에서 설명한 바 있다. 거기서는 가나안 족속이 여러 도성으로 흩어지는 이동을 묘사한다. 여기서는 흩어진 족속들이 총 단결을 도모하여 흩어지지 말자고 굳게 다짐한다. 흩어지지 않기 위해서는 이름을 세상에 드날려야 한다고 바벨 성민들은 굳게 믿는다.

이름은 창세기 6장 4절에 네피림의 이름이 고래로 유명하였다는 구절에서 언급된다. 이름을 내자는 말은 곧 '용사들/영웅들' 을 지칭하는 말이다. 시날 평원에 높다란 망루를 하늘 높이 쌓고 난공불락의 성곽을 쌓았다는 바벨 성의 명성이 온 세계에 퍼지면 어느 누구도 감히 바벨 성을 넘보지 못하게 될 것이다. 침략이 없어지면 바벨 성은 안전하여 사람들이 모여든다. 강한 군사력을 바탕으로 경제가 번영하게 되면 신민들은 흩어지지 않을 것이다. 바벨 성의 사람들은 이러한 염원을 품고 하늘 꼭대기까지 닿은 높다란 망루를 지었던 것이다. 이러한 세속 도시의 야망은 하나님을 아프게 하는 죄 된 인간 중심의 야망이다.

3. 하나님의 대응

창 11:5

하나님께서 사람의 자손들이 건축한 도성과 망루를 보시려고 내려오셨다. 여기에 동사 '야라드'가 쓰인다. 이것은 '내려가다/하강하다/가라앉다/해가 지다' 따위로 하강하는 운동을 가리킨다. 동명사형 '모라드'가 되면 '경사지/하강'이란 뜻이 된다. 이 단어는 요단 강과 무슨 연관이 있을 수도 있다.

이스라엘은 가나안의 지형상 구릉지대가 많아 높은 지역에서 낮은 지역으로 이주할 때 이 동사를 사용하여 '올라가다' 내지는 '내려가다' 따위로 표현한다. 또 명성이 높은 장소에서 아무 이름도 없는 무명의 지역으로 갈 때 '내려가다'라는 표현을 쓴다.(삼하 11:9ㄸ) 또 요직이나 고관직에 있다가 그 지위를 떠나 본연의 자세로 돌아갈 때에도 '내려가다'라고 표현한다.(사 47;1; 렘 48:18) 전쟁에서 패배하면 성벽이나 도성이나 군사가 모두 내려간다.(학 2:22; 신 20:20; 28:52; 렘 51:40; 호 7:12) 하강에 관련된 동작은 보통 이 동사로 표현한다.

특히 '이집트로 내려가다'란 표현이 약속의 땅을 떠나 이방인들 틈에서 산다는 의미로 쓰인다. 야곱의 아들들이 이집트로 내려갔다.(창 46:2-4) 가나안에 정착한 후로 '이집트로 내려가는' 행위는 하나님을 저버리고 헛된 인간의 도움을 구하는 잘못된 행위다.(사 30:2; 31:1)

스올도 내려가는 지하의 세계다.(민 16:30) 스올은 식욕이 엄청나서 내려가는 모든 것을 통째로 삼켜 버린다.(사 5:14) 간음하는 음녀를 따르는 자는 스올로 내려가서 죽음의 방에 들어가는 것과 같다.(잠 7:27)

신 현현의 경우에 이 동사를 사용하여 강림하시는 하나님의 동작을 표현한다. 하나님은 하늘 보좌를 떠나 땅으로 내려오셔서 사람과 대화를 나누신다. 시내 산에 강림하시고(출 19:18; 대하 7:1-3), 성막에 구름기둥 속에 나타나셨다.(출 40:34-36; 민 12:5) 모세의 짐을 들어주려고 하나님께서 강림하셔서 장로들에게 성령을 부어 주신다. 모세에게 주었던 성령을 일부 덜어 내어서 장로들에게 나누어 주신 것이다.(민 11:17) 하나님은 이집트의 속박에서 백성을 구원하려고 내려오신다.(출 3:8) 그 반대로 심판하러 내려오시는 경우도 있다. 또 소돔과 고모라도 미리 조사하러 내려오셨다.(창 18:20) 유죄를 확인하시면 내려오셔서 높은 산을 딛고 서신다.(미 1:3) 먼저 우상숭배의 처소를 파괴하신다. 이어서 반역한 도성이 적군에게 패배하게 만드신다.(옵 1:4)

요단 강의 명칭이 이 동사에서 파생되었다. '내려가는 것' 이란 뜻이다. 이집트어로 '야-아르-두-나' 에 해당한다. 크레테와 그리스에도 '야르다노스' 란 강이 있다. 이 명칭들은 지중해 동안東岸의 강들을 가리키는 보통명사였을 것이다. 칠십인역은 요단 강을 '요르다네스' 라고 음역하고 있다.

바벨탑 이야기에서는 하나님께서 하늘에서 땅으로 내려오시는 이유는 사람의 행위를 살펴보고 조사하시기 위해서였다. 사람들은 성읍과 망루를 짓고 있었다. 땅에서 사람들은 하나님께서 지시하지도 않은 일을 하나님과 아무런 협의도 없이 자기 멋대로 시행하고 있었다. 이 때문에 하나님께서 친히 조사하러 땅에 내려오신 것이다. 조사한 결과를 하나님은 천상의 어전회의에서 보고하시는데 그 보고서는 6-7절에 나온다.

창 11:6-7

야훼께서 말씀하신다. 누구에게 말하는지 그 대상이 명기되어 있지 않다. 하지만 독백하는 것이 아니라 땅을 시찰한 결과를 '우리' 로 표현되는 어떤 모임에서 보고하는 것이다. 7절에는 '우리' 가 주어로 나온다. '우리가 내려가서 ~.' '우리' 란 복수형은 하나님을 가리켜 '엘로힘' 이란 복수형으로 지칭하기 때문에 하나님께서 자신을 가리킬 때는 1인칭 복수형으로 지칭하는 것이다. 이것을 삼위일체를 의미하는 구약성서의 근거 성구로 삼는 것은 잘못이다.

주어로 나오는 '헨' 은 두 가지 뜻이 있다. 첫째, '그렇다/예' 란 강한 긍정을 표현한다. 둘째, '그들' 이라는 3인칭 복수의 의미를 지닌다. 여기서는 둘째 의미로 쓰였다고 본다. 이 주어에 동사는 없다. 아마도 '하야' 동사가 생략된 듯하다. 이 문장의 술어는 '암' 과 '사파' 인데 거기에 형용사 '엑하드' 가 붙어 있다. '암' 은 남성명사이므로 형용사도 남성형 '엑하드' 가 쓰였고, '사파' 는 여성명사이므로 형용사도 여성형으로 '엑하트' 가 쓰였다. 후자에는 '러쿨람' 이란 전치사구가 붙어 있다. '러' 는 전치사이고 '쿨' 은 '모두' 란 뜻이고 '람' 은 3인칭 복수형 접미사가 붙은 꼴로서 '그들 모두에게' 란 뜻이다. 직역하면 '저들은 한 백성이며 그들 모두에게 한 언어만 있다' 가 된다.

동사구 '하힐람' 에는 3인칭 복수가 주어로 들어 있다. 기본형은 '할랄' 인데 '시작하다' 란 의미와 '더럽히다' 란 이중의 뜻을 지니고 있다. 여기서는 사역형으로서 전자의 의미로 쓰였다. 직역하자면 '그래서 저들이 이것을 행하기 시작했다' 가 된다. 바벨 성을 건축하게 된 환경의 조건으로서 저들이 한 백성이라는 점과 한 언어를 사용하였다는 사실이 있었다. 사태에 대한 하나님의 분석을 좀더 자세히 살펴보자.

개역에 '암 엑하드' 를 '한 족속이요' 라고 번역했지만 '암' 은 '고임' 과는 달리 어떤 가족이나 족속이나 문중 등 혈연관계를 가리키는 말이 아니다. '암' 은 어떤 정치체제에 종속된 백성을 가리킨다. 바벨은 한 도성으로서 도시국가의 체제를 갖추고 있었음을 '암' 이란 단어가 암시하고 있다. 창조세계에서 만물을 다스리는 분은 오직 하나님 한 분뿐이고 인간은 그의 대리인으로 위임받은 존재로 창조되었다. 그러나 바벨 성에는 왕과 백성이 따로 국가를 형성하고 있었다. 하나님 없이 사람 중심으로 살아가는 도시 문명은 성의 망루를 하늘 꼭대기에 닿도록 쌓아 올린다. 이것이 하나님이 창조하신 뜻에 위배되었다.

창세기 1장 28절에 하나님은 '생육하고 번성하여 땅에 충만하라. 땅을 정복하고 다스려라' 고 축복하셨다. 여기서 '정복하라' 의 원어는 '카바쉬' 인데 그 뜻은 땅을 꾹 밟아 눌리라는 뜻이다. 하늘은 높지만 땅은 낮다. 이 둘이 멀수록 궁창은 넓어지고 그 가운데 피조물은 번성할 환경이 잘 조성된다. 만약 땅이 높아져서 하늘에 닿으면 궁창이라는 여백이 없어지면서 그곳에 깃든 모든 생명이 거할 공간을 상실한다. 자연이 파괴된다. 바벨 성의 죄는 하나님의 창조세계를 파괴하는 데 있다. 성을 높이 쌓으면 안 된다. 높은 성을 쌓은 인간은 교만하여서 주변의 모든 자연을 파괴하고 자기에게 봉사하도록 강요함으로써 하나님의 창조를 역행한다. 하나님은 이들의 작업을 막아야 했다.

하나님은 바벨 성의 공사를 중단시키기로 작정하신다. 이때 사용된 동사는 '바차르' 다. 그 뜻은 '잘라 버리다' 인데 니팔형으로 쓰여서 '중단되다' 란 뜻이 된다. '막을 수 없으리로다' 라고 번역했다. 이 동사는 3인칭 단수형이므로 '콜 아쉐르 ~' 가 주어다. '그것이 그들로부터 중단되지 않을 것이다' 라고 직역할 수 있다. '그것' 이 무엇인가? 이 문제는 나중에 답하기로 하고 우선 '바차르' 란 동사가 여기에 처음으로 나왔기 때문에 이 동사의 개념을 더 상론하기로 하자.

이 동사는 '모으다/삼가다/자르다/울타리를 치다/요새화하다' 와 같이 여러 가지 뜻을 지닌다. 명사형 '베체르' 는 보석을 뜻한다. 여성명사 '바츠라' 는 울타리 친 구역을 가리키고 또 다른 명사 '비차론' 은 요새화된 성을 가리킨다. 동명사형 '미브차르' 는 '요새화' 란 뜻이다.

우선 '모으다' 란 의미와 '축소하다/겸손히 낮추다' 란 뜻과 '접근할 수 없는/불가능한' 란 형용사의 뜻도 있다. 또 '시험하다/평가하다' 란 뜻도 있다. 이 동사가 73회 나오는데 이중 65회가 모두 '요새화' 를 뜻한다. 나머지 8회 중 7회가 '모으다' 란 뜻으로 포도 수확을 가리킨다. 하나님께서 이스라엘의 포도원에서 수확하는 것처럼 심판하신다.(렘 6:9; 49:9; 옵 1:5) 심판 때에는 떨어진 이삭도 남기지 않고 싹쓸이로 거둔다.(신 24:21과는 반대로) 대부분 '요새화' 를 뜻할 때 가장 넓고도 중요한 주거지를 가리킨다.(왕하 17:9) 아시리아가 공성攻城 기술을 개발하기 이전에는 요새들이 난공불락이었다.(렘 5:17; 참조. 수 10:20)

요새들은 너무나 튼튼해서 하나님을 믿지 않고 요새를 믿게 될 정도로 시험에 빠질 위험이 있었다. 이 때문에 예언자들은 요새를 믿는 어리석음에 빠지지 말라고 경고하였다.(사 17:3; 애 2:5; 호 10:13-14) 하나님만이 사람의 요새인 것이다.(시 27:1)

이러한 다양한 개념 중 여기에서 쓰인 의미는 '모으다/거두다' 란 기본 되는 뜻이다. 수확물을 추수하듯이 하는 일을 중단하는 행위를 가리킨다. 바벨 성의 백성으로부터 하던 일을 중단시켜야 하는 일은 그들이 꾀하는 모든 일이다. '그것' 의 주어는 바로 이 '모든 일' 이 된다.

그들이 만들려고 꾀하는 모든 일이란 곧 바벨 성을 하늘까지 쌓아 올리려는 건축 사업이다. 여기에 사용된 동사는 '자맘' 인데 그 의미는 '고안하다/신중하게 생각하다' 다. 사람들이 하나님 없이 살아보려고 곰곰이 생각해서 고안해 낸 결과 바벨 성을 쌓게 되었다는 것이다. 동사 '자맘' 에 대해서 살펴보자.

이 동사의 주어가 하나님이 될 경우에는 거역하고 음모를 꾸미는 악한 족속을 심판하시려는 하나님의 계획을 가리킨다.(슥 1:6; 8:14; 욥 42:2) 이스라엘을 벌하시는 것(렘 4:28; 23:20; 30:24; 애 2:17; 슥 1:6)과 바빌로니아를 심판하시는 것(렘 51:11-12)은 모두 하나님의 계획에 따른 것이다. 바빌로니아는 이스라엘을 심판하는 도구로 사용된다. 바빌로니아에 대한 하나님의 심판은 곧 예루살렘을 구원하시려는 하나님의 새로운 계획의 일환이다.(슥 8:14-15) 하나님의 계획을 가로막을 자는 없다.(욥 42:2) 이 모든 구절에서 동사 '자맘' 은 하나님의 계획을 가리킨다.

이 동사의 주어가 사람이 될 때 악한 계획이나 음모를 가리킨다. 위증으로 형제를 모함한 사람은 모함한 그대로 당하는 벌을 받아야 한다.(신 19:19) 악인은 이빨을 갈면서 의인을 해치려고 음모를 꾸민다.(시 37:12; 31:13; 참조. 잠 30:32) 교만한 악인은 하나님이 없다고 생각하면서 ('머침마, 그 모든 사상에') 경건한 자를 박해한다.(시 10:4) 욥은 자기를 모욕하는 친구들의 생각이 잘못되었다고 항변한다.(욥 21:27) 이 동사의 명사형 '자맘' 이 '하다' 란 동사 '아사' 와 함께 쓰이면 악행을 꾸미는 것을 가리킨다.(시 37:7; 렘 11:15) 이 단어가 긍정적인 의미로 쓰인 곳은 시편 17편 3절 단 한 곳뿐이다. 잠언에서는 음모를 꾸미는 자들이란 부정적 개념과 분별력을 갖춘 생각이라는 긍정적 관념을 분명히 구별하여 사용한다. 복수형 '머침마' 가 사람의 생각일 때 필히 부정적 관념을 전달한다.(잠 12:2; 14:17; 24:8)

창세기 11장 6절의 경우에는 동사의 주어가 사람이 되므로 부정적 관념을 전달한다. 바벨탑을 쌓는 자는 모두가 악한 음모를 꾸미고 있는 셈이다. 더구나 여기에 동사 '아사' 가 쓰여서 악행을 저지르려고 음모를 꾸미는 인간의 죄를 폭로한다.

7절도 '자!' 라는 청유법 '하바' 란 단어로 시작한다. 그리고 '야라드' 동사를 반복한다. '자! 우리가 내려가자.' 거기서('샴') 그들의 언어를 혼란스럽게 마구 뒤섞어 놓자! 여기에 동사 '발랄' 의 1인칭 복수 청유형이 쓰였다. 이 동사도 여기에 처음으로 나온 단어다. 그 개념을 정확히 정립해 보자.

동사 '발랄' 은 본디 제사 용어로서 밀가루를 기름에 섞는 행위를 가리킨다.(출 29:2, 40; 레 2:4-5; 민 7:7, 15, 28) 이 의미가 확장되어 '내게 신선한 기름을 부으셨나이다' 라고 노래하는 데 쓰인다.(시 92:11) '에브라임이 여러 민족 가운데 혼합되었다' 는 표현도 있다.(호 7:8) 여기에서 '혼란/혼동' 을 뜻하는 '테벨' 이란 명사형이 나왔다. 이 명사형은 성서에 단 두 번 나온다. 남녀의 성이 도착되어 나타나는 변태 행위를 가리켜 수간이나 근친상간을 의미한다.(레 18:23; 20:12) 이에 연관된 명사 '터발룰' 이 단 한 번 나온다.(레 21:20)

바벨탑 이야기에서 이 동사는 '혼잡하게 만들다' 란 뜻으로 쓰였다. 이 동사는 11장 9절에 반복되어 바벨이란 이름이 언어를 혼잡하게 만든 데서 기원했음을 이야기하고 있다. '바벨' 이란 이름 자체가 혼잡이란 관념과는 무관하지만 '발랄' 과 소리가 매우 흡사하기에 말놀이의 기법을 연출하고 있다고 보인다.

7후반절은 '아쉐르'로 인도되는 독립된 어절이다. 이 경우 '아쉐르'는 관계대명사가 아니다. 문장 자체에 누락된 요소가 없이 완전하다. 더구나 어절 안에 명사 '사파'가 전반절의 끝에 나오는 '사파'와 중복된다. 그러므로 이것이 관계대명사의 선행사가 될 수 없다. 11장 7절의 경우에 이것은 문장의 끝에서 마감절을 이끄는 접속사다.(final conjunction, GK. §165b) 긍정문을 이끄는 접속사 '아쉘'은 신 4:10, 40; 6:3; 32:46; 수 3:7; 느 8:14-15에 나오고, 부정문을 이끄는 접속사 '아쉘'은 창 11:7; 24:3, 27; 왕상 22:16; 전 3:4에 나온다. 이것은 '러마안 아쉘'과 같이 목적이나 의도를 나타내기에 '~하도록'이라고 번역할 수 있다. 11장 7절의 마감절의 경우에, 하나님이 그들의 언어를 혼잡하게 만드신 의도를 설명한다. 각 사람이 이웃의 말을 듣고도 이해하지 못하도록 그들의 언어를 마구 뒤섞어 혼잡하게 만들었다는 뜻이다.

여기에 '듣지 못하도록'이란 표현에 '듣다'란 뜻의 동사 '샤마'가 나온다. 토라 서론에서 이 단어는 다섯 차례 나온다.(창 3:8, 10, 17; 4:23; 11:7) 바벨탑이라는 죄 많은 문명의 결말은 사람이 서로 말을 듣지 않는 불통이다. 사람 사이의 대화가 끊어졌다. 이러한 윤리의 파국은 사람과 하나님 사이의 불통에서 비롯된 것인데 이것은 창세기 3장의 주제다. 아담이 선악과를 따먹었을 때 그날 저녁 하나님이 에덴동산에 오셔서 아담을 부르셨다. 아담은 하나님의 소리를 들었지만 무서워서 몸을 숨겼다.(창 3:8, 10) 하나님과의 교제가 끊어지자 곧 사람의 교제도 중단되고 서로 오해하고 불신하는 가운데 적대 관계로 점철된다. 여기서 분쟁과 전쟁이 벌어진다. 이것이 죄 많은 문명의 본질이다.

창 11:8-9

8절의 동사 '푸츠'는 4절에 이미 나온 것을 되풀이한 것이다. 흩어지지 말자고 다짐했던 바벨 도성의 축성은 소통의 부재로 인해서 자중지란에 빠짐으로써 오히려 흩어짐의 원인이 되고 말았다. 이 동사는 9절에서도 되풀이되어서 흩어짐이 바벨 도성의 결말이라고 다시 한 번 강조한다. 흩어짐으로써 바벨 도성의 건설은 중단되고 말았다.

후반절 '그들이 그 도시를 건설하기를 그쳤더라'란 문장에 동사 '하달'을 사용했다. 이 동사는 성서에 55회 나온다. 어떤 일을 중단하는 것을 가리킨다.(창 11:8; 삿 15:7; 욥 3:17; 삼상 12:23; 렘 44:18; 51:30) 욥기 16장 6절에는 '억제하다/삼가하다'란 뜻으로 쓰였다. 열왕기상 22장 6절에 정복하러 '올라가랴 말랴?' 하고 물을 때 '말랴?'란 표현에 이 동사를 쓴다. 역대지하 25장 16절에서는 명령형으로 쓰여 '멈추라/가만히 있어라'를 뜻한다. 사사기 9장 9, 11, 13절의 나무들 비유에서는 '내가 어찌 그것을 버리고'란 구절에서 '버리다'란 뜻으로 쓰인다. 민수기 9장 13절에는 '무시하다/실패하다'를 뜻한다. 욥기 19장 14절에 욥은 친척과 친구들에게 버림을 받았다. 출애굽기 14장 12절을 보면 홍해를 건너기 직전에 이집트 군대의 추격을 받아 위기에 빠진 이스라엘이 모세에게 '우리를 내버려 두라고 하지 않았더냐'고 말하며 원망하였다. 이때 '내버려 두다'란 표현에 이 동사를 사용한다. 욥은 하나님께서 자기를 그냥 내버려 두시라고 두 번이나 애원하며 청하였다.(욥 7:16; 10:20) 이사야서는 '인생을 의지하지 말라'고 말하는데(사 2:22), 이때 '하달' 동사를 사용했다. KJV는 이것을 cease ye from man이라 번역했는데, NEB는 이것을 그대로 풀어서 have no more to do with man이라고 의역했다.

야훼의 종의 노래 중 이사야서 53장 3절에 '사람에게 버림을 받아' 란 구절이 있는데 여기에 파생어 '하델' 이 쓰였다. 이 단어는 세 차례 나오는데 에스겔서 3장 27절과 시편 39편 4절에 더 나온다.

9절에 '알-켄' 은 '그러므로' 란 뜻으로 지금까지의 이야기를 모두 정리하는 분위기다. 도성('이르')이 여성명사이므로 '쉬마흐' 라고 하여 여성 3인칭 어미가 붙었다. 그 성의 이름은 '바벨' 이라 불렀다. 왜냐하면 야훼께서 온 땅의 언어를 혼잡하게('발랄') 하셨기 때문이다. '혼잡하게 하다' 의 동사가 '발랄' 이기 때문에 그 성의 이름을 '바벨' 이라고 불렀다는 것이다 .

야훼께서 바벨 성에서부터 그들로 하여금 온 지면에 흩어지게 하였다. 동사구 '헤미참' 은 '흩어지다' 란 뜻의 기본형 '푸츠' 의 히펄형에다가 3인칭 복수형 목적어가 접미사로 붙은 형태다. '그들로 하여금 흩어지게 하였다' 는 뜻이다. 개역은 야훼께서 '그들을 흩으셨더라' 라고 능동태로 번역했다. 도성의 주민들이 단결하여 흩어지지 말자고 다짐하였건만(창 11:4), 그 결과는 정반대로 도로 흩어지게 되었다.(창 11:8)

하나님을 저버리고 자기중심으로 살아가는 도성의 주민들 사이에 언어의 혼잡으로 소통 관계가 끊어지고 그 결과 사람들이 흩어지고 말았다. 이 바벨 성의 이야기는 토라 서론의 대미大尾를 장식한다. 토라 서론의 초두에 하나님께서 하나님의 형상대로 창조하여서 하나님과 유무상통하던 사람을 묘사하였는데, 그와는 정반대로 그 대미에서는 하나님과의 소통이 끊어진 결과 사람들끼리도 불통하는 관계로 타락한 도성 사람들을 제시하고 있다. 이것은 뚜렷한 대조법이다.

하나님과 사람 사이의 사귐이나 소통 관계를 communion이라 한다. 그리스어로는 '코이노니아' 다. '코뮤니온' 은 예배를 통하여 회복되는데 예수의 몸과 피를 기념하는 성만찬의 현장에서 온전히 회복된다는 것이 신약성서의 중심 주제다. 소통이 끊어진 원인은 아담이 금단의 선악과를 따먹고 자기중심주의에 빠졌기 때문이다. 아담의 범죄로 인하여 하나님과의 소통이 끊어졌고 소통의 부재는 가인의 살인으로 귀결하였으며 가인의 살인은 에녹 성을 건축하는 불신앙의 행위로 귀결하였다. 토라 서론인 창 1-11장의 문단에서 서두에 나타나는 에녹 성은 말미에 나타나는 바벨 성과 상합하여 문단의 앞뒤에서 수미쌍관 포괄법을 이루면서 창조 이야기 전체를 정리하고 있다. 그 복판에는 노아 홍수의 이야기가 들어 있다. 그 모양은 아래와 같다.

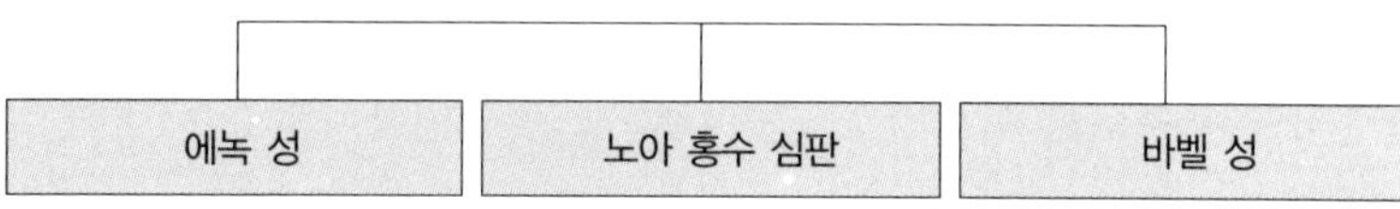

이 모양을 보면 토라 서론이 도성에 대한 심판의 구도로 짜여 있음을 알 수 있다. 하나님의 창조 신학은 도성에 대한 심판을 중심으로 엮어져 있으므로 창조 신학의 배경에는 예언자의 신학 사상이 가로놓여 있다고 말할 수 있다. 이 예언자의 신학은 곧 신명기 사가의 중심 사상을 이루기 때문에 토라 서론은 P가 마지막으로 현재의 본문을 작성하기 이전에 본디 제국의 도성들에 대해 심판을 선포하려는 신명기 학파의 초본이 존재하고 있었을 것으로 추정할 수 있다. 이 초본을 자료로 활용하여 P가 현재의 본문을 작성하였다. P는 기존의 도성 이야기에 자신의 창조 선언서인 창세기 1장을 추가하고 창세기 5장과 10-11장의 족보('톨레도트')를 양대 기둥으로 세워서 전체 이야기의 균형을 잡

았다. 이러한 편찬의 작업을 펼치는 중에 자신이 소지한 신명기 학파의 자료에도 크게 손질을 가해서 온전히 자신의 작품으로 제시하였다. 그러므로 문서가설은 현재의 본문을 이해하는 데 큰 도움이 되지 못한다. 최종 저자의 손질을 가려낸 후에야 비로소 최종이전본의 윤곽이 드러날 터인데, 그것은 여러 가지 자료들이 아니라 오로지 신명기 학파의 문학만이 있었음이 입증될 것이다.

X. 셈의 일대기

(창 11:10-26)

창세기 족장들의 수명 비교표

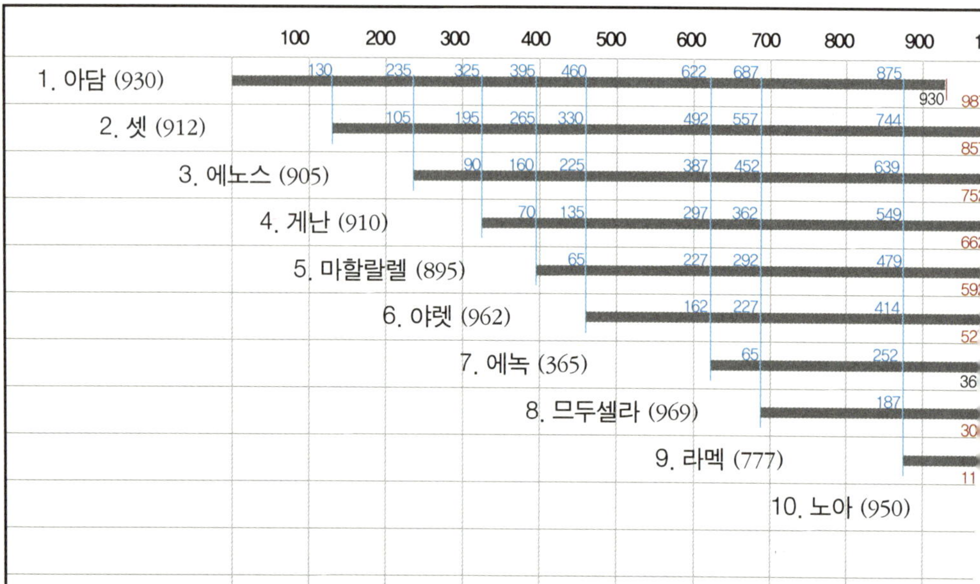

족장들의 수명에 관한 성구

1. 아담	창 5:3~5
2. 셋	창 5:3, 6~8
3. 에노스	창 5:6, 9~11
4. 게난	창 5:9, 12~14
5. 마할랄렐	창 5:12, 15~17
6. 야렛	창 5:15, 18~20
7. 에녹	창 5:18, 21~24
8. 므두셀라	창 5:21, 25~27
9. 라멕	창 5:25, 28~31
10. 노아	창 5:29, 32 / 10:28~29
11. 셈	창 5:32 / 11:10~11
12. 아르박삿	창 11:10, 12~13
13. 셀라	창 11:12, 14~15
14. 에벨	창 11:14, 16~17
15. 벨렉	창 11:16, 18~19
16. 르우	창 11:18, 20~21
17. 스룩	창 11:20, 22~23
18. 나홀	창 11:22, 24~25
19. 데라	창 11:24, 26~32
20. 아브라함	창 11:26 / 25:7~11
21. 이삭	창 21:3, 5 / 35:28~29
22. 야곱	창 25:26 / 47:28 / 49:33

■ 참고사항

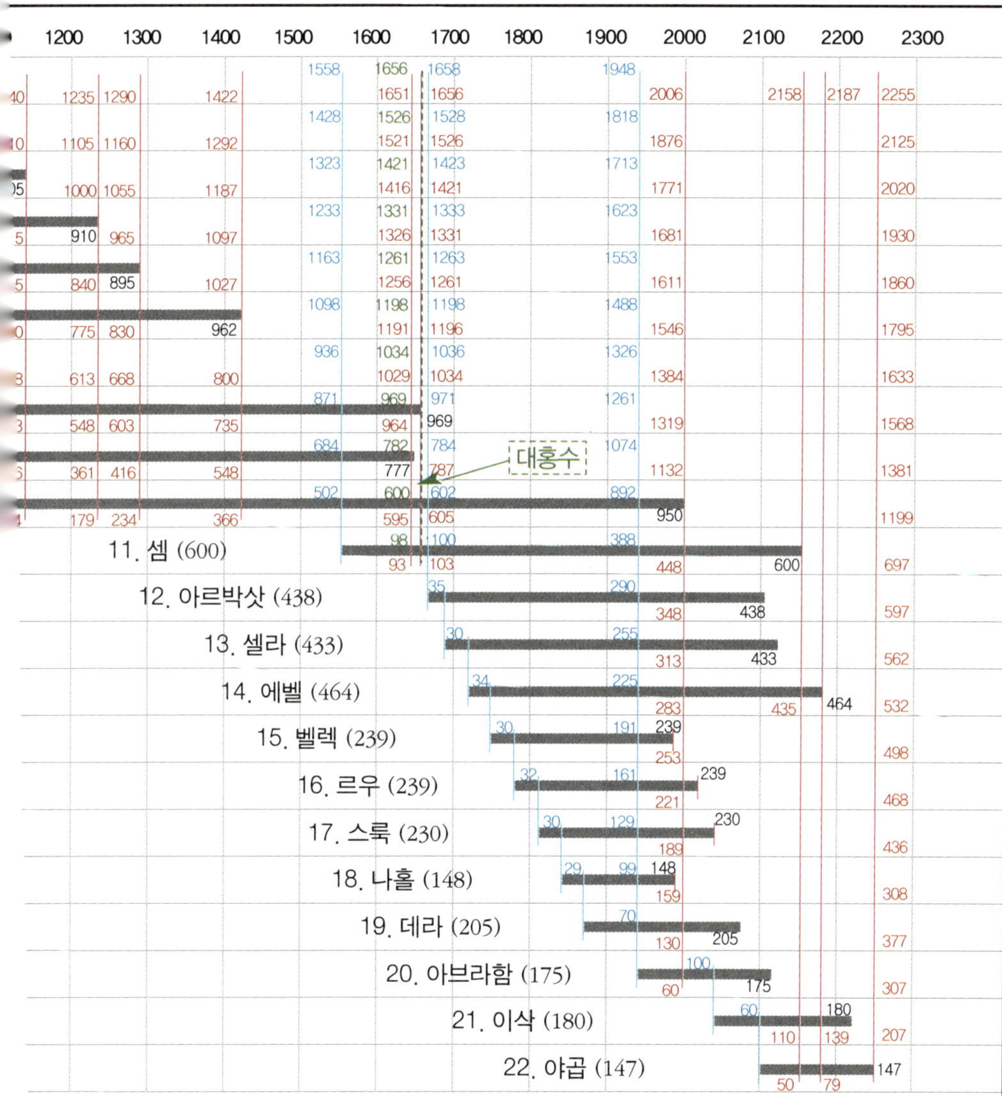
1200 1300 1400 1500 1600 1700 1800 1900 2000 2100 2200 2300
대홍수
11. 셈 (600)
12. 아르박삿 (438)
13. 셀라 (433)
14. 에벨 (464)
15. 벨렉 (239)
16. 르우 (239)
17. 스룩 (230)
18. 나홀 (148)
19. 데라 (205)
20. 아브라함 (175)
21. 이삭 (180)
22. 야곱 (147)

마지막으로 셈의 톨레도트가 나온다. 셈의 혈통은 셋째 아들 아르박삿을 통하여 셀라로 이어지며 히브리인의 조상 에벨로 이어졌다가 벨렉으로 이어진다. 앞에 나온 10장의 족보에서는 에벨의 두 아들 중 아우인 욕단의 족보가 제시되었지만, 여기서는 곧바로 맏아들인 벨렉으로 이어지는 족보를 제시한다. 셈 이후 아브람에 이르기까지 모두 10세대가 지난다.

(1) 셈 → (2) 아르박삿 → (3) 셀라 → (4) 에벨 → (5) 벨렉 → (6) 르우 → (7) 스룩 → (8) 나홀 → (9) 데라 → (10) 아브람

이와 같이 셈의 계보를 10대 세손으로 정리한 것을 보면 아브람의 계보를 제시하면서 그것을 거룩한 숫자에 맞추어 제시하려고 저자가 의도하고 있음을 알 수 있다.

1. 이상한 계보: 조상이 후손보다 더 오래 살았다?

셈의 계보에 따르면 조상의 장수하는 수명이 후대를 거듭할수록 점점 줄어드는 현상을 볼 수 있다. 그들의 연수를 서로 비교하면 이상한 현상이 나타난다. 노아의 탄생을 원년으로 친다면 셈이 죽은 해는 노아 1,103년이 된다. 아브라함은 노아 1,068년에 죽는다. 아브라함은 셈 보다 35년이나 먼저 사망한 셈이 된다. 더구나 셈은 다른 모든 후손보다 더 오래 살았다는 셈이 나온다. 아르박삿은 435년을 사는데 1,038년에 사망했다는 계산이 나온다. 이 해는 야곱이 출생하기 얼마 전이다. 조상이 후손보다 더 오래 살아 있고 후손이 조상들보다 먼저 죽는 기묘한 현상을 이 족보는 보여 준다. 이 점을 어떻게 이해해야 할까?

셈의 자손들의 수명 비교

년	출생	사망	비고
원년			노아 출생을 원년으로 잡음
503년	셈		601년 1월 1일 홍수 끝
603년	아르박삿		셈 100세, 홍수 후 2년 출생, 435년
638년	셀라		아르박삿 35세 출생, 셀라 수명 430년
668년	에벨		셀라 30세 출생, 에벨 수명 364년
702년	벨렉		에벨 34세 출생, 벨렉 수명 239세
732년	르우		벨렉 30세 출생, 르우 수명 239세
762년	스룩		르우 30세 출생, 스룩 수명 230세
792년	나홀		스룩 30세 출생, 나홀 수명 148세
823년	데라		나홀 29세 출생, 데라 수명 205세

년	출생	사망	비고
893년	아브람		데라 70세
941년		벨렉	
942년		나홀	
950년		노아	노아 950세 사망
971년		르우	
993년	이삭		아브라함 100세
994년		스룩	
1028년		데라	
1032년		에벨	
1038년		아르박삿	
1053년	야곱	이삭 60세(창 25:26) 결혼 40세(창 25:20)	
1068년		셀라	
1078년		아브라함	175세 사망
1103년		셈	셈 수명 600세
	도피		창 27:2 이제 늙어 어느 날 죽을지 알지 못하니
1172?	요셉		창 30:25
1173년		이삭	창 35:28, 180세 사망
1200년		야곱	창 47:28, 147세 사망, 요셉 38세?
1282?		요셉	창 50:26

셈은 가장 오래 사는데 아브라함이 죽은 후에 무려 25년을 더 살다 죽는다. 셀라는 야곱이 15세 되던 해에 죽는다. 아르박삿은 이삭이 45세가 되던 해에 죽는다. 아브라함의 아버지 데라는 이삭 35세 되던 해에 죽는다. 스룩과 에벨도 이삭이 태어난 후에 죽었다. 노아도 아브람이 57세 되던 해에 죽는다. 나홀은 아브람이 51세 되던 해에 죽는다.

벨렉과 르우도 이삭이 출생하기 이전 아브람이 살아 있는 동안 사망했다는 계산이 나온다.

이러한 현상을 288-89쪽의 연표에 실어 두었으니 참조하라.

2. 죄의 증대와 구원의 갈망

이러한 계산의 결과는 너무나 황당하기 때문에 어떻게 해석해야 하는지 매우 난감하다. 창세기 11장의 셈의 족보에 나오는 연수는 그저 인간의 수명이 줄어들게 되었다는 것을 상징하는 숫자일 것이다. 수명에 관한 일정한 신학을 표현하는 수단으로 숫자를 사용했다고 이해하면 될 것 같다. 죄가 증대할수록 수명이 줄어들었다. 그러나 창세기 10장의 족보, 곧 셈과 함과 야벳의 족보에는 나이에 대한 언급이 전혀 없다는 점과 창세기 11장 족보에 나이가 기명된 현상은 너무나 대조적이라는 점에서 어떤 단서를 구해야 할 듯하다.

칠십인역에는 마소라 본문과 나이 보도가 매우 다르게 나온다. 맏아들을 낳은 나이를 아르박삿에서 스룩에 이르기까지 100살씩 더 높였다. 아르박삿은 135세에 맏아들 셀라가 아니라 카이난을 낳았다고 보도하는데 카이난은 마소라 본문의 족보에는 나오지 않는다. 또 칠십인역은 셀라가 맏아들을 30세가 아니라 130세에 낳았다고 100살을 더 높여서 보도한다. 만약 창세기 10장 12-13절을 '백삼십오 세에 셀라를 낳았고 셀라를 낳은 후에 사백삼 년을 지내며 자녀를 낳았으며' 라고 읽는다면 아르박삿의 수명은 100세가 더 늘어나게 된다. '35+403= 438세' 가 '135+403= 538세' 로 바뀌게 된다. 창세기 5장의 족보에도 살다간 수명이 명기되어 있는데 이 수명의 숫자들이 종말을 향한 역사의 과정을 보여 주고 있다고 보인다. 마소라 본문과 사마리아 오경과 칠십인역과 희년서에 연대가 각각 다르게 제시되어 있다. 국제성서주석ICC의 233쪽에 도표가 나와 있다. 그것을 제시하면 아래와 같다.

구분	마소라 본문		사마리아 오경			칠십인역		희년서
	맏이	그후	맏이	그후	총	맏이	그후	맏이
셈	100	500	100	500	600	100	500	102?
아르박	35	403	135	303	438	135	430	66?
(게난)	/	/	/	/	/	130	330	57
셀라	30	403	130	303	433	130	330	71
에벨	34	430	134	270	404	134	370	64
벨렉	30	209	130	109	239	130	209	61
르우	32	207	132	107	239	132	207	59
스룩	30	200	130	100	230	130	200	57
나홀	29	119	79	69	148	79	129	62
데라	70	135	70	75	145	70	135	70
홍수-아브람	390	/	1040	/	/	1170	/	669
	290	/	940	/	/	1070	/	567

위의 도표에 세 가지 족보 자료가 각기 다르지만 그 근본은 공통됨을 알았다. 어느 것이 더 원자료인지 판단하기 어렵다. 창세기 5장의 족보에 나타난 연대로 위의 세 자료가 각기 다르다. 칠십인역을 근거로 희년서의 도식에 따라 연대를 산정하는 학자도 있다. 홍수로 한 해를 배정하고, 시리아어 사본을 따라 데라의 경우에 70 대신에 75로 잡고, 데라 출생 때의 나홀의 나이를 79세가 아니라 179세로 본 몇몇 사본들의 표기를 채택함으로써 홍수 때부터 아브라함의 때까지를 1,176년으로 계산한 사람도 있다. 1,176년은 2×12×49의 결과다. 이와 마찬가지로 아브라함 때부터 솔로몬 성전 봉헌 때까지의 기간도 1,176년으로 나온다고 본다. 희년을 의미하는 49라는 숫자가 핵심이 된다는 것이다.

홍수 후 제2년에 아르박삿이 났다는 말은 셈이 102세 되던 해로서 A.M. 1,309년이다. 이 년수를 7년으로 나누면 187이 나온다. 창조 때부터 아르박삿의 출생까지 187회의 7년이 지난 셈이다. 이어서 아브라함의 출생까지 81회의 7년이 걸린다(=567÷7) 앞의 기간에는 꼭 17번의 7년으로 한 세대를 쳐서 11번의 세대가 해당되고(17×7×11=1309년), 뒤의 기간에는 꼭 9번의 7년으로 한 세대를 쳐서 9번의 세대가 해당된다(9×7×9=567년) 뒤의 기간은 앞의 기간의 거의 반에 해당한다. 홍수 이후에 조상의 연수가 갑자기 반으로 확 줄어들었음을 의미한다.

마소라 학파는 연대 산정 방법을 두 가지로 적용했던 것 같다. (1) 셈의 출생에서 포로기의 끝까지 40년을 한 세대로 본 계산법이 있다. 셈의 족보에서 데라는 완전히 제외하고 아르박삿과 홍수의 종결 사이에 있는 2년은 무시하여, 셈의 출생에서 아브라함의 출생까지 320년을 제시한다.(=8×40) 그 후로 야곱의 출생까지는 160년(=4×40), 출애굽까지는 560년(=14×40), 성전 건축까지는 480년(12×40), 포로기 끝까지는 560년(14×40), 모두 합쳐서 2,000년이 걸렸다고 본 것이다(=50×40) 그러므로 이 계산법은 포로기 이후에 적용한 것이라는 결론이 나온다. 즉 P가 이 계산법을 사용했다는 것이다. 물론 아르박삿에서 솔로몬 성전 건축까지 1,200년(=30×40)이라는 계산이 나오는 것을 솔로몬 시대의 J의 계산법이라고 간주할 가능성도 있으나 포로기 이후에 이 계산을 적용했다고 보는 것이 더 안전할 것이다.

(2) 또 다른 계산법이 있다. 창조 때부터 솔로몬 성전 봉헌 때까지 260년이 다섯 차례 지났다고 본다.(260×5=1,300) 5는 고대 로마의 5년제에 따른 것이다. 여기에는 데라의 연수가 포함되고 아르박삿의 2년 터울은 빠진다. 그렇게 되면 셈의 출생까지 1,556년에다가 아브람까지

390년을 더하고 아브라함의 유랑기 75년, 이스라엘이 이집트로 내려가기까지 215년, 출애굽까지 430년, 솔로몬의 성전 건축까지 480년, 성전 봉헌까지 20년을 총 더하면 3,166년이라는 계산이 나온다.(1556+390+75+215 +430+480+20=3,166) 3,166은 [112×260]+46의 결과다. 여기에 46년이 남는데 이것은 족보의 저자가 이집트식 계산법에 따라 한 달을 30일로 쳐서 태양년으로 한 해를 365.25일로 간주하여 매 해마다 5.25일을 더해 주었기 때문이다. 30일을 260년 동안 치고 5.25을 더해주면 45.5년이 나온다. 이 첫 시대의 1/3에 해당하는 기간이 노아가 출생함으로써 끝난다.(1,056=[4×260]+16) 16은 46의 1/3에 해당한다. 두 번째 기간은 야곱의 출생까지 해당된다. 그러나 여기에 5년의 터울이 진다.

칠십인역은 355년을 커다란 한 달로 간주하여 창조 때부터 솔로몬 성전의 건축 때까지 4,260년으로 본다.(12×355=4,260) 이렇게 되면 2,142+1,173+75+215+215+440=4,260의 계산법이 나온다. 355년의 대월大月 시대가 12번 지났다고 본 것이다. 사마리아 오경은 히브리 계산법에 기초해서 가나안 정복 이후 13년에 그리심 산의 정립에 이르기까지를 2,807년으로 계산했다. 1,207+1,040+75+215+42(광야유랑기)+13(그리심 산 정립)=2,807년=[70×40]+7. 사마리아 오경은 70년이 마흔 번, 그리고 7년이 더 지났다고 본 것이다.

희년서는 창조 때부터 가나안 정복 때까지 49년의 희년 기간에 따라 계산했다. 1,309+567+75+459(출애굽 기간)+40(가나안진입 기간)=2,450년=50×49. 희년이 50회 지났다고 본 것이다.

스키너는 창세기 5장의 족보를 10대로 계산하고 창세기 10장의 족보를 9대로 산정한다. 그러나 아브람의 세대를 이 족보에 포함하면 셈에서 아브람에 이르기까지 10대가 된다. 칠십인역에 카이난을 포함시켜서 셈에서 데라에 이르기까지 10대로 제시되어 있다. 이것은 아마도 대본으로 사용한 히브리어 원문 자료에 그렇게 되어 있었을 것으로 보인다. 이 족보 원본은 나중에 셈의 족보를 아브람의 세대로 연결시키기 위해서 중간의 카이난을 빼고 모두 10세대로 맞춘 결과일 것이다. 창세기 10장 1절의 '엘레 톨레도트' 상투어는 아홉 세대를 포함하는데 이것은 10장 27절의 '엘레 톨레도트' 상투어와 단단히 연결되어 아브람에 이르러서 10대 세손으로 완결되도록 짜였다고 할 수 있다.

그러나 스키너는 카이난을 포함한 칠십인역의 족보가 더 후대의 개정본일 것이라고 본다. 그 증거로 역대지상 1장 18, 24절(LXX)에 카이난이란 이름이 빠져 있음을 들었다. 내가 보기에 역대지 저자는 신명기 사가보다 더 후대의 사람으로서 오경의 P와 거의 동시대인이기 때문에 카이난(=게난)의 이름이 빠진 족보를 만드는 일에 주역을 맡았던 사람들(P)과 한 동아리였던 것으로 보인다. 또 다른 증거로 '게난=카이난'이란 이름은 앞의 5장의 족보에 이미 언급되어 있다는 점을 든다.(창 5:9ㄸ) 앞의 족보에 이미 나와 있는 것을 후대에 개정하면서 뒤의 족보에 중복되게 첨가하였을 리는 만무하다. 오히려 원본에 중복되기 때문에 뒤의 족보에서는 뺐을 것이라고 보는 것이 더 합당하다. 노아를 일대로 보고 아브람을 십대로 보는 학자들도 있지만 별로 설득력이 없다. 나는 셈의 톨레도트가 데라까지 아홉 세대인데 이것은 아브람의 세대로 이어지면서 열 세대를 갖추게 되도록 오경의 최종 저자 P가 매우 정교하게 개정하였다고 본다. 이러한 개정은 족장 이야기 앞에 토라 서론을 배치하여 서로 단단히 연결하려는 편찬자의 솜씨로 판단된다.

3. 데라의 톨레도트: 문단 이음새

나홀이 데라의 아버지인 동시에 데라의 아들로 언급되는데 이는 동명이인으로 보인다.(창 11:23, 27) 옛 학자들은 창세기 11장 28-30절에서 엿보이는 것과 같은 J족보가 있었는데 그것을 토대로 P가 현재와 같은 족보를 구성하였다고 보았다. 이 과정에서 P가 나홀이란 이름을 중복되게 기명하였다고 본다. 10장 21절은 셈의 아들을 에벨로 언급하는데 21절에서 25절로 바로 이어서 읽어도 무리가 없음을 알 수 있다. 그렇게 되면 아르박삿과 셀라가 J족보에는 본디 없었을 것이라고 추정할 수 있다. 또 중첩된 나홀의 이름 중 첫 번째 나홀은 나중에 첨가되었을 가능성이 있기 때문에 아르박삿과 셀라와 나홀의 세 사람을 빼면 도합 일곱 세대로 구성된 족보가 본디 있었을 것이라고 추정할 수 있다. 이것을 J족보로 가정하면 거기에는 본디 아브람이 제7대의 후손으로 기명되어 있었을 것이라고 추정한다. 이러한 추정이 문서비평으로 전혀 근거 없어 보이지는 않는다. 하지만 증거가 없다. 5장의 족보도 7세대로 구성되었어야 하는데 그랬을 개연성은 전혀 없다.

이러한 문서비평은 역사를 재건하려는 비평적 노력에서 나온 것인데 J문서의 선 존재를 입증하려는 열정의 산물이다. 그러나 창세기 11장 21절의 '에벨 온 자손의 조상' 이라는 언급은 오경의 저자가 히브리인의 조상을 셈으로 명기하려는 의도를 보이는 언급으로 판단되며 저자는 오히려 출애굽기의 히브리인들을 전제하고 이들을 셈과 연결시키고 있다고 볼 수 있을 것이다.

이 족보에 나오는 이름들은 지명에서 따온 이름들이 더러 있는데 고대 근동의 서북부 메소포타미아 지역의 지명들이 이름들 속에 엿보인다. 홈멜Hommel이란 학자는 아르박샷이란 이름에 있는 '아르프' 란 요소가 우르-카스딤을 가리키며 아르박샷은 장소명이기 때문에 '아르박샷 출신의 셈' 으로 읽어야 한다고 보았다. 이런 주장에도 근거는 없다.

또한 '셈은 백 세, 곧 홍수 후 이 년에 아르박샷을 낳았고' 라는 창 11:10의 연대 표시는 창 5:32; 7:11; 9:28-29의 진술과 맞지 않는다. '노아는 오백 세 된 후에 셈과 함과 야벳을 낳았더라.' (창 5:32) 창 7:11은 '노아가 육백 세 되던 해 둘째 달 십칠 일' 에 비가 땅에 쏟아졌다고 보도한다. 홍수 후에 노아가 350년을 더 살아 950세에 죽었다는 보도(창 9:28-29)에 의하면 홍수는 노아가 600세 되던 해에 발생한 셈이다. 홍수 심판은 노아가 601세 되던 해 정월 초하루에 끝났다. 그러므로 홍수가 끝났을 때 셈은 100세였고 2년 후에 아르박샷을 낳았으니 셈은 노아가 603살 되던 해에 첫아들 아르박샷을 낳은 셈이다. 창 10:1의 '홍수 후에 그들이 아들들을 낳았으니' 라는 진술과 모순된다. 홍수가 끝난 지 2년 후에 아르박샷을 낳았다는 진술에는 2년의 터울이 지기 때문이다. 희년서를 보면 새 시대를 가늠하는 것은 홍수가 아니라 아르박샷의 출생으로 제시되어 있다. 창조 때부터 아르박샷까지 한 시대가 되며, 아르박샷 이후부터 아브라함까지가 또 한 시대로 구분되었다. 그러나 '홍수 후에 아들들을 낳았다' 는 진술은 반드시 홍수 직후에 낳았다는 의미는 아니다.

셀라는 메소포타미아 지방의 한 지명이었던 '살락흐' 에 따온 이름이었을 것이라고 본다. 이것이 므두셀라의 뒷 요소와 일치한다고 추정하고 신의 이름에서 따온 것이라고 보는 학자도 있다. 홈멜이란 학자는 에벨과 벨렉을 결합시켜 '에벨벨렉' 이란 지명을 상정하고 셀라가 에벨벨렉 출신이었다고 본문을 읽어낸다. 에벨벨렉은 유프라테스 강하류의 서쪽 지역에 있던 에베르-한나하르에 해당하는 지명이다. 그러나 이러한 추정에도 아무런 근거는 없다.

스룩은 갈그미스와 하란 사이의 중간쯤에 위치한 유명한 도성의 이름이었다고 한다. 이 도시명은 아시리아어 본문과 아랍어 본문에 '사루그'라는 지명으로 자주 나온다. 주전 7세기의 자료에 하란 주변에 '사루기'라는 지역이 있었다는 언급도 몇 차례 나온다. 그러나 스룩을 도성과 관련짓는 것은 오경을 저술한 저자의 의도에서 벗어나는 독법으로 보인다. 오경의 저자는 창세기 11장 10절 이하의 족보가 10장의 도성의 재건을 시도한 함의 자손들과 대조되는 모습을 보여 주려고 애쓰고 있음이 명백하다.

아브라함의 할아버지도 나홀이고 아브라함의 동생도 나홀이다. 동명이인이다. 학자들은 이 중복 현상을 해석하여 본디 J문서에 나홀은 아브람의 동생이었는데 나중에 나온 P문서에는 나홀이 두 사람으로 되어 있었다고 보았다. 나홀이란 이름은 하란에 정착한 아람인 부족의 이름이었을 것이라고 본다.(창 27:43; 28:10; 29:4) 사루기 근처에 틸-나하리라는 지명이 있었다고 한다. 아시리아 문서에 나하리라는 인물이 등장한다. 카르타고에서 출토한 그리스어 비문에 '나하르'란 신명이 언급된다.

스코틀랜드 애버딘 대학의 교수였던 로버트 스미슨Robert Smithon은 '데라'란 이름이 토템의 부족 이름이었다고 본다. 시리아어와 아시리아어로 야생 염소를 가리키는 단어에서 이 이름이 나왔다고 본다. 델리취Delitsch도 이와 비슷하게 하란 근처의 지명인 '틸-샤-투라히'와 연관된다고 본다. 에데사의 남쪽에 있던 '타라나'란 지명과 비교하는 학자도 있다. 또 어떤 학자는 이것이 히타이트와 북시리아의 신 '타르후'와 연관된다고 보기도 한다.

그러나 분명한 것은 이상의 족보가 포로기 이후의 P가 최종으로 작성한 것이라는 점이다. 여기에 포로기의 초기 본문이 자료로 사용되었는지는 불확실하다.

현재의 최종 본문 26절에 의하면, 데라가 한 해에 세 아들을 한꺼번에 낳은 것처럼 말한다. 한 해에 세 아들을 낳기는 불가능하므로, 데라는 칠십 세에 아브람을 낳았고 그 후에 나홀과 하란을 차례로 낳았다는 진술로 이해해야 할 것이다. 왜냐하면 27절에 기명된 이름의 순서로 보아 아브람이 맏아들이었을 것으로 보이기 때문이다. 그런데 동생 하란이 형보다 먼저 죽었다. 하란의 슬하에는 롯과 밀가와 이스가 삼남매가 있었다.(27-29절) 26절은 27-29절을 미리 전제하고 있음이 분명하기 때문에 이 족보를 어느 공교한 저자의 저술 솜씨로 보아야 할 것이다.

이 족보에 서투마 9개가 찍혀 있고 파투카는 창세기 12장 9절에 찍혀 있다. 따라서 마소라 학파는 이 족보 문단을 창 11:10-12:9로 간주하여 한 문단으로 읽었음을 알 수 있다. 데라의 톨레도트가 27절에 나오고 아브라함의 톨레도트란 언급은 없기 때문에 창 11:27부터 새로운 족장기의 문단이 시작된다고 보는 것이 더 합당할 듯하다. 아브라함의 이야기는 롯의 이야기와 너무나 긴밀하게 얽혀 있기 때문에 이 두 이야기를 함께 읽어야 한다. 아브라함과 롯은 데라의 톨레도트에 속한다. 나는 창세기 11장 27절부터 아브라함과 롯의 이야기가 시작된다고 보고 문단을 창 11:27-12:9로 나누어 한 문단으로 묶는다.

과학과의 대화

지중해 문명사는 5,000년의 역사로 이루어져 있다. 최초의 도성 '에리두' 도성이 건설된 이후 인류사에 문명이 시작되었다. 주전 3,000 내지 3,500년 이전에 최초의 도시가 태어난 것이다. 성서는 이 문명사의 출발을 에녹 성의 건설로 표시한다.(창 4:17) 문명사의 출발은 곧 에덴에서 쫓겨난 시점을 가리키며 가인의 살인 사건에서부터 출발한 것이다. 이 시기는 신석기 시대 말기에서 청동기 시대 초기에 해당한다.

그러나 지구학의 연구 결과 지구는 45억 년 전에 형성되었다. 인류의 문명사는 일만 년의 반 곧 $\frac{1}{2}$만년에 해당하고 1만년은 1억 년의 천 분의 일이니까 곧 문명사는 1억 년의 이천 분의 일이며 45억 년의 사만오천 분의 일에 해당하는 짧은 기간에 불과하다. 지구가 생긴 이래 사만오천 번의 오천 년이 인류가 이룬 문명사다. 지구의 역사를 우주의 역사에 비한다면 문명사는 그야말로 하늘에 점을 하나 찍어 놓은 것과 같다. 안드로메다 성운은 지구에서 450만 광년만큼 멀리 떨어져 있다는데 그 시간과 거리는 과히 상상을 초월한다.

그러므로 창세기 1:1-3:24의 기간은 시간으로 환산할 수 없는 기간에 발생한 일들을 다룬다. 인간의 개념에 들어오지 못할 정도로 엄청난 시간이다. 하나님의 창조 사역과 죄의 기원과 죄의 결과로 생긴 문명의 본질을 파헤치는 데 창세기 1-3장의 초점이 맞추어 있다. 그러므로 과학의 발견은 창세기의 기사와 아무런 모순을 일으키지 않는다.

창조의 사역이 지금부터 5,500년 전에 발생했다는 통설은 지금부터 500년 전에 영국의 켄터베리 주교가 성서의 족보에 나오는 연대를 합산하여 계산한 결과물이다. 성서의 족보는 창세기 5장에서부터 나오는데, 이것은 4장 17절의 에녹 성이 출범한 이후에 이루어진 일이다. 에녹 성은 문명사의 출발을 알려 주므로, 켄터베리 주교의 연대 합산은 문명사에 해당한다. 신기하게도 이 연대의 합산은 지중해 문명 5,000년 역사의 기간과 거의 일치한다. 더구나 최초의 도성 '에리두'는 가인이 세운 '에녹' 도성과 발음도 비슷하다.

총정리

지금까지 창세기 1-11장의 토라 서론의 문단을 주석한 것을 『토라 서론I』과 『토라 서론Ⅱ』의 두 권으로 나누어 편집하였다. 창세기 12장부터는 아브라함의 이야기가 펼쳐진다. 소위 '족장기'가 시작되는 것이다. 나는 족장이란 단어가 싫어서 그냥 믿음의 조상들이라고 말하기를 좋아한다. 이 조상기는 아브라함 이야기와 이삭 이야기와 야곱 이야기의 삼부작으로 나누어서 출판할 계획이다. 조상의 이야기를 하기 전에 지금까지 주석한 토라 서론 부분을 간략하게 정리하고 넘어가려고 한다. 이렇게 정리해 두어야 이스라엘의 조상 이야기들이 더 잘 이해되기 때문이다. 이러한 사정은 출애굽기나 레위기 등 모든 성서 전편에 걸쳐서 적용된다. 창세기 1-11장을 내가 토라 서론이라 부르는 데에는 이러한 까닭이 있는 것이다.

하나님은 세계를 온전히 아름답고 선하게 창조하셨다. 이 세계에서 가장 중요한 존재는 사람이다. 야훼는 사람을 만드셔서 세계를 돌보도록 사명을 주신 하나님이다. 사람을 젖은 흙으로 빚으시고 하나님의 영과 감응하는 존재로 창조하였다. 에덴동산에 살면서 식의주의 걱정이 없이 온 창조세계를 잘 섬기고 보살피는 사명을 사람에게 주셨다. 하나님의 동역자로 지음 받은 사람이기에 하나님의 계속 창조 사역에 동역하는 것은 마땅하고도 당연하였으며, 이러한 사역을 위해서는 반드시 하나님과 유무상통하는 의기투합이 선행되어야 했다. 사람은 본디 하나님과 의기투합해 일하는 하나님의 동지였다. 하나님의 형상대로 지음 받았다는 이마고 데이*Imago Dei*의 신학도 이런 뜻이다.

지극히 선한 세계가 일그러지기 시작했다. 죄가 창조세계에 파고들어온 것이다. 사람과 하나님 사이의 의기투합에 금이 갔다. 뱀이 하나님과 사람 사이를 이간질하여 사람과 하나님 사이에 사이가 나고 만 것이다. 하나님의 보편성을 사람이 상실하게 되었다. 이것이 선악을 알게 하는 나무의 열매를 먹었다는 언어로 표현된 것이다. 사람은 개인주의에 빠지고 자기중심성에 갇히게 되어 하나님의 보편성과 영원성을 상실하게 되었다. 그 결과 에덴동산의 사명을 감당할 수 없는 존재로 전락하여 하나님에게 추방당하여 죽음의 한계에 갇힌 인생을 살게 된다. 하나님은 영생으로 이르는 생명나무의 길을 차단해 버리셨다.

죽음의 한계에 갇힌 인간 사회에 죄의 문명이 발달하기 시작했다. 가인이 자기중심주의 철학으로 살다가 자기를 부정하는 모든 세력과 투쟁하여 아벨을 살해한다. 살인한 자아는 불안에 시달리다가 마침내 불신앙의 존재로 전락하고 방어기제의 압박에 시달리다가 에녹 성을 건축하는 데까지 이른다. 성벽 안에서 인간의 실력을 믿고 스스로 방어하면서 살겠다는 불신앙의 표현이 도성이다. 방어해야 하는 이유는 사람들과 불화하는 관계에 있기 때문이다. 가인의 경우에는 살인죄가 그 원인으로 작용했다. 사람을 죽였으니 자기도 살해당할까봐 두려웠던 것이다.

죄인의 생존 방식은 곧 도시의 문명이라는 것이 성서의 지적이다. 이들은 강해야 살아남기 때문에 영웅주의를 지향한다. 영웅들이 라멕과 같이 살인을 거듭 저지른다. 가인의 도성 문명이 출현한 이래 도성을 중심으로 축산업과 예술과 기술이 발달한다. 이들이 발명한 기술

문명은 하나님과 사람 사이가 더욱 벌어진 결과물이었다. 그 결과 인류에는 두 가지 부류의 사람이 생겨났다. 하나는 도시 문명에 의존해서 사는 가인의 후예들과 또 하나는 오로지 하나님의 뜻을 준행하며 자연과 조화롭게 살아가는 아벨의 후예들이 역사를 이끌고 간다. 아벨 대신에 셋을 주신 하나님은 셋의 자손 가운데서 거룩한 백성의 씨를 키워 가신다. 그 중에 에녹은 하나님과 동행하며 살다가 승천하였고 므두셀라는 최장수의 기록을 남겼으며 라멕은 므두셀라의 아들이자 노아의 아버지였다. 이들은 가인의 아들 에녹과 살인자 라멕과는 완전히 다른 정반대의 삶을 살았다.

가인의 후예 가운데서 영웅들이 출현하였다. 이들은 자칭 '신의 아들' 이라고 부르면서 사회적 약자들을 착취하였다. 하나님은 '네피림' 이라 불리는 이들 영웅들의 수명을 120세로 한정할 것이었다. 이들의 죄가 땅에 넘쳐서 결국 노아의 대홍수 심판이 시작된 것이다. 대홍수 심판으로 노아의 가족 여덟 명을 제외한 땅의 모든 육상동물과 날짐승들이 사멸하였다. 하나님은 노아와 새 언약을 맺으시고 그 징표로 무지개를 주셨다.

죄인을 다 쓸어버리셨지만 죄인들의 행진은 다시 이어지게 되었다. 이번에는 의인 노아가 만년에 외로움을 견디지 못하여 술에 탐닉하다가 '흙의 사람' 이 되는 비운을 맞이하였다. 이로 인해서 죄가 다시 창조세계 속에 잡초처럼 무성하기 시작했다. 노아는 자신을 경시한 둘째 아들 함을 저주하였다. 이로 인해서 함의 후예들은 또 다시 가인의 후예들이 남긴 도성의 문명을 계대하기 시작했다. 이들 가운데서 이집트 제국의 조상과 아시리아 제국의 조상과 바빌로니아 제국의 조상들이 나왔으며, 이들은 가나안 도시국가들의 영주들과 마찬가지로 도성을 쌓고 하나님 없이 인간의 힘으로 살아갔다. 니느웨와 레센과 소돔과 고모라와 아드마와 스보임과 같은 작고 큰 도시들이 건설되었다.

이 가운데 바벨 성이 가장 흉악한 죄악을 짓고 있었다. 이들은 단결和를 외치면서 성루를 높이 쌓아 올려서 방어기제를 극대화하고 하나님과 필적하는 명성을 날리고자 하였다. 하나님은 이들이 창조세계를 파괴하는 것을 보고 이들 사이에 소통의 체계인 언어를 혼잡하게 하여 땅에 흩어지게 만들었다. 이로써 창조세계에는 죄가 관영하게 되었고 인간이 짓는 문명의 도시들이 역사를 지배하는 시대가 열렸다.

이러한 죄악의 문명 가운데서도 하나님의 백성으로 택정함을 받은 셈의 후예들이 살아가고 있었다. 그 가운데 데라는 바벨 도성의 문명권에 속한 갈대아 우르의 도성을 떠나서 아시리아권의 하란이라는 작은 도성으로 이주하였다.

토라 서론의 이야기는 여기서 일단락된다. 창세기 12장부터는 아브람과 롯의 이야기가 펼쳐진다. 하나님은 마침내 데라의 아들 아브람을 부르시고 하란 도성을 탈출하게 하신다. 아브람은 하나님의 명을 받고 도성의 문명권을 떠나서 하나님의 창조하신 미지의 땅을 향해서 나아간다.

이처럼 아브라함과 이삭과 야곱의 족장기가 토라 서론에 이어서 펼쳐진다. 이 책 『토라 서론 Ⅱ』는 창세기 11장 27절까지만 다루고, 다음 권에서 『아브라함의 이야기』란 제목으로 족장기를 다루려고 한다. 족장기를 꼼꼼히 읽으면서 아브라함 일대기와 이삭 일대기와 야곱 일대기를 주석하여 출간할 계획이다. 지금 아브라함의 이야기인 창세기 12-25장까지의 주석은 거의 다 마쳐가고 있다.

신학생들에게 강의하면서 교회의 성도들과 성서 이야기를 나누면서 또 목회도 부지런히 하려고 하니 참 분주하다. 어떨 때는 한 달 동안 진도가 한 절도 나가지 못할 때가 있다. 신학교의 강의도 좀 줄이고 이곳저곳에서 오는 사경회나 강연회의 요청도 좀 사양하면서 가을부터는 주석하는 일에 더욱 매진하려고 한다. 신명기까지 주석을 마치려면 가야할 길이 너무나 멀다. 정신을 더욱 바짝 차려야 하겠다.

이번 여름에는 일본 후꾸로이키타교회에서 성서읽기 모임을 인도하였고 오는 가을에는 스위스의 취리히 및 베른 한인교회와 독일의 라인하임 한인교회, 그리고 브루나이의 한인교회에서 성서읽기 모임을 인도하도록 일정이 잡혀 있다. 이처럼 여러 차례 성서읽기를 인도하면서 나는 성도들과 많은 대화를 나눈다. 이들과의 대화에서 주석을 위한 다양한 영적 소재를 얻게 된다. 그런 면에서 이 글은 순전히 나 혼자만의 주석과 묵상의 결실이 아니다. 이 글 속에는 수많은 신앙의 동지들과 나눈 대화들이 들어 있다. 그들의 물음에 성실하게 답하려고 노력했다.

나 자신이 던진 물음과 동지들에게서 받은 물음을 해결하는 실마리는 원전을 읽고 또 읽는 노력에서 얻어졌다. 앞으로 펴낼 모든 책들도 지금처럼 원전을 철저히 읽는 가운데 저술하기를 원한다. 마침내 설교를 신선하게 전하도록 돕는 길잡이 주석으로써 이 책이 쓰임 받기를 바란다. 모든 일이 하나님을 영화롭게 하는 일이 되기를 원할 뿐이다.

찾아보기

인명

주제

ㅂ

ㅅ

ㅇ

ㅈ

ㅊ

이영재의 구약 산책 2: 창세기

토라 서론 Ⅱ

2011년 10월 27일 1판 1쇄 발행

지 은 이 | 이영재

펴 낸 이 | 김영명

펴 낸 곳 | 삼원서원

주소 _ 강원도 춘천시 사농동 809 롯데캐슬더퍼스트 104-401

전화 _ 070-8254-3538

이메일 _ kimym88@hanmail.net

싸이월드 _ http://club.cyworld.com/swlecturehall

등 록 | 제 397-2009-000004호

보 급 처 | 하늘유통

전화 _ 031-947-7777

팩스 _ 031-947-9753

ISBN 978-89-962670-7-2 03230

값 16,000원